Ernst Lutterbeck

Anthroposophie verstehen

Verlag Ch. Möllmann

Ernst Lutterbeck

Anthroposophie verstehen

Eine Einführung nach persönlichen Erfahrungen

Verlag Ch. Möllmann

Gedruckt mit einem Risograph RZ
auf chlor- und säurefreiem Werkdruckpapier „Demeter" von Geese.

Umschlaggestaltung: Ingrid Lutterbeck

Siebte Auflage 2009

Verlag Ch. Möllmann
Schloss Hamborn 94, D-33178 Borchen
www.chmoellmann.de
Tel.: 0 52 51 / 2 72 80
Fax: 0 52 51 / 2 72 56
Herstellung: Verlag Ch. Möllmann (Inhalt),
Druckteam Möhring, Lichtenau (Umschlag)

ISBN 978-3-931156-21-3

Für MU
In Dankbarkeit

Inhalt

VORBEMERKUNGEN

Es gilt im allgemeinen als unfein, bei Sachbüchern die Ichform zu verwenden. Ich habe diesen möglichen Vorwurf bewußt in Kauf genommen, da ich, wie auf dem Titelblatt bekannt, aus persönlicher Erfahrung schreibe, da ich mir also alle anthroposophischen Erkenntnisse im Gesamten und im Einzelnen unter oft schweren Kämpfen auf meinem eigenen Weg erarbeitet habe. Diesen selbst gegangenen Weg wollte ich darstellen.

Außerdem erhält diese Schrift so einen persönlicheren Charakter, wodurch zugleich gesagt ist, daß es sich in keiner Weise um eine offizielle Schrift handelt. Für alle sicherlich in diesem Buche noch enthaltenen Fehler und Schwächen bin daher ich allein verantwortlich; dies insbesondere dann, wenn ich mich hie und da gezwungen fühle, eine kritische Meinung durchblicken zu lassen. Ich habe mich jedoch bei der Darstellungsweise trotz dieses persönlichen Engagements um möglichste Zurückhaltung bemüht. Denn ich will ja nicht missionieren, sondern informieren, an die Vernunft und Einsicht des Lesers appellieren und dazu anregen, daß er sich durch eigene Arbeit selbst überzeugt, daß er so seinen eigenen *Weg* findet. Aus diesem Grunde habe ich auch meist versucht, die Erkenntnisse Rudolf Steiners nicht mit vielen Zitaten, sondern mit eigenen Worten wiederzugeben, obwohl natürlich klar sein muß, daß das meiste von dem, was in diesem Buche steht, unmittelbar oder mittelbar auf Rudolf Steiner zurückgeht. Als Beleg und für das Weiterstudium sind jedoch, wo immer es ging, hinter den entsprechenden Passagen in Klammern die Fundstellen aus der Gesamtausgabe angegeben.

Wenn Tatsachen aus der geistigen Welt mitgeteilt oder dargestellt werden, wenn also z. B. gesagt wird: „Geistige Wesen sind ..." oder „Nach dem Tode geschieht ...", dann handelt es sich dabei selbstverständlich nicht um irgendwelche Behauptungen und Spekulationen, aus welchen ein nicht geringer Teil der „esoterischen" Literatur besteht, sondern um Ergebnisse der Geistesforschung Rudolf Steiners. Bevor man sich an dem Wort „Forschung" stößt, lese man das Buch.

Der Leser kann natürlich in dieser Einführungsschrift unter den Kapitelüberschriften keine erschöpfende Darstellung der einzelnen Themenkreise finden, weil es sich bei dieser Schrift nicht etwa um ein ohnehin nicht mögliches „Lehrbuch der Anthroposophie" handelt, sondern um eine Hinleitung, eine allererste Einführung und auch weil die Kapitel auf vielfache Weise ineinandergreifen und Wiederholungen nur dann auftauchen sollten, wenn sie gewollt sind.

Viel geholfen hat mir der bei Anthroposophen berühmte „Arenson-Leitfaden", aber auch das gerade für „Anfänger" sehr hilfreiche „ABC der Anthroposophie – ein Wörterbuch für jedermann" von Adolf Baumann, das es jetzt auch als Taschenbuch gibt. Eine große Hilfe waren mir auch die Einführungen von Abendroth, Bäschlin, Bühler, Carlgren, Fränkl-Lundborg, und Martin (bibliographische Angaben im Literaturverzeichnis).

VORBEMERKUNG ZUR 2. AUFLAGE

Ich bin glücklich, daß so schnell eine zweite Auflage erforderlich wurde. Inzwischen ist aber eine Entwicklung erkennbar geworden, die mit einem zentralen Grundlagenthema dieses Buches zu tun hat und die ich deshalb wenigstens hier kurz erwähnen möchte.

Es ist in der allerletzten Zeit in den Religionswissenschaften, der Philosophie und in den diesbezüglichen naturwissenschaftlichen Betrachtungen ein Trend aufgekommen, den man „deistisch" nennen könnte, d. h. die Gottes- und Schöpfungsfrage und damit die „Urknall-Hypothese" (siehe Kapitel II) wird aus einer Sicht zu beantworten versucht, die man seit Ende der französischen und englischen Aufklärung, spätestens seit Ende des 18. Jahrhunderts als überholt und erledigt betrachten konnte. „Deismus" ist die Gottesauffassung, die davon ausgeht, daß Gott nach Beginn der Schöpfung keinen Einfluß mehr auf die Weltentwicklung genommen, sondern sie nur angestoßen hätte wie eine Billardkugel, die ohne weiteren Antrieb ins Unendliche weiterrollt.

Ein Beleg dafür ist der populärwissenschaftlich gehaltene Essay von Urs Willmann in der Wochenzeitung „DIE ZEIT" vom 19. 3. 1998. Er sagt mit Recht, daß jeder Versuch, Gott wissenschaftlich zu beweisen, ihn bis zur Unkenntlichkeit verwässere und demontiere. Es bleibe nur noch die Aussage Küngs übrig, Gott sei „in Raum und Zeit nicht vorfindbar." Früher – und bis in unsere Zeit nicht nur im einfachen Kirchenvolk, sondern auch in der Theologie und im Klerus vom Papst bis zum kleinsten Dorfpfarrer – „war er der ganz konkrete Herr und Weltenlenker, heute ist er nur noch eine Art Gedanke". Doch die Rettung naht – ausgerechnet – von der Astrophysik. Interessant ist vor allem der Ausspruch des von den Nazimördern hingerichteten evangelischen Theologen Dietrich Bonhoeffer: „Einen Gott, den es gibt, gibt es nicht." Küng sagt dazu, Gott sei also nicht „vorfindlich, feststellbar und erkennbar". Es gehe tatsächlich um die Erkenntnis einer ganz anderen Wirklichkeit – **und da sind wir im Zentrum der Anthroposophie.**

In der Naturwissenschaft zieht man nun aus diesen theologischen und philosophischen Reflexionen eine Folgerung, die meiner Meinung nach reiner Deismus ist, die Gott lediglich als den ersten Beweger sieht. Der offenbar durchaus christlich gesinnte Schweizer Genetiker und Nobelpreisträger Werner Arber hat es auf den Punkt gebracht. Er sei davon überzeugt, daß hinter seinen Forschungsgegenständen ein Schöpfer stehe: „Gott ist der, der etwas sich selbst Organisierendes geschaffen hat. Er war schlau genug, so zu planen, daß er nicht überall eingreifen muß." Dahinter steht nach meiner Auffassung das alte Gottesbild, daß es zwischen dem doch irgendwie personhaft vorgestellten höchsten Gott und dem Menschen nichts gäbe, keine unendlichen Scharen von Geistwesen, die wir Engel zu nennen gewohnt sind (siehe Kap. XIII) und die jeweils die verschiedensten Aufgaben auch im Hinblick auf den Fortgang der Evolution haben. Aber diese geistigen Wesen existieren eben nicht in unserer, sondern in der zitierten „ganz anderen Wirklichkeit", von der Küng spricht.

Dank der „Urknalltheorie" hätten, so Willmann weiter, Physik und Religion wieder einen gemeinsamen Brennpunkt, den sogar der Papst sich zu eigen gemacht habe. Dieser „erklärte flugs (!), es bestünden nun sichere wissenschaftliche Beweise für die „creatio ex nihilio", die Erschaffung der Welt aus dem Nichts. So schnell reagiert die Kirche sonst nie auf naturwissenschaftliche Erkenntnisse, die ja meist der traditionellen Kirchenlehre widersprechen. Die „Urknalltheorie" ist aber immer noch und für immer eine Theorie und durchaus kein „naturwissenschaftlicher Beweis", wie der Papst vorschnell annimmt.

Der Verfasser dieses Essays kommt zu dem Schluß: „Doch daß er sich danach nicht mehr in die Schöpfung eingemischt hat, fünfzehn Milliarden Jahre lang, daß er sich seither weder gemeldet, noch Spuren hinterlassen hat, legt die Vermutung nahe, daß er den Urknall nicht überlebt hat." Der arme Gott! Wenn das so wäre, dann hätte wohl auch der Sohn nicht überlebt und dann wäre dem Christentum und damit auch der Anthroposophie der Boden total entzogen.

VORREDE

In den letzten Jahren unseres Jahrhunderts, kurz vor dem Übergang ins neue Jahrtausend, sind wir Zeugen historisch wohl einmaliger, atemberaubender Ereignisse. Jeder spürt: Es geht um Entscheidendes, wir streben einem Höhepunkt zu oder – dem Chaos. Selbstgefällig und nur mäßig beeindruckt von dem Elend in der Dritten Welt und von den drohenden ökologischen Katastrophen, führen wir „im Westen" und nach unserem Vorbild die Oberschichten aller Länder dieser Erde unser Leben in Wohlstand und Gleichgültigkeit weiter, allerdings auch mit immer größeren Angstgefühlen. Diese skrupulöse Schläfrigkeit wird zunehmend gestört durch Krisen aller Art, durch Millionen Arbeitslose, durch das ökonomistische „Menschenbild" des „real existierenden Kapitalismus". Die „schöne neue Welt" (Aldous Huxley) erweist sich zunehmend als realer Alptraum. Ist es denn nur edler Forscherdrang, nicht vielleicht auch übertriebener Ehrgeiz, Zynismus und sogar Geldgier, der z. B. die Gen-„techniker" beherrscht? In Allmachtsphantasien schwelgend, verkünden manche, wenn „die alte Welt" durch Innen- und Außenweltverschmutzung dem Untergang geweiht ist, dann schaffen wir eben durch genmanipulierte Übermenschen mit eingepflanzten Bioroboter-Supergehirnen eine neue Welt. Doch diese „Übermenschen" werden nichts anderes sein als „eine goldene Horde fast vollkommener Affen" (Sir K. Popper). Was tut man angesichts dieser Menschheitsgefahren? Man gründet „Ethik-Kommissionen" zur Beruhigung des Gewissens und der Wähler! Diese werden sich zunehmend als schlechte Schminke erweisen. Sie werden nicht das geringste an der weiteren Anbetung des goldenen Kalbes ändern.

Diese besorgten Fragen und kurzen Bemerkungen sind kein fortschrittsfeindliches Lamento. Kein vernünftiger Mensch kann etwas dagegen haben, wenn durch Wissenschaft und Technik die Lebenswelt verbessert und die Natur umgestaltet wird, zumal immer mehr Milliarden Menschen ernährt werden müssen. Dies darf aber nicht länger aus einer egoistischen und materialistischen Anschauung heraus geschehen, sondern muß von echter Verantwortung, von „Ehrfurcht vor dem Leben" (Albert Schweitzer) getragen sein, wenn diese „Verbesserung" nicht eine Verschlechterung sein und in Katastrophen enden soll. Es ist nicht gleichgültig, ob man z. B. eine Gen-Manipulation in echter Verantwortung oder aus rein egoistischen, kommerziellen Gründen durchführt.

Führen wir denn unser Leben wirklich, oder lassen wir uns nur treiben? Sind nicht unsere echten Lebensbedürfnisse heute durch unseren oft maßlosen Besitztrieb und Konsumrausch, einen hektischen Tätigkeitsdrang, eine schier neurotische Reiselust, durch raffinierte Werbe-Verführung und durch pausenlose Medienberieselung verdeckt oder gar schon verkümmert? Ist nicht die Jagd nach Geld, Besitz, Macht, Reisen, „Glück" zum wahren Inhalt unseres Lebens geworden?

Sehen wir denn nicht, daß der Markt nicht das Maß aller Dinge und der voreilig verkündete „endgültige Sieg des Kapitalismus" keineswegs der Höhepunkt der Menschheitsentwicklung sein kann? Sehen wir denn nicht, daß der „Machbarkeitswahn" das Leben schließlich tötet? Manche Forscher behaupten, das Leben „voll im Griff" zu haben, aber sie meinen damit nur mechanistische Modelle des Lebens, keineswegs das Leben selbst.

Muß nicht in jedem denkenden Menschen – aber leider denken viele eben nicht – heute die Erkenntnis entstehen: *So kann* es nicht weitergehen? Der Ruf, die Menschen möchten „ihren Sinn ändern", ist schon Jahrtausende alt. Aber jeder möge doch einmal überlegen: Gab es in der Menschheitsgeschichte schon einmal eine Zeit, in der Böden, Flüsse, Meere, Luft und Atmosphäre derart verpestet und vergiftet wurden? Erst in unserer Zeit entstand das ständig sich vergrößernde „Ozonloch"; erst in unserer Zeit wurden Waffen gebaut, die die gesamte Menschheit mehrfach vernichten können; erstmals in unserer Zeit entstand einerseits eine brutale, durch und durch ungeistige Profit- und Ellenbogengesellschaft, andererseits eine überfütterte „Informationsgesellschaft", die das Nachdenken, das Lesen und noch viele andere alte Fähigkeiten „vor der Glotze" verlernt hat und immer mehr manipuliert wird. Hätte nicht erstmals unsere Generation allen Grund, angesichts dieses Zustandes der Welt und dieser Aussichten, die wir unseren Enkeln hinterlassen, endlich aufzuwachen?[1] Gewiß, ähnliches wurde zu allen Zeiten gesagt. Aber heute, und heute erstmals in der Menschheitsgeschichte, geht es wirklich um Sein oder Nichtsein der Menschheit, nicht nur einzelner Völker. Es geht um die unabweisbare Notwendigkeit, eine „innere Wende" einzuleiten, wenn wir unseren Enkeln eine lebenswerte Erde hinterlassen wollen. Es geht wirklich um eine „Revolution von innen"[2], denn die bereits ent-

---

[1]   Siehe dazu: Anders, Günther: Die Antiquiertheit des Menschen; München 1980
[2]   Becker, K. E.: Anthroposophie – Revolution von innen; Frankfurt 1984

standenen globalen Schäden sind ja nur sekundär ein technisches Problem.

Wären sie es primär, so wären sie durch das wissenschaftliche und technische Ingenium unserer Forscher und Ingenieure längst beseitigt oder würden es in Zukunft sein. Sie sind aber kein technisches Problem, sondern eine Folge unseres inneren Zustandes. Das ahnen viele, aber der größte Teil der Menschheit, gerade auch in den Industrieländern, schiebt in ruinöser Geistesträgheit solche Gedanken von sich weg.

Aber woher nehmen wir die Kraft und den Maßstab für eine Sinnesänderung, und in welche Richtung wollen wir überhaupt gehen, wenn wir es schaffen, uns aus unserem Wohlstandsschlummer herauszureißen? Und welcher der vielen „Sinn-Stiftungs-Institutionen" sollen wir glauben? Von derjenigen Institution, von der früher die allgemein akzeptierten Leitlinien kamen, von den Kirchen, ist offenbar nicht mehr viel zu erwarten. Und ganz und gar nichts ist zu erwarten von den vielen neuen Heilslehren und Sekten, sind sie doch der auffälligste Ausdruck unserer Sinn-Konfusion. Klar ist: Den „neuen Menschen" haben schon viele schaffen wollen, zuletzt die Bolschewisten. Alle sind gescheitert.

Aber dennoch: Ohne daß wir neue oder besser wahre Menschen werden und ohne daß wir uns für das Zusammenleben der Menschen und den Aufbau eines wirklich sozialen Organismus nicht völlig neue Formen schaffen, erreichen wir das nie, werden unsere Enkel uns verfluchen, weil wir ihnen in grenzenlosen Egoismus nahezu jede Grundlage für ein menschenwürdiges Leben genommen haben.

Dieser „wahre Mensch" strebt nicht in erster Linie nach Besitz, Karriere und Macht, sondern „er geht in sich" im wahrsten Sinne. Er kümmert sich mindestens so viel um sein Inneres wie um Äußeres, was er ja durchaus weiter tun soll. Er läßt sich sein Leben nicht mehr diktieren von Politikern, die es vor allem auf seine Wählerstimme abgesehen haben, vom Profitdenken mächtiger Wirtschaftsbosse, vom Machbarkeitswahn geistig blinder Wissenschaftler und von den in ihrem Dogmenkäfig gefangenen kirchlichen Hierarchien. Er will *wissen*, warum er lebt. Er will ein *freier Mensch* unter *freien* Menschen sein.

Für dieses hohe Ziel steht die Anthroposophie.
Das ist das Ergebnis meiner lebenslangen Suche
nach Sinn und innerer Freiheit.

Die Anthroposophie versteht sich als eine Herausforderung für die Gegenwart und Zukunft. Sie will den Menschen helfen, *frei zu* werden. Sie ist aber, um das gleich zu sagen, kein „Lehrsystem", das man sich aneignen kann, wie das Programmieren, und sie verkündet vor allem keine Dogmen, die zu glauben sind. Sie weiß: Der Mensch der Zukunft wird, das ist jetzt mit Sicherheit abzusehen, der *freie* Mensch sein, oder er wird zu dem, wofür ihn manche blinde Naturwissenschaftler und „Biotechniker" halten, zum „nackten Affen" oder zum programmierbaren Bioroboter. Das würde aber heißen: Er wird als Mensch ebenso verschwinden, wie durch seine Schuld schon so viele Tier- und Pflanzenarten verschwunden sind und wie es auch manche Neodarwinisten voraussagen. Man muß also von vornherein wissen: Die Anthroposophie ist ein Weg zur Freiheit, kein Dogmensystem.

Von den ersten Anfängen dieses Weges handelt dieses Buch. Der Verfasser möchte mit dem Leser den Weg nachgehen, den er selbst vorher gegangen ist. Diese Art der Einführung in die immer für so schwer zugänglich gehaltene Anthroposophie ist neu. Ich möchte die Gabe, die ich empfangen habe, ganz einfach als Anregung zu eigener Arbeit an andere weitergeben. Das empfand und empfinde ich als eine Art „Auftrag".

Fast auf jeden Anthroposophen kommt zuweilen die Aufgabe zu, jemandem möglichst knapp zu erläutern, was Anthroposophie ist. Mit kurzen Worten kann man das jedoch ebensowenig, wie wenn man auf diese Weise das Christentum erklären wollte. Die, die danach fragen, haben entweder ganz allgemein davon gehört; oder sie haben erfahren, daß die Waldorfschulen, die biologisch-dynamische Wirtschaftsweise samt den Demeterprodukten aus den Erkenntnissen Steiners heraus entstanden sind; oder sie werden von einem anthroposophischen Arzt behandelt oder ... oder ... Es gibt ja heute die mannigfaltigsten Möglichkeiten, mit der Anthroposophie bekannt zu werden. Viele Menschen beachten diesen Schicksalsanruf jedoch nicht. Oder sie haben für Geistiges so schlechte „Antennen", daß sie sogar als Eltern eines Waldorfschülers keinen Anlaß sehen, sich mit der dieser Pädagogik zugrundeliegenden Anthroposophie zu befassen. Andere wiederum spüren beim ersten flüchtigen Bekanntwerden mit der Anthroposophie fast so etwas wie einen elektrischen Schlag: „DAS ist es!"

Sie wissen plötzlich mit erstaunlicher Sicherheit: „Danach habe ich schon lange gesucht." Sie kaufen sich dann vielleicht Steiner-Taschenbücher, die es ja in vielen Buchhandlungen gibt, und fangen an zu studieren. Oder sie haben einen Bekannten, der Anthroposoph ist und ihnen weiterhilft. Sie sagen sich: Diesen Bekannten kenne ich als einen ernsthaften Menschen. Er würde sich nie mit irgendeinem Sektenokkultismus oder mit den heute so wohlfeilen „Esoterik"-Phänomenen befassen.

Die Antworten, die er dann bekommt, sind ebenso vielfältig, wie es Anthroposophen gibt. Der Fragende wird danach je nach seiner „spirituellen Konstitution" meistens eine blasse Ahnung davon bekommen, in welcher Richtung er weiterarbeiten müßte, um mehr und mehr zu verstehen. In einigen Fällen bekommt er gleich zu Anfang einen so unwiderstehlichen inneren Schub, daß er unverzüglich und ernsthaft versucht, sich die Anfangsgründe der Anthroposophie zu eigen zu machen. Ob er einem an ihn ergangenen – immer aus der geistigen Welt kommenden – Anruf folgt und Konsequenzen zieht oder nicht, das ist wohl meist das, was in der Anthroposophie mit dem alten Sanskrit-Ausdruck „Karma" (Schicksalsführung) benannt wird.

In nicht wenigen Fällen wird er Folgendes erleben: Er kauft sich auf die Empfehlung eines Freundes oder seines Buchhändlers hin eines der Grundwerke Steiners. Mancher wird aber die Lektüre bald aufgeben, weil ihm die Texte als zu schwer verständlich erscheinen oder weil ihm das, was er da erfährt, allzu phantastisch vorkommt. Er wird sich immer wieder fragen: „Woher weiß der Steiner das? Wie kann er das beweisen? Soll man denn das alles einfach glauben?" Denn so mancher hat ja seiner Kirche, in die er hineingeboren wurde, den Rücken gekehrt, *weil* er das, was da z. B. über die „unbefleckte Empfängnis", über die „leibliche Himmelfahrt Mariä", über die Unfehlbarkeit des Papstes oder über viele andere Dogmen als verpflichtendes Glaubensgut (Dogma) gelehrt wird, eben nicht mehr glauben *konnte* („Fall Drewermann").

Und da soll er jetzt einem einzelnen Menschen glauben, der all diese erstaunlichen Mitteilungen über die geistige Welt macht?

So ähnlich werden die Bedenken vieler Anfänger lauten, und so ging es auch mir.

Aber viele geben dann doch nicht auf. Sie machen zweckmäßigerweise, wenn es das am Wohnort gibt, einen Einführungskurs mit, der sie befähigt, allein oder im Rahmen einer örtlichen anthroposophischen Gruppierung weiterzuarbeiten. Oder sie kaufen sich eine der Einführungen in die Anthroposophie im Buchhandel, die zu Anfang leichter zu verstehen sind als die Steinerschen Werke selbst.

Die Erfahrung aber, daß manche dieser Einführungen sehr viel voraussetzen, war der Anlaß für dieses Buch. Es will wirklich dem Interessenten, der von der Anthroposophie oft nicht mehr als den Namen kennt, eine allererste Hinleitung sein, nicht mehr. Aber der Autor hofft, mit der

Schilderung des Weges, den er selbst gegangen ist, mit den Fragen, die er sich selbst oder anderen gestellt hat, eine (von vielen) Möglichkeiten zu zeigen, wie der Suchende diese „geistige Sehnsucht" befriedigen kann. Diese wird, das sei schon jetzt gesagt, ein Leben lang nicht aufhören, genau so, wie man ja auch immer wieder Hunger und Durst bekommt und also immer wieder Nahrung zu sich nehmen muß.

Daß die Aneignung eines solchen „Stoffes" ständige Arbeit und Geduld erfordert, weiß jeder, der eine Meisterprüfung oder ein Studium absolviert hat. Da ist es im Prinzip nicht anders. Ein so universaler Denker und Eingeweihter wie Rudolf Steiner läßt sich nun einmal nicht leichter verstehbar machen, als es der Natur der Sache nach möglich ist.

Ich habe mich bemüht, bei der Darstellung dessen, was *ich* persönlich als die ersten Anfangsgründe der Anthroposophie ansehe, nicht nur, mit Steiner-Zitaten gespickt, zu referieren, sondern den Leser entsprechend meiner eigenen Erfahrung am Prozeß des Fragens und Erkennens teilnehmen zu lassen. Ich möchte ihn damit auffordern, „sich seines eigenen Verstandes zu bedienen" (Kant). Denn Steiner selbst bezeichnet es in einem seiner Vorträge für die Jugend als schädlich, wenn die Anthroposophie als Wissenschaft gelehrt wird (obwohl sie in Wahrheit ja doch Wissenschaft, nämlich Geisteswissenschaft, ist).

Anthroposophie dürfe aber niemals bloße Theorie sein, sie müsse unmittelbares Leben werden. Man muß sie im wahrsten Sinne des Wortes er-fahren und – wie die Schüler des Sokrates – erfragen.

Sokrates verstand seine Lehrmethode als „Hebammenkunst". Durch Fragen wollte er in seinen Schülern die Erkenntnisse zur Geburt bringen, die bereits in ihnen schlummerten. Er selbst hinterließ keine einzige Zeile. Seine Schüler Plato und Xenophon waren es, die seine tiefen Weisheiten aufschrieben und überlieferten.

Auch Steiner wollte zunächst vorwiegend durch das Wort wirken.

Er lebte jedoch in einer völlig anderen Zeit und wandte sich nicht an eine Polis, sondern an die Menschheit. So hat er uns die grundsätzlichen „Erkenntnisse der höheren Welten" (GA 10) als geschriebene Bücher hinterlassen und zugelassen, daß seine Vorträge in Buchform überliefert werden. Anfangs wollte er nicht, daß sie veröffentlicht werden. Den Grund hierzu zeigt ein schönes Hegelwort, das sich auch alle die einmal durch den Kopf gehen lassen sollten, die die Anthroposophie kritisieren oder bekämpfen, ohne dazu die nötigen Voraussetzungen zu haben: „Das

Esoterische ist das Spekulative[3], das gedruckt ist und doch ein Verborgenes bleibt für die, die nicht das Interesse haben, sich anzustrengen. Geheimnis ist es nicht, und doch verborgen"[4].

Sehr viele, die zunächst ein echtes Interesse für die Anthroposophie zeigen, kommen, wie gesagt, öfters sehr schnell zu der Ansicht, Steiner sei zu schwer verständlich. Wahrscheinlich werden manche dies sogar vom vorliegenden Büchlein noch sagen, obwohl ich mich doch bemüht habe, in die Anthroposophie für jedermann verständlich einzuführen. Sie mögen bitte Geduld haben. Mit Geduld kann *jeder* die Anthroposophie verstehen. Ich möchte hier auf etwas Wichtiges hinweisen, was im Zeitalter vorgekauter Informationen mehr und mehr aus der Mode kommt: auf den großen inneren Wert eigener Erkenntnisbemühungen.

---

[3] „spekulativ" hatte bei Hegel nicht die negative Bedeutung wie heute
[4] Hegel, G. W. F.: Vorlesungen über Geschichte

Persönliche Annäherungen und Erfahrungen

Die Zusammenfassung von „Initiationsgesprächen", die ich selbst hatte, könnte dem Leser einen allerersten Einblick in die Anfangsschwierigkeiten geben, auf die fast jeder trifft.

Es ist Mittagspause auf einer Fachtagung. Ein Kollege sitzt zusammen mit zwei jungen Damen am Nebentisch und erklärt ihnen, wohl auf ihr Befragen, mit erkennbarem Engagement irgend etwas, was offenbar nichts mit der Tagung zu tun hat. Ich kann nur Bruchstücke verstehen, höre zusammenhanglos Wörter wie „Ätherleib", „Aura", „Karma" usw., Wörter, die ich zwar schon gehört hatte, mit denen ich aber lediglich Urteile wie „obskures Zeug" oder bestenfalls „indisch" verband. Da wir nicht selten zusammen waren, wundere ich mich, daß er mir noch nie etwas davon erzählt hatte, ja daß ausgerechnet er sich überhaupt mit „so etwas" befaßt. Abends lade ich ihn zu einem Spaziergang durch den Kurpark ein und frage sogleich direkt.

„Mich würde interessieren, was Sie da heute mittag so eifrig mit den beiden jungen Kolleginnen besprochen haben. Ich hatte nicht den Eindruck, daß es sich um Fachfragen oder beliebige Konversation handelt. Würden Sie mir das auch erzählen? Das wenige, was ich hören konnte, klang so, als gäben Sie sich mit Spiritismus oder Okkultismus oder irgend etwas Parapsychologischem ab." Darauf mein Kollege, der kurze Zeit später mein bester Freund wurde: „Bevor ich Ihre Frage beantworte, muß ich Sie daran erinnern, daß ich Naturwissenschaftler bin und daß mir infolgedessen ein streng logisches, realitätsbezogenes Denken selbstverständlich geworden ist. Und das heißt, daß ich mich niemals mit etwas Obskurem oder mit einer solchen banalen Lächerlichkeit wie dem landläufigen ‚Okkultismus‘, dem Spiritismus oder mit dem modischen New-Age-Sammelsurium befassen würde. Auch die Parapsychologie, so wissenschaftlich sie sich gibt, hat sich mir als nichts anderes erwiesen, als das Herumstochern mit einer langen Stange im Nebel. Insofern kann ich Sie also beruhigen.

Das, um was es heute mittag ging, war nichts von alledem. Es waren vielmehr ein paar ganz anfängliche Angaben über einige anthroposophische, auch geisteswissenschaftlich genannte Begriffe."

„Geisteswissenschaftlich? Darunter verstehe ich Philosophie, Germanistik, Geschichtswissenschaft usw., also die sogenannten Kulturwissenschaften. Was haben denn diese Wissenschaften mit Anthroposophie zu tun?" – Er: „Es gibt nichts auf der Welt, über der Welt und unter der Welt, also auch nichts in den Wissenschaften aller Fachrichtungen, was nicht mit Anthroposophie zu tun hätte. Aber der Begriff ‚Geisteswissenschaft' wird hier auf eine besondere Weise gebraucht. Es stimmt, die Wissenschaften, die Sie genannt haben, heißen ‚Geisteswissenschaften' – beachten Sie den Plural! –, weil sie sich mit der Erforschung und Darstellung der Schöpfungen des menschlichen Geistes befassen. Die Anthroposophie jedoch wurde von Rudolf Steiner, dessen Namen Sie ja sicher schon einmal gehört haben, ihrem Schöpfer, ‚Geisteswissenschaft' (Einzahl) genannt, weil sie eine Wissenschaft vom Geist als solchem ist, nicht nur des menschlichen Geistes, wie bei den Geisteswissenschaften, sondern dessen, was wir ‚geistige Welt' nennen und was wahrhaftig eine Welt des Geistes und der Geister ist.

Steiner nennt sie in Anlehnung an alte esoterische Traditionen auch ‚Geheimwissenschaft'. Da diese Bezeichnung den Anfänger aber meist irritiert und Übelwollenden Gelegenheit zu Angriffen bietet und schon immer, oft wider besseres Wissen, geboten hat, hat Steiner am Anfang des gleichnamigen Buches (GA 13) in einem eigenen Kapitel klargestellt, daß darin nichts dargestellt ist, was in irgendeinem Sinne ‚geheim', d. h. ‚nur durch eine besondere Schicksalsgunst zu erwerben' ist. Diese ‚Geheimwissenschaft' ist ebensowenig ‚geheim', wie die Naturwissenschaften ‚natürlich' sind. Sie bezieht sich auf das, was in den Welterscheinungen für die gewöhnliche Erkenntnisart das Nicht-Offenbare, das Verborgene (Okkulte), das ‚Geheime' ist, das, was Goethe (und Hegel! s. o.) das ‚offenbare Geheimnis' nennt. Die Fähigkeit, dieses ‚Geheime' zu erkennen, hatten vor vielen tausend Jahren alle Menschen und kann sich heute im Prinzip jeder Mensch wie andere höhere Fähigkeiten wieder erwerben, wenn er die nötigen Voraussetzungen geschaffen hat. Aus diesem Grunde wird die Anthroposophie auch Erkenntniswissenschaft genannt."

Ich unterbreche ihn: „Sie sprachen von Geistern! Können Sie denn so etwas mit Ihrer naturwissenschaftlichen Gesinnung vereinbaren, mit voraussetzungslosem, streng logischem, realitätsbezogenem Denken – Welt der Geister? Dann wären also Geister real? Dann wäre diese angebliche Welt der Geister wissenschaftlicher Forschung zugänglich?" – „In der Tat, so ist es," sagt dieser Mensch zu meiner Verblüffung.

„Wissen Sie, was Rudolf Steiner schon als 27jähriger gesagt und dann sein ganzes Leben lang vertreten hat? Er sagte:

‚Nur das für wahr halten, wozu uns unser eigenes Denken zwingt.'

Das ist ein Schlüsselsatz für die Anthroposophie. Viele Male fordert uns Rudolf Steiner auf, ihm nicht zu glauben, sondern selbst zu denken. Sollte ich also von der Wahrheit der Anthroposophie nicht überzeugt sein, wenn mein eigenes Denken mich dazu zwingt?"

Längere Zeit gehen wir wortlos nebeneinander her. Schließlich sage ich: „Wenn ich nicht wüßte, daß Sie ein exzellenter Physiker und Informatiker sind, nicht etwa ein etwas exaltierter Psychologe oder ein weltfremder Altphilologe, dann hätte ich wahrscheinlich gesagt: Das ist ja wirklich interessant, aber jetzt wird es Zeit für den Abendvortrag. Dieses Gespräch hätte ich sicherlich als Zeitverschwendung angesehen und hier beendet. So aber? Sie sagen lapidar: So ist es! Sie glauben also tatsächlich an Geister und alles, was damit zusammenhängt?"

Er darauf. „Es würde Ihnen wenig nützen, wenn ich jetzt begänne, Ihnen ausführlich darzustellen, was Anthroposophie ist und was sie nicht ist. Erstens brauchten wir Tage dazu, und zweitens könnten Sie das alles gar nicht so schnell auffassen und verstehen. Man muß sich der Anthroposophie behutsam und in kleinen Schritten nähern. Um sie wirklich umfassend zu verstehen, muß man sich einem intensiven Studium unterziehen, das eigentlich niemals aufhört, und sollte dabei einen inneren Schulungsweg, einen Meditationsweg gehen, ganz allein und ohne die Hilfe eines der heute so modisch gewordenen Gurus und – nebenbei gesagt – ganz ohne die von obskuren Sekten und ‚Psycho-Kulten' verlangten horrenden Kurskosten, nämlich kostenlos (abgesehen von den zunächst minimalen Bücherkosten). Für diesen Weg gibt aber Steiner genaue Anweisungen der verschiedensten Art. Dazu kommt: Die in unserem Sinne geisteswissenschaftlichen Begriffe sind sehr vielschichtig, müssen immer von den verschiedensten Seiten her betrachtet werden. Man kann sie nicht definieren wie eine physikalische Größe. Und vor allem genügt hier in der echten Esoterik, im Gegensatz zu den meisten exoterischen Gebieten, nicht ein einmaliges Verstehen. Das Geistesgut muß immer wieder neu erworben werden, auch wenn man es schon zu besitzen glaubte. Im übrigen ist es nicht anders als mit den anderen Wissensgebieten: Auch die Aneignung von Biologie, Informatik, Volkswirtschaft oder die Meisterprüfung usw. machen strenge und andauernde Erkenntnisarbeit erforderlich, um selbständige Urteilsfähigkeit zu erwerben. Selbst ‚alte Anthroposophen', die die Hauptwerke Steiners im Verlaufe ihres Lebens viele Male gelesen haben, entdecken bei jeder erneuten

Lektüre noch Stellen oder ganze Passagen, bei denen ihnen plötzlich ein neues Licht aufgeht, wie eine bestimmte Aussage zu verstehen ist. Ich kann Ihnen hier gleich eine Faustregel für das Studium Steinerscher Texte andeuten: Je mehr der ‚Geistesschüler‘ (so nennt Steiner denjenigen, der ‚auf dem Weg ist‘) noch am Anfang steht, desto eher kommt es vor, daß er einzelne Mitteilungen oder ganze Problemkomplexe nicht oder nur ahnungsweise versteht oder daß er meint, irgendeine Aussage stehe im Gegensatz zur Logik oder widerspreche einer anderen. Er sollte in solchen Fällen, wenn er sich nicht unmittelbar bei einem Freund oder in seinem örtlichen Kreis Rat holen kann, diese unverstandenen Stellen zunächst einfach auf sich beruhen lassen. Irgendwann wird sich ihm dieses Dunkel aufhellen.

Sie sehen schon aus diesen Andeutungen: Die Anthroposophie sich anzueignen (ein wunderbares Wort: sich zu eigen machen) ist eine anspruchsvolle und langwierige geistige Arbeit. Dennoch bedarf das Studium der Werke Steiners nicht etwa einer höheren Bildung oder gar übernormaler Intelligenz, sondern es bedarf vor allem der Beharrlichkeit, um auf dem *Weg* weiterzukommen. Weil das so mühsam erscheint – ich sage ausdrücklich ‚erscheint‘ –, geben viele vorzeitig auf. (Der Autor, das sei hier vorausgeschickt, hat mehrere Male ‚aufgegeben‘, aber jedesmal hat ihn sein Freund wieder an den Haaren aus dem Wasser gezogen.) Wer aber ‚drangeblieben‘ ist, dem erscheint zunehmend dieser Weg keineswegs mehr als mühsam, sondern in wachsendem Maße als das, wonach er immer schon gesucht hat. Das Engagement, das Interesse, wird immer stärker, und es kommt für viele der Zeitpunkt, an dem sie sich hüten müssen, neben dem Studium der Anthroposophie andere Gebiete und Pflichten des Lebens zu vernachlässigen.

Aber daß es so ist, daß man sich die Anthroposophie nur mit Konzentration und Beharrlichkeit aneignen kann, ist der Grund, weshalb so viele Menschen, die zwar mit ihr in Berührung kommen, z. B. als ‚Waldorfeltern‘, den wirklichen Schritt hin zur Anthroposophie nicht machen. Es handelt sich in vielen Fällen wohl nicht um grundsätzliche Bedenken, sondern um reine Geistesbequemlichkeit, eine die Menschen unseres Fernsehzeitalters stark ‚auszeichnende‘ Eigenschaft.

Also, wie gesagt: Wir würden Tage und Nächte brauchen, bis ich Ihnen auch nur die allereinfachsten Grundbegriffe der Anthroposophie erläutert hätte. Lassen wir's für heute genug sein. Von vornherein: Vor allem sollte man aber wissen, was Anthroposophie nicht ist: Sie ist keine Religion und keine Ideologie mit einer Menge von nicht bezweifelbaren

Dogmen und Glaubenssätzen. Der Geistesforscher (Steiner) will dem Geistesschüler Kenntnisse und Fähigkeiten vermitteln, die zwar auf geistige Weise erforscht wurden, die aber nicht im geringsten der „irdischen" Logik oder den echten naturwissenschaftlichen Erkenntnissen widersprechen, weshalb jeder denkfähige Mensch sie sich bis zu einem gewissen Grade aneignen kann."

„Und noch etwas", fährt er fort, „daß die Anthroposophie bisher zum größten Teil auf Steiners Mitteilungen beruht, von seinen geistigen Forschungen ausgeht, die aus der Natur der Sache heraus häufig der Naturwissenschaft nicht zugänglich und deshalb auch meist naturwissenschaftlich nicht beweis-, aber auch nicht widerlegbar sind, das macht allen, die sich der Anthroposophie nähern, mehr oder weniger große Schwierigkeiten, und das gibt auch ihren zahlreichen Gegnern billige Angriffspunkte. Wenn Sie ,am Ball' bleiben, gebe ich Ihnen auch für dieses schwierige Kapitel Gesichtspunkte, die es Ihnen zumindest erlauben, Bedenken so lange auf sich beruhen zu lassen, bis Sie sich selbst überzeugt haben, ob diese Beweisfrage nicht nur eine Scheinfrage sein könnte. Das Allerwesentlichste für eine Annäherung an die Anthroposophie ist zunächst die Ahnung, dann das Zutrauen und schließlich das absolut sichere Wissen:

Es gibt nicht nur diese sichtbare, physische, äußere Welt, oft ,Diesseits[5] *genannt, sondern es gibt eine unsichtbare, die sichtbare umfassende geistige Welt, oft ,Jenseits*[6] *genannt.*

Wer das einmal wenigstens als Arbeitshypothese gelten läßt, und damit mache ich endgültig Schluß für heute, und intensiv in sich wirken läßt, der hat den allerwichtigsten Schritt in die Anthroposophie getan.

Alles Weitere sind Einzelheiten, die, und seien sie noch so wichtig, dieser Erkenntnis nachgeordnet sind und die sich dem Verstehen des suchenden Geistesschülers nach und nach wie von selbst erschließen. Nun habe ich Ihrem Fassungsvermögen viel, vielleicht schon zuviel zugemutet. Fragen Sie jetzt bitte nichts mehr. Lassen Sie das, was ich Ihnen gesagt habe, recht intensiv auf sich wirken. Nehmen Sie es mit in den Schlaf. Und wenn Sie wollen, reden wir morgen weiter."

Je länger er sprach, desto mehr verstummte mein anfänglich spöttischer, dann intellektueller und schließlich seelischer Widerstand gegen das Unerhörte, das mir da entgegenkam. Ich war ... fassungslos. Da taten

---

[5] Hemleben, J.: Diesseits; Hamburg 1980
[6] Hemleben, J.: Jenseits; Hamburg 1975

sich Welten auf, die ich seit meiner streng katholisch geprägten Kindheit für überwunden hielt, für einen Aberglauben, den – so glaubte ich – die Priesterschaft sich seit Jahrhunderten zusammentheologisiert hat, um das Kirchenvolk besser beieinanderhalten und vor allem besser beherrschen zu können.

Jedenfalls: Dieses Gespräch war der erste Anstoß. Mein weiterer Weg glich dann aber eher einer Sinuskurve als einem ruhigen und stetig nach oben verlaufenden Schulungsweg, er glich mehr der schwierigen Ersteigung eines hohen Gebirges mit ständigem Auf und Ab, immer in Gefahr abzustürzen. Und ich bin abgestürzt, mehrere Male, und ganz schrecklich. Aber immer wieder fing mich das Seil, sprich: mein Freund, auf. Er ermutigte mich, von neuem aufzusteigen. Die Abstürze waren meist die Folge gegnerischer Schriften, die auf einmal, wie von Geisterhand gelenkt, in meine Hände kamen, ohne daß ich sie gesucht hätte. Die Schriften enthielten philosophisch, theologisch oder psychologisch untermauerte Argumente, Vorwürfe und Angriffe, denen ich mangels einer ausreichenden anthroposophischen Vorbildung fast nichts entgegenzusetzen hatte. Sie irritierten mich stark, brachten mich manchesmal weit vom Wege ab, ja ließen mich sogar die Behauptung einiger radikaler Gegner erwägen, Steiner sei ein Scharlatan.

Aber immer wieder, mit fast unendlicher Geduld, richtete mein Freund mich auf, widerlegte die Gegner und überzeugte mich erneut von der Wahrheit der Anthroposophie. Als ich ein letztes Mal durch die Lektüre von H. von Ditfurths Buch „Wir sind nicht von dieser Welt"[7] ganz fürchterlich abstürzte, obwohl darin mit keinem Wort von der Anthroposophie die Rede war, stellte mein Freund nur gelassen fest, daß ich offenbar, wenn ich mich von diesem Buch vom Wege abbringen lasse, karmisch noch nicht reif sei für die Anthroposophie. Dann kam der entscheidende, für mich sogar lebensentscheidende Satz:

„Dann vielleicht im nächsten Leben"

Dieser Satz schlug bei mir ein wie ein Blitz. Die letzten Scheuklappen fielen ab. Zweifel lösten sich im Nichts auf. Es war fast ein Erleuchtungserlebnis. Ich war endlich am Beginn des Weges angekommen, des Weges zum Ziel, ein Anthroposoph zu werden.

„Im nächsten Leben." Das war es! Schon immer, schon als Junge, bevor ich auch nur das Wort „Anthroposophie" kannte, geschweige denn

---

[7] Ditfurth, H. v.: Wir sind nicht von dieser Welt; Hamburg 1987

das Wort „Reinkarnation", war ich „irgendwie" davon überzeugt, daß der mir eingeimpfte Kinderglauben von dem *einen* Leben und den „ewigen Höllenstrafen" und der „ewigen Seligkeit" so nicht wahr sein könne, daß diese Lehre der unendlichen Liebe und Gerechtigkeit Gottes zutiefst widersprechen müsse. Ich stellte mir vielmehr schon als Junge vor, daß wir sicher viele Male auf die Welt kommen, um immer vollkommener zu werden. Da ich damals weder von Buddhas „Rad der Wiedergeburten" noch vom hinduistischen Wiedergeburtsglauben etwas gehört hatte, muß die Vorstellung von der Tatsache der Reinkarnation also „ganz von selbst" in mir entstanden sein. Diese Jugendüberzeugung, die dann in mein Unterbewußtsein abgesunken und also „vergessen" war, ist durch das Wort meines Freundes „blitzschnell" wieder wach geworden. Dies war um so leichter, als ich schon immer von der Unsterblichkeit der Seelen überzeugt war, die ja die Voraussetzung für die Reinkarnation ist. Davon hatte ich mich weder durch den Pessimismus meines Lieblingsphilosophen Friedrich Nietzsche abbringen lassen („Die große Lüge von der Personal-Unsterblichkeit zerstört jede Vernunft"[8]) noch etwa durch den heroischen Atheismus einiger Existentialisten. Denn diese Philosophen glaubten ja, wie übrigens ein recht hoher Prozentsatz der heutigen weißen Bevölkerung, daß nach dem Tod „alles aus" sei. Das glaubte ich nie. Aber immer wieder quälte ich mich mit der Frage herum, wo und wie dann, wenn es die Wiederverkörperung gibt, die Seelen seien zwischen dem Tod und einer neuen Geburt. Daß sie überhaupt noch „da" sind, daß sie also nicht entsprechend der mir als absurd erscheinenden „Ganztodtheorie" einer bestimmten Richtung der protestantischen Theologie bis zum „Jüngsten Tage" nicht existent sind, darüber gab es bei mir nie den geringsten Zweifel. Wenn die Toten also in einem irgendwie gearteten geistigen Reich in einer irgendwie gearteten Existenzart noch „da" sind, dann, so sagte ich mir, ist doch auch die Annahme nicht absurd, daß es außer diesen Seelen auch andere Geistwesen „dort" geben könnte. Und dann wäre vielleicht auch die Rede vom höchsten Geistwesen, von Christus, nicht nur Theologengerede? Dies, darauf möchte ich besonders hinweisen, war eine für mich entscheidende Reihe von logischen Schlußfolgerungen, die mir den Weg in die Anthroposophie geebnet haben.

Ich will den geistigen Prozeß, den ich damals durchmachte, zunächst nicht weiter ausmalen. Ich dachte aber, manche Leser dieses Buches

---

[8] Nietzsche, F.: Der Antichrist, Nr. 43

werden vielleicht mit einer ähnlichen Problematik zu tun haben und könnten daraus Nutzen ziehen, wenn sie lesen, welche Probleme andere hatten und wie sie diese gelöst haben. Von dieser Stunde ab lebte ich jedenfalls nach einer Maxime, die der große Philosoph und Mathematiker Blaise Pascal in einem wunderbar einfachen Satz so ausgedrückt hat:

„Man muß sich eine Wahrheit so zu eigen machen, als ob man sie selbst gefunden hätte; dann, und nur dann, macht man sie lebendig."

Gerade das ist meine Absicht mit diesem Buch: die anthroposophische Wahrheit im Leser lebendig werden zu lassen – und zwar, indem ich versuche, sie in eine Sprache zu „übersetzen", die für jedermann verständlich ist. Ich befasse mich intensivst seit zwei Jahrzehnten mit der Anthroposophie, nicht nur lesend und aufnehmend, sondern auch in meditativer An-Eignung. Und dennoch bin ich weit davon entfernt, mich als wahren, profunden Anthroposophen zu betrachten. Mein Leben wird kaum ausreichen, bis ich das von mir sagen könnte. Da ich mich also immer noch in diesem Prozeß der An-Eignung der Anthroposophie befinde, kann ich mich in die Mentalität eines von ihr noch nichts Wissenden gut hineinfühlen. Ich glaube, mich so tief in sie versenkt zu haben, daß ich die innere Berechtigung, vielleicht sogar die innere Aufgabe habe, über sie zu schreiben und damit anderen Menschen den Zugang zu ihr zu erleichtern.

Dabei geht es mir vor allem um eines: Anthroposophie ist leider immer noch „etwas für Kenner". Trotz der Ausbreitung der Waldorfschul-Pädagogik, der anthroposophischen Medizin, der biologisch-dynamischen Landwirtschaft, der Heilpädagogik, des Gemeinschafts-Bankwesens und anderer Errungenschaften ist Anthroposophie eine Insel in der allgemeinen Kulturlandschaft geblieben. Viele anthroposophische „Früchte" sind in der Öffentlichkeit anerkannt, aber diese Anerkennung bezieht sich auf Äußerlichkeiten. Anthroposophie als moderner Schulungsweg, als zeitgemäße Erkenntnis- und Arbeitsweise, ist weitgehend unbekannt. Dies macht mich um so mehr betrübt, als doch heute fast jeder Mensch, der noch nicht völlig vom Fernsehen verblödet ist, vor großen Rätselfragen steht, z. B.: Warum gibt es das Böse auf der Welt, das sich z. B. in Bosnien austobt? Was ist überhaupt das „Böse"? Was wird mit uns nach dem Tode? Und was dergleichen Fragen mehr sind.

Selbstverständlich konnte ich damals diese Fragen ebensowenig beantworten wie alle Philosophen der Philosophiegeschichte. Hätte ich aber schon den „Karma"-Begriff gehabt, dann wäre es mir leichter gefallen, z. B. zu verstehen, warum in vielen Teilen der Welt Hunderttausende von Menschen an Hunger sterben und in brutalstem Elend leben, während wir uns in den Industriestaaten durchschnittlich eines satten Wohlstands erfreuen. „Wie kann Gott so etwas zulassen?" klingt es schon seit Hiobs Zeiten. In dieser Hinsicht lebt doch fast jeder Mensch, der seinem Kinderglauben entwachsen ist, mehr oder weniger in einem agnostischen Vakuum: „Nichts Genaues weiß man nicht. Und da man nichts wissen kann, denke ich gar nicht darüber nach." Die christlichen Kirchen und Sekten jedenfalls haben meiner Meinung nach heute auf diese Fragen keine einen denkenden Menschen befriedigende Antwort. Fragt man danach, dann bekommt man mehr oder weniger elegant formulierte, aber doch verlegene Vertröstungen, Bibelsprüche und Katechismussätze und die seit tausend Jahren klassische Antwort: „Da muß man halt daran glauben" oder angesichts des fürchterlichen Elends auf der Welt die Phrase: „Das ist eben der unerforschliche Ratschluß Gottes". Wie sich für mich diese großen Rätselfragen lösten, wird aus dem Folgenden hervorgehen.

Abschließend möchte ich nur einen, allerdings einen gewichtigen und der Sympathie mit der Anthroposophie unverdächtigen Zeugen zitieren, einen der berühmtesten Naturwissenschaftler unserer Zeit: Max Planck (1858-1947). Es handelt sich um ein Zitat aus seiner viel beachteten Florentiner Rede. Diese Aussage sollte man während der ganzen Lektüre im Kopf behalten.

> *„Alle Materie entsteht und besteht nur durch eine Kraft, welche die Atomteilchen in Schwingungen versetzt und sie zum winzigen Sonnensystem des Atoms zusammenhält. Da es aber im ganzen Weltall weder eine intelligente, noch eine ewige Kraft gibt, müssen wir hinter dieser Kraft einen bewußten, intelligenten Geist annehmen. Dieser Geist ist der Urgrund aller Materie. Nicht die sichtbare, aber vergängliche Materie ist das Reale, Wahre, Wirkliche, denn die Materie bestünde ohne diesen Geist überhaupt nicht, sondern der unsichtbare, unsterbliche Geist ist das Wahre. Da es aber Geist an sich auch nicht geben kann, sondern jeder Geist einem Wesen zugehört, müssen wir zwingend den Bestand von Geistwesen annehmen. Da jedoch auch Geistwesen geschaffen worden sein müssen, so scheue ich mich nicht, diesen geheimnisvollen Schöpfer ebenso zu benennen, wie ihn alle Kulturvölker der Erde seit Jahrtausenden genannt haben: nämlich Gott. So sehen Sie, verehrte Freunde, wie nun in unseren Tagen, da man nicht mehr an den Geist als den Urgrund der Schöpfung*

glaubt und darum in bitterer Gottesferne steht, gerade das winzigste und unsichtbarste es ist, was die Wahrheit wieder aus dem Grabe materialistischen Stoffeswahns herausführt und die Welt verwandelt und wie das Atom der Menschheit die Tür öffnet in die verlorene und vergessene Welt des Geistes. "[9]

Prägnanter könnte man eine Grundaussage der Anthroposophie nicht ausdrücken. Daß diese Welt des Geistes heute nicht mehr „verloren und vergessen" ist, ist das Verdienst Rudolf Steiners und der Anthroposophie.

---

[9]   zitiert aus „Wille und Wahrheit" 2 Nr. 6

I ÜBER DIE SCHWIERIGKEITEN DES ZUGANGS ZUR ANTHROPOSOPHIE

Der Zugang zur Anthroposophie ist für viele Menschen – und war auch für mich – nicht einfach. Deshalb setze ich Überlegungen über die Hemmnisse, denen jeder begegnet, an den Anfang dieser Schrift. Hier soll gleichzeitig aber gezeigt werden, daß niemand vor ihnen zurückscheuen muß, daß jeder, der ernsthaft will, sie überwinden kann.

Zu den Schwierigkeiten zählt in allererster Linie die Notwendigkeit, die „Geistesträgheit" zu überwinden, in der viele heutige Menschen befangen sind. Aber auch der Einfluß der Bücher, Aufsätze und Vorträge von Kritikern und Gegnern der Anthroposophie wirkt sich aus, besonders im kirchlichen Raum. Argumente gegen die Anthroposophie werden jedoch geltend gemacht, seit es sie gibt. Alle überhaupt nur möglichen Argumente sind aber von Steiner selbst und von anderen anthroposophischen Autoren schon unzählige Male widerlegt worden. Das wird jedoch in Kreisen, die der Anthroposophie kritisch oder als Gegner gegenüberstehen, nicht etwa ihrerseits widerlegt, sondern einfach nicht zur Kenntnis genommen. Man will sich seine Vorurteile nicht nehmen lassen! Immer dieselben, manches Mal neutral-sachlichen, manche Mal gehässigen, meist aber – leider muß man das sagen – von Unwissenheit geprägten Argumente werden seit 80 Jahren fast gebetsmühlenartig wiederholt. Offenbar schreibt einer vom anderen ab. Wer jedoch in der Öffentlichkeit etwas kritisiert, sollte sich doch vorher sachkundig gemacht haben.

Ein weiterer wichtiger Grund, der auch mich anfangs abstieß und der viele Menschen, gerade die Ernsthaften, Nachdenklichen, Gebildeten, davon abhält, sich näher mit der Anthroposophie zu befassen, ja die es ablehnen, auch nur einen Gedanken darauf zu verschwenden, ist: Sie werfen die Anthroposophie, weil sie sich ja nicht scheut, sich „Okkultismus" oder „Esoterik" zu nennen, in einen Topf mit all dem mehr oder weniger obskuren Zeug, das heute unter gleichen Bezeichnungen die Regale der Buchhandlungen füllt, und sie bringen sie in Verbindung mit Spiritismus, der „Reinkarnationstherapie", dem New Age, der Parapsychologie oder mit anderen modischen Erscheinungen dieser Art. Dies entspricht in der Tat aber in etwa der Verwechslung der Astronomie mit Astrologie. Es ist auf den ersten Blick eben nicht leicht, einen echten

Brillanten von einem genauso geschliffenen Glasstein zu unterscheiden; da muß man schon etwas genauer hinsehen.

Ich selbst bin auf meiner „Suche nach dem Sinn des Lebens" mit fast allem bekannt geworden, was diese Suche beenden könnte: den fernöstlichen Religionen und Meditationstechniken, all den modischen Gurus, der Oberstufe des autogenen Trainings, der wunderbaren Lehre des Grafen Dürckheim usw. usw. Mit diesem „usw." meine ich natürlich nicht die „Jugendsekten" und nicht die eher ins Kriminalfach gehörende unsägliche „Scientology Church".

Der zweite Blick machte mich aber sehr nachdenklich (im Wortsinne: nach-denklich). Sollte die Ernsthaftigkeit und die den Naturwissenschaften durchaus ebenbürtige Logik und Realitätsbezogenheit der Anthroposophie nicht jeden denkenden Menschen nachdenklich machen? Können denn, so sagte ich mir, all die Ärzte, Physiker, Mathematiker, Astronomen, Germanisten, Historiker und sonstigen Wissenschaftler, all die Ingenieure, Architekten, Lehrer, Juristen, die sich engagiert zur Anthroposophie bekennen, einer Illusion zum Opfer gefallen oder obskure Spinner sein?

Wenn jemand bereit ist, sich von diesen Tatsachen wenigstens nachdenklich machen zu lassen, wenn er nicht mehr ausschließen kann, „daß etwas dran sein könnte", dann kommt in vielen Fällen und kam natürlich auch bei mir das schon in der Vorrede erwähnte triumphale Argument: „Aber wo sind denn die Beweise für all das, was der Steiner da behauptet? Das kann doch keiner nachprüfen. Die ganze Anthroposophie steht und fällt doch damit, daß man glaubt, was Steiner sagt." Dies ist ein so gewichtiges Argument, und es hat auch am Anfang meines Weges eine so wichtige Rolle gespielt, daß davon gleich das nächste Kapitel handeln soll.

Ein weiterer wichtiger Grund, warum der Zugang zur Anthroposophie schwierig scheint, ist, daß ihr Studium ausdauernde gedankliche Bemühung und ein Mindestmaß an Bildungsinteresse erfordert, also Eigenschaften, die nicht bei allen Menschen anzutreffen sind, zu denen sich aber jeder nicht ganz Willensschwache erziehen kann. Wohlgemerkt: Ich sage nicht „ein Mindestmaß an Bildung", also etwa Abiturniveau, sondern an „Bildungsinteresse".

Es gibt noch eine weitere Schwierigkeit: Viele werden vom Stil und der Verständlichkeit mancher anthroposophischer Veröffentlichungen abgeschreckt. Eine Reihe dieser Veröffentlichungen, gerade auch „offizielle", sind in der Tat nur wenig geeignet, Interessenten einen Anreiz zu geben, sich mit der Anthroposophie zu befassen. Das dürfte v. a. an einem ganz bestimmten, oft geradezu abschreckenden „Jargon" liegen, mit dem auch ich mich nur schwer abfinden konnte und kann. Auch an Steiners Sprache in den Vortragswerken muß man sich erst gewöhnen. Man sollte aber dabei bedenken, daß es sich ursprünglich um frei gesprochene, mitstenographierte Texte handelt, die von Steiner nicht mehr durchgesehen wurden und die zunächst gar nicht für den Druck bestimmt waren. Außerdem ist zu bedenken, daß sich der Sprachgebrauch in den letzten achtzig Jahren stark verändert hat.

Steiner sagt (GA 34), die Anthroposophie lehre ja nichts, was nicht ohnehin in jedem Menschen bereits vorhanden sei. Es müsse „nur" geweckt werden. Das hatte mich stets sehr beeindruckt: Es ist schon in mir, ich brauche es „nur" (mit Steiners Hilfe) herauszuholen. Ich vermute, daß heute im Zeitalter der „Hotline-Presse" und Fernseh-Dauerberieselung vielen Menschen in ihrer geistigen Schläfrigkeit offenbar der Wille zur Erkenntnis fehlt. Unter dem Einfluß von Boulevard-Blättern und Blabla-Sendungen beginnt das Bewußtsein zu schwinden, daß eine echte Erkenntnis (wie auch echte Religiosität) nicht durch solchen Konsum in leicht verdaulichen Häppchen erlangt werden kann, daß vielmehr eigene Willensanstrengungen erforderlich sind. Ich habe in der Tat die Erfahrung gemacht, daß der Hauptgrund, warum es nicht dazu kommt, sich mit der Anthroposophie zu beschäftigen, nicht etwa religiöser oder weltanschaulicher Art ist, sondern ganz schlicht und einfach in der geistigen Trägheit liegt, die wie ein hollywoodfarbener Schaum nicht wenigen Zeitgenossen die geistige Sicht versperrt und Aktivität raubt.

Demjenigen, der sich erstmals der Anthroposophie zu nähern versucht, geht es nicht anders als einem Philosophiestudenten, der sich mit den Werken großer Philosophen, oder einem Jurastudenten, der sich mit dem Bürgerlichen Gesetzbuch vertraut machen will. Er sieht zunächst nur ein schroffes Gebirge von scheinbar heillos abstrakten Begriffen und müht sich mit der schwer zugänglichen Sprache ab. Wenn man sich aber diesen Philosophen oder auch Steiner wirklich anvertraut, dann werden die Begriffe von Stufe zu Stufe anschaulicher und konkreter, bis dem Studenten schließlich deren Verknüpfung zum Ganzen gelingt, in dem jedes auf alles andere verweist und so (mehr oder weniger!) „einleuchtend" wird.

Außerdem: Wie wäre es denn möglich, das Tiefste des Tiefen im Stile von Reader's-Digest-Aufsätzen darzubieten? Jeder weiß, daß zum Begreifen des Funktionierens eines Computers und zu dessen Programmierung der ganze Verstand eines Menschen nötig ist. Viele meinen nun, daß auch die geistige Welt in ihrer ganz unvergleichlich größeren, nicht vorstellbaren Komplexität auf ganz einfache Weise erklärbar und ebenso einfach verstehbar sein müsse. Es ist, wenn man sich das klar macht, sicher verständlich, daß man sich auch eine elementare Einführung wie die vorliegende mit Bedacht und Geduld erarbeiten muß. Nur ist leider – ich wiederhole das und sehe es durchaus mit Trauer – der Hauptfeind jeder geistigen und meditativen Arbeit die geistige Trägheit, die viele Menschen davon abhält, die Mühen eines Studiums des Anthroposophie auf sich zu nehmen. Es geht bei ihnen nicht um bewußte Ablehnung, sondern sie kommen aus geistiger Trägheit gar nicht dazu, urteilsfähig zu werden. Das mag arrogant klingen (und gerade das habe ich meinem Freund anfangs vorgeworfen!), es ist aber so.

„Anthroposophen können daher nur Menschen sein, die gewisse Fragen über das Wesen des Menschen und die Welt so als Lebensnotwendigkeit empfinden, wie man Hunger und Durst empfindet."

(GA 26, Leitsatz 1)

Ich selbst habe meinen Freund immer wieder gefragt: „Warum ist denn das alles so fürchterlich kompliziert?" Er konnte nur sagen: „Es ist eben so kompliziert!" Wenn man weiß, wie unglaublich kompliziert natürliche Vorgänge sind, z. B. die Verdauung oder der Schlaf, und daß die Wissenschaft selbst diese natürlichsten aller natürlichen Vorgänge noch keineswegs vollständig erforscht hat, um wie vieles mehr wird dies auf geistige Vorgänge zutreffen, auf die geistige Welt und ihre Wesen. Darüber kann sich nur wundern, wer vergißt, daß es dem Laien auch nicht möglich ist, nur mit dem „gesunden Menschenverstand" die Wahrheit naturwissenschaftlicher Theorien und Hypothesen zu durchschauen. Die Mitteilungen Steiners über die geistige Welt können aber im Gegensatz dazu vom gesunden Menschenverstand durchaus nachvollzogen werden. Man wird finden, daß sie nirgends der Logik widersprechen. Sie erklären im Gegenteil viele existentielle Probleme, z. B. das Verständnis der Evangelien, besonders der sogenannten „Wunder", der Weltentstehung, der Entstehung von Krankheiten, der Ernährung, der Erziehungsprobleme, der sozialen Beziehungen usw., auf unmittelbar „einleuchtende" Weise so plausibel, daß es oft wie eine spontane „Erleuchtung" wirkt. Man weiß plötzlich mit absoluter Sicherheit: „**Das** ist es! Das habe ich schon immer geahnt, konnte es nur nicht in Worte fassen."

Ist es nicht auch bemerkenswert, daß sich Rudolf Steiner in seiner fast vierzigjährigen öffentlichen Tätigkeit im Hinblick auf esoterische Dinge kaum je widersprochen oder geirrt hat in 45 geschriebenen Werken und fast 6.000 Vorträgen? Selbstverständlich kann man auch im Steiner-Werk „Widersprüche und sachliche Fehler" feststellen.[10] Aber dies betrifft kaum seine esoterischen Mitteilungen, sondern eher Bemerkungen zu politischen und anderen äußeren Angelegenheiten.

Und dennoch: Steiner sagt selbst, daß kein Mensch unfehlbar sei, also selbstverständlich auch er nicht. In GA 124 sagt er, man solle nicht versäumen, alles zu prüfen, und werde dann sehen, daß es der Prüfung standhalte. Im Vorwort seines Buches „Aus der Akasha-Chronik" (GA 11) heißt es, daß auch der geistigen Anschauung keine Unfehlbarkeit innewohne. Auch sie könne sich täuschen. Von Irrtum frei sei auf diesem Gebiet kein Mensch, und stehe er (als Eingeweihter) noch so hoch.

„Immer wieder macht er [Steiner] uns klar, daß nicht jedes Wort, das er ausspricht, aus seiner geistigen Forschung stammt" (Lissau[10]). Jeder prüfe doch einmal selbst, was er vor 20, 10 oder sogar erst vor 3 Jahren gesagt und gemeint hat. Wer ehrlich ist, wird zugeben, daß er sich häufig geirrt und nicht selten seine Meinung geändert hat, was ja keine Schande, aber eine Tatsache ist. Und auch Steiner hat eine Entwicklung durchgemacht.

Noch ein Wort zu den angeblichen „Widersprüchen": Wenn jemand aus dem Steinerwerk ohne Berücksichtigung des Zusammenhangs und der wirklichen Bedeutung Zitate zusammenklaubt und damit dann das zu beweisen versucht, was Steiner nicht oder wovon er gerade das Gegenteil gesagt hat, dann zeigt er, das muß ich bei aller „sokratischen Toleranz" doch sagen dürfen, nichts anderes als seine Ignoranz, den unbändigen Willen, mißzuverstehen und seine Vorurteile zu pflegen. Das ist aber eine beliebte Methode von Kritikern.

Anzunehmen, Beweise für die Tatsachen der geistigen Welt seien möglich, ist der ebenso grundlegende wie typisch materialistische Fehler der Parapsychologie. Sie sind ebensowenig möglich, wie man einem Blinden die Farbe nicht „beweisen" kann, es sei denn, man mache ihn sehend. Genau diese Situation liegt für uns alle aber in bezug auf die geistige Welt vor: Ihr gegenüber sind wir blind, solange wir uns nicht mit Hilfe des uns gegebenen Schulungsweges „sehend" gemacht haben, um die Mitteilungen des Geistesforschers wenigstens logisch nachvoll-

---

[10]   Lissau, Rudi: in: Das Goetheanum vom 15. 3. 1992

ziehen zu können. Jede übersinnliche Erfahrung und gar jedes Christus-
erlebnis, wie es am bekanntesten und folgenreichsten dem Apostel Paulus und auch Rudolf Steiner als lebensentscheidendes Erlebnis zuteil
wurde und wie es heute offenbar mehr und mehr Menschen geschenkt
wird,[11] ist ein solches „Sehendwerden". Das heißt für uns: Solange wir
unsere „geistigen Sinnesorgane" nicht durch entsprechende Schulung
und konsequente Erkenntnisarbeit ausgebildet haben, bleiben wir geistig
blind und taub und sind angewiesen auf „geistige Führung".

Wie anfangs schon erwähnt, steht jeder, der sich mit der Anthroposophie ernsthaft befassen will, vor einem Grunderlebnis, das er entweder
hat oder nicht hat, einer Grunderkenntnis, die ihm entweder zuteil wird
oder nicht, die ihn aber, wenn er sie hat, davon überzeugt:

Es gibt eine geistige Welt

Dies ist, zugegeben, bisher kaum mehr als eine aus meiner eigenen Ü-
berzeugung heraus geborene Behauptung. Um was geht es dabei? Es
geht um die den leiblichen Sinnen nicht zugänglichen Bereiche der
Wirklichkeit. Diese sind deswegen aber nicht weniger wirklich, sondern
im Gegenteil unvergleichlich viel „wirk"licher als die sichtbare Welt.

Anzunehmen, es gäbe keine geistige Welt, keinen Gott, sondern nur
Materie und physikalisch-chemische Prozesse, anzunehmen, die Welt,
das Universum, sei irgendwann einmal rein „zufällig" durch einen „Urknall" entstanden und habe sich danach durch abermilliardenfache Zufälle „selbst organisiert" bis in die fernsten Galaxien und in die subatomaren Teilchen, vom Einzeller bis zum mit Geist und Seele begabten Menschen, anzunehmen, daß eine Beethoven-Symphonie und all die Wun-
derwerke von Kunst und Technik nur Ausdruck einer wenn auch noch so
raffiniert strukturierten Materie samt den ihr zugehörigen physikalischen
und chemischen Gesetzen sind: dies alles so anzunehmen, das ist heute
„herrschende Meinung" in der Wissenschaft.

Hans-Peter Dürr, Schüler des Nobelpreisträgers Heisenberg und welt-
bekannter Physiker, stellte auf der internationalen Konferenz „Möglichkeiten neuer Zivilisationsmodelle" im Dezember 1992 fest, daß das groß-
artige Modell der europäischen Aufklärung nicht gescheitert sei, wie
Dunkelmänner aller Couleur uns weismachen wollten, sondern „perver-
tiert worden ist zu einer Ansammlung von Fakten über die nichtmensch-
liche und menschliche Natur". Er stellt in Übereinstimmung mit Max

---

[11]   Stöckli, Th. (Hrsg.): Wege zur Christuserfahrung, Dornach 1991

Planck und Walter Heitler fest, daß die Bausteine der Materie nicht mehr Materie seien, daß das Geistige vielmehr das Primäre, „die Materie nur eine Art Schlacke, geronnenes Geistiges"[12] sei. Mit ganz ähnlichen Worten hat genau dieses Rudolf Steiner 70 Jahre zuvor viele Male gesagt. Nur hat es kaum jemand aufgenommen.

Wäre es nicht denkbar, daß die Wissenschaftler der herrschenden naturwissenschaftlichen Richtung von einer falschen Voraussetzung ausgehen: von der, alles sei durch „Zufall" entstanden und habe sich durch „Zufälle" mittels „Selbstorganisation" weiterentwickelt? Man brauche weder einen Schöpfergott noch einen Schöpfungsplan, sagen viele, man werde, wenn nicht schon heute, dann später, alles physikalisch erklären können. Beginnend mit einer winzigsten Abweichung von den Anfangsbedingungen des „Urknalls", könne sich im Laufe der Evolution sogar Leben „aufschaukeln". Es bedürfe also keiner Zweckbestimmung der Evolution, keines göttlichen Schöpfungsplanes. Diese Hypothese ist nicht nur für mich Laien, sondern auch für viele Naturwissenschaftler nicht haltbar. Was man von einem solchen „Glauben" halten soll, dazu hat ja Max Planck das Nötige gesagt. Da naturphilosophische Aussagen wie die Plancks heute im Lichte der neuesten Erkenntnisse oft als überholt abgetan werden, sei dazu noch einer der führenden Physiker unserer Zeit zitiert, der gegen diese Hypothesen in vielen Büchern zu Felde gezogen ist: der Zürcher Physiker Walter Heitler: „Die sich als wertfrei gebende, in Wirklichkeit entwertende Wissenschaft ist die positivistische Naturwissenschaft, die ... Lebewesen zu physikalischen Systemen macht und alles Geistige leugnet."[13] Natürlich meint er nicht, daß diese Tendenz der verantwortungslosen Forschung und Anwendung wissenschaftlicher Ergebnisse zugeschrieben werden könne. Sie ist, zumindest überwiegend, nicht die „Schuld" der Wissenschaftler, sondern sie ist in hohem Maße der heutigen Naturwissenschaft unvermeidlicherweise innewohnend. An vielen Stellen seines Werkes, besonders seines bekanntesten: „Der Mensch und die naturwissenschaftliche Erkenntnis"[14], grenzt Heitler, vor allem in der Erkenntnistheorie, eng an Rudolf Steiner an. Ganz wichtig sind auch seine, in der gleichen Weise schon von Steiner geäußerten Zweifel „an der universellen Gültigkeit der physikalischen Gesetze im Weltraum, eine Annahme, die weder verifiziert noch wider-

---

[12] Die Tageszeitung vom 7. 12. 1992
[13] Heitler, Walter: Gottesbeweise? Zug/Schweiz 1977
[14] ders.: Der Mensch und die naturwissenschaftliche Erkenntnis; Braunschweig 1964

legt werden kann", mit denen aber dennoch operiert wird, als seien sie bewiesen. Die Entfernungsangaben in Milliarden Lichtjahren, die Zeitangaben, z. B. über das Alter des Sonnensystems oder über die ersten Sekunden nach dem „Urknall", alle diese Angaben sind zwar heute weithin akzeptierte wissenschaftliche Größen, mit denen sich vortrefflich rechnen läßt. Sie gehen aber von extrapolierten Annahmen aus, die ihrerseits oft auf unbewiesenen und unbeweisbaren Hypothesen beruhen.

Dazu noch ein Wort eines bedeutenden zeitgenössischen Physikers, des in Cambridge/UK lehrenden Prof. Dr. D. W. Sciama.[15] Es wirft gleichzeitig ein Licht auf die angeblich „exakten" Zeit- und Raumangaben (z. B. in Lichtjahren), die heute in der Astronomie, Astrophysik usw. für selbstverständlich gehalten werden: unser Universum sei nur eines von vielen. In den anderen könnten völlig verschiedene physikalische (also auch zeitliche) Verhältnisse herrschen, „wie auch immer diese entstanden sein mögen". Unser Universum sei jedenfalls weitgehend nicht zufällig. Alle von der Zufalls-Hypothese ausgehenden Theorien „sind zwar äußerst beeindruckend aber – ich geniere mich fast, es zu sagen – falsch".

Dieses Thema abschließend, möchte ich noch einen in diesem Zusammenhang entscheidenden Satz aus einem Vortrag zitieren, den Walter Heitler 1970 auf dem Deutschen Germanistentag gehalten hat: „Wir sind heute so geblendet von den Erfolgen der Wissenschaft in Galileischer Richtung, daß wir oft nichts anderes mehr als ‚wissenschaftlich' anerkennen. Nur das Quantitative, Materielle, Mechanistische gilt als Wissenschaft. Deshalb liegt gerade für uns und heute die grundlegende Bedeutung Goethescher Wissenschaft darin, gezeigt zu haben, daß saubere Wissenschaft im reinen Bereich der Gestalten wie der Qualitäten ebenso möglich ist wie in der Galileischen Richtung."[16] Heitler ist nach Rudolf Steiner, dem Erstherausgeber der naturwissenschaftlichen Schriften Goethes, einer der ganz wenigen Naturwissenschaftler, der diese Bedeutung Goethes anerkennt. Steiner nennt diese Anschauung „goetheanistisch". In seinem Buch „Von Seelenrätseln" (GA 21) zeigt er den Weg zur Begegnung zwischen Naturwissenschaft und Anthropologie auf der einen und Anthroposophie auf der anderen Seite und zur Entwicklung einer möglichen neuen Naturwissenschaft im Goetheschen Sinne.

---

[15] Vortrag am 20. 6. 93 im III. Programm des Südwestdeutschen Rundfunks
[16] Heidelberg 1970

Zurück zum Thema „geistige Welt": Wie könnte man sie sich denken? Wir werden noch sehen, daß sie eine Welt ist, die über die körperlich-materielle und über die seelische erhaben ist und beide einschließt. Daraus würde dann folgende Erkenntnis resultieren: Durch meinen Leib gehöre ich zur materiellen Welt, die ich auch durch ihn wahrnehme. Durch meine Seele baue ich mir meine eigene Welt auf, und durch meinen unsterblichen Geist offenbart sich mir eine Welt, die die beiden anderen umfaßt (GA 9, S. 64).

In der Anthroposophie sind die geistigen Welten, „die Himmel" (nicht „der Himmel"), nicht eine „irgendwie" geisterfüllte Sphäre, sondern diese sind gegliedert und „bevölkert" von zahllos-unzählbaren Scharen von Geistwesen der unterschiedlichsten, aber unterscheidbaren Art, von Engelwesen der verschiedensten Hierarchien, auch von sogenannten „Bösen", von den Geistern verstorbener Menschen sowie im Bereich der Erde noch zusätzlich von präzise beschriebenen „Elementarwesen". Alle haben sie ihre bestimmte Aufgabe im Schöpfungsplan.

Wenn nun schon mehrfach behauptet wurde, Rudolf Steiner habe aus eigener Einsicht diese und jene Mitteilung über die geistigen Welten gemacht, er habe dies und jenes geistig erforscht, so ist völlig klar, daß gerade eine solche Behauptung das starke Befremden, ja die höhnische Ablehnung vieler Menschen hervorrufen muß und auch bei mir anfangs hervorgerufen hat. Diese Ablehnung ist besonders stark in den christlichen Großkirchen, für die es ja ein unumstößliches Dogma ist (auch wenn man es in den protestantischen Kirchen nicht so nennt), daß man „den Himmel" nicht erforschen kann. Es ist geradezu ein Fundament der viele Jahrhunderte lang praktizierten, sagen wir versöhnlich: „Seelenführung" durch die katholische Kirche, daß die Offenbarungen aus der geistigen Welt mit dem Abschluß des Neuen Testaments, mit der auf Konzilien entschiedenen Überlieferung und den vom Papst „ex cathedra" verkündeten, „unfehlbaren", vom Heiligen Geist inspirierten Dogmen als abgeschlossen zu gelten haben. Diese von Gott geoffenbarten übernatürlichen Wahrheiten wurden in der Kirche zu unfehlbaren und bei Strafe „ewiger Verdammnis" unbedingt zu glaubenden Dogmen erklärt. Mein Studium hat mich verstehen lassen, eine wie unschätzbare Hilfe für die Kirche die schon erwähnten von Immanuel Kant postulierten unübersteigbaren Erkenntnisgrenzen waren und sind. Sie wurden indessen nicht nur von der Kirche, sondern auch von der Wissenschaft und der Philosophie weitgehend angenommen. Kant habe, um die Gewißheiten der mathematischen und naturwissenschaftlichen Wahrheiten zu retten, dem

Erkenntnisvermögen unübersteigbare Grenzen gesetzt, sagt Steiner in seiner Philosophiegeschichte (GA 18, S. 119 ff). Über das „Ding an sich" können wir nach Kant prinzipiell nichts wissen und werden wir niemals etwas wissen. Einsichten in die geistige Welt seien ein für allemal unmöglich. Der Mensch solle lediglich an Gott glauben, weil Pflicht und Moral ohne Gott sinnlos seien, Das sei „Religion innerhalb der Grenzen der bloßen Vernunft" (1793). Hierzu stellt Steiner lapidar fest, dieses für die moderne Geistesgeschichte äußerst wichtige Problem zusammenfassend: Kant befriedige damit lediglich das Erkenntnisbedürfnis des Abendlandes, da sich dieses Bedürfnis spätestens seit der Aufklärung ohnehin nur auf die physisch gegebene Welt gerichtet habe.

Steiner fragt nun weiter in tiefem Ernst: „Aber um welchen Preis hat Kant dies alles erreicht?" Um den Preis, den die Kirche schon seit fünfzehn Jahrhunderten fordert und der nun vom größten Philosophen der Neuzeit bestätigt wird: es gibt unübersteigbare Erkenntnisgrenzen. Über diese Grenzen hinaus, über „die letzten Dinge", also über die unsterbliche Seele, den Himmel, das Fegefeuer, die Auferstehung, den „jüngsten Tag" usw., kann nur der Glaube kommen. Der aber wird nach Inhalt und Umfang von der Kirche unfehlbar und für alle Kirchenmitglieder und alle Zeiten unbedingt verpflichtend vorgeschrieben und „verwaltet". Das ist der Grund für die eher überraschende Übernahme von Erkenntnissen eines streng pietistisch erzogenen Philosophen, der sich dennoch zeit seines Lebens von der Kirche fernhielt.

Bei sogenannten „Privatoffenbarungen", wie bei denen des Gründers des katholischen Laienordens Opus Dei, Escrivá, sieht die Kirche sich aus naheliegenden Gründen manchmal gezwungen, Ausnahmen zu machen. Diese entziehen dann allerdings nach meiner Meinung dem ganzen System den Boden. Denn wenn man die Visionen und Kundgaben einzelner Heiliger (teilweise zu Recht) anerkennt, dann ist das Dogma von der ein für allemal abgeschlossenen und nur ex cathedra erweiterbaren Offenbarung doch eindeutig durchlöchert, und dann käme man logischerweise eigentlich nicht umhin, auch andere Offenbarungen, z. B. „sogar" die Steiners, gelten zu lassen. Man müßte sie gelten lassen, auch wenn sie nicht „eine göttliche Eingebung", sondern Offenbarungen sind, die auf Steiners Forschungen in der „Akasha-Chronik" beruhen. Aber natürlich kann man das für Steiner nicht gelten lassen! Man gäbe dadurch seine eigenen Fundamente auf. Es geht auch hier um die Erkenntnis, die Max Planck hatte, die aber vielen heutigen Naturwissenschaftlern verschlossen scheint. Ausnahmen bestätigen die Regel.[17]

Wer die Aussage: „Es gibt eine geistige Welt" annehmen oder wenigstens als Arbeitshypothese gelten lassen will, der müßte ganz denknotwendig zu dem Schluß kommen: Von einer gegliederten geistigen Welt sprechen doch alle Eingeweihten, also ist sie auch erforschbar durch jene, die die nötigen geistigen Wahrnehmungsorgane ausgebildet haben oder die dazu (karmisch) begnadet sind. Es gibt zahlreiche Beispiele für solche echten „Propheten", „Eingeweihten", „Erleuchteten" oder wie immer man sie nennen mag. Um nur wenige zu nennen: Moses, die Evangelisten, der trinitarisch Erleuchtete Joachim von Fiore, der Schweizer Mystiker Nikolaus von Flüe, Katharina von Siena, Hildegard von Bingen und viele andere. Diese „Eingeweihten" waren in unterschiedlichem Maße dazu begnadet, in die geistigen Welten zu schauen oder offen zu sein für deren „Einstrahlung". Es gab sie zu allen Zeiten, und es gibt sie auch in unserer Zeit. Über Menschen mit übersinnlichen Erfahrungen wird immer wieder berichtet. Die Fähigkeit dazu haben diese Menschen teilweise „von Natur aus", d. h. durch ihr „Karma", teilweise durch bewußte Selbsterziehung (Meditation). Als Beispiel genannt sei nur jener Physiker, der elektrische Leitungen leuchten sehen, der Töne hören kann, bevor sie da sind, der unmittelbare Intuitionen von Zukünftigem hat usw.[18] Hierher gehören auch jene gar nicht seltenen Menschen, die in Kommunikation mit Elementarwesen treten können. Einen tiefen Einblick in das Leben und Wirken der „Großen Eingeweihten" gibt uns das mit einem Vorwort von Rudolf Steiner versehene Werk des seinerzeit angesehenen französischen Schriftstellers Eduard Schuré.

Man sollte sich darüber klarwerden, daß prinzipiell alle „Offenbarungen", „Weissagungen", Prophetien usw. und auch die Evangelien auf bewußter oder unbewußter Einsicht in die „Akasha-Chronik", in das „Weltgedächtnis", beruhen. Darunter versteht Steiner, der diesen Ausdruck aus der indischen Esoterik übernommen hat, die Tatsache, daß nichts Vergangenes unwiederbringlich verloren, sondern im Weltgedächtnis eingeprägt ist und von Menschen mit entwickelten „höheren Organen" der übersinnlichen Wahrnehmung gelesen, erforscht werden kann. Darüber später mehr.

---

[17] Hemminger, Hansjörg u. Wolfgang: Jenseits der Weltbilder. Naturwissenschaft – Evolution – Schöpfung: Stuttgart 1991
[18] Das Goetheanum vom 7. 11. 1995

Mit alledem soll gesagt werden: Zugang zur Anthroposophie kann jeder gewinnen, der – das scheint mir persönlich zunächst die einzige Grundforderung zu sein – vom Vorhandensein und der Erforschbarkeit der geistigen Welt überzeugt ist oder dies wenigstens als Arbeitshypothese gelten lassen kann. Und daß Natur, Mensch, Erde, Weltall ohne das Vorhandensein einer geistigen Welt unmöglich sind, das eben kann auch der Anfänger schon erkennen. Sie sind nicht möglich, wohl aber denkbar. Dies jedenfalls liegt dem zeitgemäßen neopositivistischen, kausalmechanistischen Materialismus zu Grunde, der heute die Grundlage der gesamten Naturwissenschaften bildet, ja der das Leben jedes einzelnen von uns, unser ganzes äußeres Leben bestimmt und uns, ohne daß wir das erkennen, beherrscht. Daß dieser Materialismus zwar ein grandioser Denkfehler, auf der anderen Seite aber ein für die Menschheitsentwicklung durchaus notwendiger, ein in der geistigen Evolution angelegter, gar nicht vermeidbarer ist, das sollte aus späteren Kapiteln hervorgehen. Versuchen wir nun auf dieser Grundlage, uns ganz unbefangen und unvoreingenommen – das ist methodisch besonders wichtig – dem zu nähern, was Anthroposophie wirklich ist.

Dabei muß von vornherein beachtet werden, daß die Anthroposophie ein komplexes Ganzes ist (nicht ein geschlossenes System!), in dem sich alle mitgeteilten Tatsachen gegenseitig stützen und ergänzen, und daß sie im Grunde nur verstanden werden kann, wenn man sie als Ganzes erfaßt hat (was natürlich nicht heißt, daß man dann das gesamte Steinerwerk gelesen haben muß). Zu ihrer An-Eignung gehört deshalb vor allem Geduld. Da dies nicht gerade meine Stärke ist, war ich auch verschiedentlich versucht, die Flinte ins Korn zu werfen. Mein Freund hatte mir aber von vornherein klargemacht: Das Ziel dieser Aneignung ist nicht der Erwerb von esoterischem Wissen, nicht das Kennenlernen der Inhalte, obwohl dieses Studium natürlich den Anfang bildet. Man darf aber vor allem diese Inhalte nicht fälschlicherweise als Informationen betrachten, etwa so, wie man sie von einem Fachbuch erwartet und wie es viele Kritiker der Anthroposophie tun.

Es wird noch verschiedentlich darüber zu sprechen sein, aber auch hier soll schon betont werden, was Anthroposophie *nicht* ist:

Die Anthroposophie ist kein Religions- und Dogmensystem von „ewig gültigen Wahrheiten", keine „Weltanschauung" im üblichen, meist ideologisch gefärbtem Sinne; sie ist vielmehr ein *Erkenntnisweg*.

Rudolf Steiner ließ aber nie den geringsten Zweifel daran aufkommen, oft und oft hat er es erklärt, daß er nicht die absolute Wahrheit und niemals Dogmen verkünde, die zu glauben sind, und vor allem keine, die für alle Zeiten gelten sollten. Niemand darf also behaupten, Steiner habe „*die* ewige und alleinige Wahrheit" mitgeteilt. *Die* ewige Wahrheit kann prinzipiell kein Mensch haben. Auch Steiner muß man natürlich die Möglichkeit des Irrtums zugestehen. Würde man das nicht, dann nähme man ja für ihn in Anspruch, was man dem päpstlichen Lehrstuhl versagt. Vom „Vater der deutschen Aufklärung", dem Religionsphilosophen und Dichter G. E. Lessing, stammt das Wort:

„Die christliche Religion ist kein Werk, das man von seinen Eltern auf Treu und Glauben annehmen soll."[19] Das gilt auch für das Steinerwerk. Steiner selbst sagt das in der Abwehr gegen die „Besitzer" der absoluten Wahrheit ganz deutlich: „Wer sich fest nur auf seinen eigenen Standpunkt stellt, dann die Standpunkte miteinander vergleicht und sagt, nur den oder den könne er gelten lassen, der ist in bezug auf die philosophische Erkenntnis nicht auf einem anderen Standpunkt als auf dem eines Briefmarkensammlers. Nicht einmal der höchststehende Erkenner hat die höchste Stufe der Einsicht erklommen."[20] „Nicht einmal der höchststehende Erkenner ...", auch nicht er selbst! Seine Mitteilungen sind außerdem i. d. R. von einer bestimmten Situation geprägt. So hat er z. B. vor Arbeitern am Goetheanum-Bau anders gesprochen als in öffentlichen Vorträgen und wieder anders in Mitgliedervorträgen. Das gilt für das Formale, besonders aber für das Inhaltliche. Daß er dabei, ganz aus sich, aus seinen eigenen Forschungen heraus und ohne auf andere Quellen zurückzugreifen, immer (!) zu ähnlichen oder gar gleichen Ergebnissen kommt wie diese anderen Quellen, das ist einer der überzeugendsten „Beweise" für die Stichhaltigkeit, Richtigkeit und Wahrheit seiner Mitteilungen.

Gemeint sind Quellen wie die Bhagavadgita, das Alte und Neue Testament, die Lehren Buddhas, Totenbücher wie z. B. das tibetanische usw. Und deshalb sind wir berechtigt, diese Mitteilungen anzunehmen und ernst zu nehmen – und dies nicht aus Autoritätsgläubigkeit und als verordnete Dogmen, sondern aus Einsicht, auch wenn nicht annähernd alle Ergebnisse seiner Geistesforschung unserem eigenen denkenden Erkennen und meditativen Erfassen zugänglich sind. Aber diese Ergebnisse erweisen sich bei einer unvoreingenommenen Prüfung mittels des jedem

---

[19] Brief Lessings an seinen Vater vom 30. 5. 1749, zitiert. nach Panajotis, K.: Die Aufklärung im Rahmen des neuzeitlichen Materialismus; München 1986

[20] zitiert nach Becker, K. E.: Anthroposophie, Revolution von innen; Frankfurt 1984

Menschen eigenen Wahrheitsempfindens als weder der Vernunft noch der Logik, noch den Weisheitslehren, noch dem religiösen Kerngehalt der Weltreligionen, noch den (echten) Ergebnissen der Naturwissenschaft widersprechend. Es dürfte kaum eine Weltanschauung in der Geistesgeschichte gegeben haben und geben, von der man dies in diesem Umfang sagen könnte.

Der moderne Mensch hat aus leidvollen Erfahrungen einen Schrecken vor allen „geschlossenen" Weltanschauungs- und Religionssystemen, vor den „Verwaltern der ewigen Wahrheiten". Wer aber nun die Anthroposophie in ihrer universellen Ganzheit nicht nur zur Kenntnis nimmt, sondern sie sich im nachstehend erläuterten Sinne ernsthaft erarbeitet, der muß sich trotz der oben erwähnten leidvollen Erfahrungen fragen: Ist dann nicht gerade auch die Anthroposophie ein solches „geschlossenes Weltanschauungssystem", gar eine Ideologie, die auf jede nur denkbare Frage eine Antwort bereithält?

Man spürt hier zunächst deutlich einen Widerspruch: Auf der einen Seite lehnst du alle solche Systeme kategorisch ab, auf der anderen Seite aber hast du dich aus ganzem Herzen und mit vollem Verstand für die Anthroposophie entschieden, die doch von ihren Gegnern ebenfalls als ein solches System angesehen wird. Ist es tatsächlich so? (Ich gebe zu, daß auch mir dieses Problem anfangs erheblich zu schaffen machte.) Steiner teilt ja, wenn er auch manchmal in verkürzter Form die Anthroposophie selbst eine Weltanschauung nennt, nichts anderes mit als Tatsachen, ähnlich wie der Astronom, der ein neues Sternensystem entdeckt hat. Davon auszunehmen sind u. a. Meinungsäußerungen zu Dingen, die er nicht als Geistesforscher macht, sondern z. B. als an den Ereignissen seiner Zeit interessierter Zeitgenosse. Auch zu ökonomischen, volkswirtschaftlichen und sozialen Fragen hat er häufig seine Meinung geäußert, ohne daß man sie als „Mitteilung aus der geistigen Welt" betrachten dürfte. Da gibt es schon einmal Aussagen, Prognosen und Urteile, die heute als zeitbedingt relativiert werden müssen. Aber um so etwas geht es ja nicht. Es geht um die Anthroposophie als universelles, aber offenes, dogmenfreies System ohne bindende Glaubenssätze, für die im traditionellen Christentum und im Islam (sage und schreibe) „ewige" Gültigkeit beansprucht wird.

Niemand ist also auch nur im Entferntesten gezwungen, irgendwelche Mitteilungen des Geistesforschers als verbindlich anzunehmen. So wird z. B. von den Mitgliedern der Anthroposophischen Gesellschaft lediglich erwartet, daß sie „in dem Bestand einer solchen Institution, wie sie das

Goetheanum in Dornach als Freie Hochschule für Geisteswissenschaft ist, etwas Berechtigtes" sehen.[21] „Etwas Berechtigtes sehen!" Kann eine Verpflichtung überhaupt freilassender sein? Steiner warnt eine bestimmte Kategorie seiner Anhänger(innen) immer wieder, nichts, *nichts*, was er sagt und weil *er* es sagt, einfach hinzunehmen. Er tritt seinen Schülern entgegen mit der Zumutung:

„Nicht glauben sollst du mir, was ich dir sage, sondern es denken, es zum Inhalt deiner eigenen Gedankenwelt machen; dann werden meine Gedanken in dir schon selbst bewirken, daß du sie in ihrer Wahrheit erkennst ... Die Kraft des Fürwahrhaltens entspringt aus dem eigenen Inneren des Aufnehmenden."

Dies schreibt er in einem seiner wichtigsten Grundlagenwerke, der schon erwähnten „Theosophie". Und kurz vorher sagt er, eine richtige geistige Einsicht erwecke in dem nicht durch Vorurteile getrübten Gemüt die Kraft des Verständnisses. Das unbewußte Wissen schlage der vom Geistesforscher gefundenen Tatsache entgegen. Und dieses Entgegenschlagen sei nicht blinder Glaube, sondern rechtes Wirken des gesunden Menschenverstandes (GA 9, S. 122).

Es ist klar: Hier besteht eine gewisse Spannung, die der Außenstehende kritisiert und die der Lernende auszuhalten hat. Mir, der ich vor vielen Jahren der „alleinseligmachenden Kirche" entsprungen bin, machte diese Spannung zunächst ziemlich zu schaffen. Ich wollte durchaus nicht von einem dogmatischen Gefängnis ins nächste stolpern. Aber je tiefer ich in die Anthroposophie eindrang, desto klarer sah ich: Die Anthroposophie ist das Gegenteil eines geschlossenen Systems, vor allem kein Glaubens- und Dogmensystem, das von seinen Anhängern einen mehr oder weniger „blinden Glauben" und gar bedingungslosen Gehorsam verlangt.

Denn wenn es wahr ist, daß alles Materielle „nur ein Gleichnis" des Übersinnlichen ist (Goethe), und für mich gibt es daran keinen Zweifel, dann sind Befürchtungen, als Anhänger der Anthroposophie oder beim Erwerb der Mitgliedschaft der Anthroposophischen Gesellschaft einer dogmatisch-geschlossenen Weltanschauung oder gar einer der modernen, sattsam bekannten Sekten und „Heilslehren" zu verfallen, wahrhaft unbegründet. Man wird im Gegenteil feststellen, daß man sich vollkommen frei und freibleibend einer Pionierbewegung angeschlossen hat. Es geht dabei auch darum, sich mit Hilfe der Anthroposophie der Gefahren der technologischen Zivilisation und der Absolutsetzung der rationalen

---

[21] Prinzipien der Anthroposophischen Gesellschaft, Fassung vom 23. 3. 1975

Intellektualität bewußt zu werden. Wie schon angedeutet, war das ja der Preis, den die Menschheit für die Erlangung des bewußten Ich, für das Heranreifen zur selbstbewußten Persönlichkeit und für den Weg zur Freiheit notwendigerweise zu zahlen hatte. Diese Entwicklung zur modernen, durch Naturwissenschaft und Technik geprägten Industriegesellschaft samt all ihrer Nachteile, noch einmal sei es betont, war unabweisbar. Aber die Menschen müssen sich nun der Gefahren dieser Entwicklung bewußt werden und über sie hinauskommen. Dieser Vortruppcharakter der Anthroposophie ist ein zentrales Motiv, denn er bedingt auch, daß sie, gleichrangig mit der Selbstvervollkommnung des Einzelmenschen, die Vervollkommnung der allgemeinen Lebenspraxis und damit des sozialen Organismus zum Ziel hat. Beides bedingt sich gegenseitig. Im Brief vom 9. 1. 1905 an Marie von Sivers, seine spätere Ehefrau, schreibt Rudolf Steiner, daß es geradezu in materialistische Abgründe führen würde, wenn man die Theosophie (Anthroposophie) nicht als Lebenspraxis, sondern als Dogmatik annähme.[22] Die in der Überschrift dieses Kapitels gestellte Frage kann man daher ganz eindeutig so beantworten, das die drei Bezeichnungen Wissenschaft, Weltanschauung und Lebenspraxis zutreffen mit der Maßgabe, daß man unter „Weltanschauung" nichts Ideologisches versteht. Anthroposophie ist vielmehr das denkbar größte Gegenteil von Ideologie.

Die vielfältigen Bereiche der Lebenspraxis, d. h. der unmittelbaren Überführung der anthroposophischen Erkenntnisse in praktisches Handeln, werden in Kap. XII behandelt. Um zu praktischem Handeln in anthroposophischem Sinne ganz von innen heraus befähigt zu werden, bedarf es aber des Studiums der geisteswissenschaftlichen Grundlagen und muß, da es ja um die Erkenntnis der geistigen Welt geht, ein Schulungsweg gegangen werden.

Ich bin davon überzeugt – und Steiner hat sich auch dahingehend geäußert –, daß die Anthroposophie der Zukunft sehr viel anders aussehen wird als heute. Steiner selbst hat in vieler Hinsicht nur Anregungen geben können. Er hat nicht eine fertige „Geisteswissenschaft" aus der geistigen Welt geholt. Vielmehr ist das, was sich uns als Anthroposophie darbietet, auch bei ihm das Resultat eines lebenslangen Weges und Entwicklungsprozesses und eines im wahrsten Sinne unermüdlichen geistigen Forschens, das durch seinen plötzlichen Tod unvollendet blieb. Es ist die große Aufgabe und Verantwortung der Anthroposophen, die An-

---

[22] zitiert nach Dietz, Karl-Martin, in „Die Drei", November 1990, Beiheft 3

regungen des Geistesforschers in ihrer ganzen Breite aufzugreifen, weiterzudenken und zur Lebenspraxis zu machen. Zur Praxis! Anthroposophie ist, wie gesagt, eben *nicht* eine „Theorie hinter einer Praxis". Bei ihr sind Theorie und Praxis ebensowenig zu trennen, wie dies im Hinblick auf Glauben und Tun jedes Christen der Fall sein müßte.

II ZUR ANTHROPOSOPHISCHEN ERKENNTNISLEHRE

Vorbemerkung: Bei diesem schwierigen, quasi „erkenntnistheoretischen" Kapitel bitte ich in besonderem Maße um Geduld. Wem das Verstehen anfangs Schwierigkeiten bereitet, möge erst einmal weiterlesen. Im Nachhinein wird das Verständnis leichter fallen.

Es ist hier die Rede nicht von einer durchzusetzenden Meinung, sondern von einer mitzuteilenden Methode, deren sich ein jeder als eines Werkzeuges nach seiner Art bedienen möge.

Goethe an Hegel

Zufall und Notwendigkeit – der Urknall

Unsere Zeit ist seit der Mitte des letzten Jahrhunderts beherrscht von dem, was Rudolf Steiner „das kurze Denken" nennt, von einem Denken, das nicht über das materiell Gegebene hinauskommt, das „reduktionistisch" ist, d. h. daß es in stark einschränkender Betrachtungsweise einen Teilaspekt der Wirklichkeit verabsolutiert: die Materie und ihre Gesetze. Am besten zeigt das die jüngste Gehirnforschung, die auf der Grundlage allerneuester Meßmethoden postuliert, daß das Denken und damit das menschliche Bewußtsein von Neuronen verursacht ist und daß das Gehirn im Grunde kaum mehr ist als ein Kloß aus Eiweiß, Fett und Wasser, von elektromagnetischen Strömen durchzuckt. Folgerichtig werden auch durch die allerneueste Neuro-Biotechnologie alle menschlichen Gefühle, Glück, Schmerz, Trauer, Liebe, auf die Wirkung chemischer Botenstoffe reduziert.

Es ist natürlich eine Tatsache, die nur ein Dummkopf bestreiten könnte, daß gerade dieses Denken in der Naturwissenschaft und in der sich auf sie stützenden Technik auf allen, wirklich allen Lebensgebieten grandiose Erfolge erzielt hat. Diese haben einem größeren Teil der Menschheit einen noch vor einem Jahrhundert nicht vorstellbaren „Fortschritt", vor allem an Lebensqualität, gebracht. Ich denke, daß dieses „kurze Denken" die Vorbedingung für diesen Fortschritt war. Das Alltagsleben der Menschen in den Industriestaaten hat sich dadurch in den vergangenen einhundert Jahren revolutionärer geändert und erleichtert als in tausend Jahren davor.

Gerade wegen dieser bewundernswerten und auch von borniertern Fortschrittsfeinden nicht bestreitbaren Tatsachen (und allerdings auch ungeachtet aller horrenden und inzwischen das Leben der Menschheit bedrohenden Gefahren dieser Entwicklung) sind die Menschen, vor allem viele Naturwissenschaftler und Techniker, bei diesem „kurzen Denken" stehengeblieben und halten es sogar für das einzig mögliche. Warum sollte man auch von einem Denken abrücken, daß der Welt solche Erfolge gebracht hat, das in sich widerspruchsfrei ist? Man kommt überhaupt nicht mehr auf die Idee, daß es anders sein könnte.

Nach der „herrschenden" Auffassung ist das Universum und sind auch Erde und Mensch in selbstschöpferischer Dynamik, also *ohne* Schöpfer, durch einen „zufälligen Urknall" entstanden. Was da „zufällig" entstanden ist, hat sich dann durch die ebenfalls auf „Zufällen" beruhende „Selbstorganisation des Universums" weiterentwickelt. Vor dem Urknall war also ... nichts. Die Welt hat sich selbst „zufällig" aus diesem Nichts erschaffen. Der „Zufall" ist der Gott.

Die Hypothesen über „Urknall", die „Selbstorganisation des Universums" und die Entstehung der Natur einschließlich des Menschen durch „Zufall", die von den Verfechtern dieser heute allmächtigen Theorien häufig wie gesichertes Wissen, wie Dogmen, verkündet werden, sind aber in der Fachwelt nicht unumstritten. Die wissenschaftlichen Gegner dieser materialistischen Hypothesen werden jedoch von dieser „marktbeherrschenden Lehre" negiert. Doch diese Macht scheint zu wanken. Immer mehr Schriften, darunter u. a. die des bereits zitierten Physikers Walter Heitler, zeugen davon. Seine Bücher überragen alles, was in deutscher Sprache an naturphilosophischen Werken heute bekannt ist. Er unterwirft sich nicht der Suggestion, die da lautet, Wissenschaft höre da auf, wo die quantitative Methode von Zählen und Messen am Ende sei. In erkenntnistheoretischer Sicht besteht eine enge Verwandtschaft der Erkenntnisse Heitlers mit den Werken „Wahrheit und Wissenschaft" und „Philosophie der Freiheit" von Rudolf Steiner. Auch über die Erkenntnistheorie hinaus könnte man über weite Strecken meinen, es bei Heitler mit einem anthroposophischen Wissenschaftler zu tun zu haben. Auch er lehnt die neodarwinistische These von der Höherentwicklung der Arten durch „zufällige" Mutationen ab. Diese Theorie sei bestechend, sagt er in seinem wohl wichtigsten Werk[23], bis man sich überlegt, was alles zu ei-

---

[23] Heitler, Walter: Der Mensch und die naturwissenschaftliche Erkenntnis; Braunschweig 1964

nem solchen Zufall gehört. Und er rechnet dann vor, wie unsinnig schon mathematisch die Annahme einer durch „zufällige" Mutationen entstandenen Welt ist:

Die Wahrscheinlichkeit sei etwa 1 zu 10 hoch 14, eine zehn mit vierzehn Nullen!!! (Zum Vergleich: Die Chance für 6 Richtige im Zahlen-Lotto ist 1 zu 0 hoch 5 [5 Nullen].)

Das schließe also eine auf „Zufall" beruhende Evolution praktisch aus. Wer so etwas behaupte, der wisse nicht, wovon er spreche. Und er schließt dann: „Wenn aber in der Evolution kein Zufall herrscht, dann muß eben eine Art von Plan bestanden haben oder bestehen." Es müsse also außerhalb des Menschen ein geistiges Prinzip geben. Man sieht, er kommt zu dem gleichen Ergebnis wie Max Planck. Diese Anschauung untermauert Heitler in weiteren Büchern.

Es sei nur angedeutet, daß sich eine bestimmte naturwissenschaftliche Richtung ein Stück weit, aber natürlich weiterhin bei prinzipiell unterschiedlichen Anschauungen über das Verhältnis von Geist und Materie, in Übereinstimmung befindet mit der anthroposophischen Anschauung von der kosmisch zentralen Stellung des irdischen Lebens und des Menschen. Es handelt sich hierbei um das „anthropische Prinzip". Selbstverständlich ist auch dieses, wie alle kosmologischen Aussagen der Naturwissenschaft, eine unbewiesene und unbeweisbare Hypothese; aber es ist doch interessant, daß die Auffassungen der Anthroposophie über den Menschen im Mittelpunkt des Kosmos auch aus der Sicht bestimmter, durchaus der materialistischen Denkrichtung angehörender Naturwissenschaftler nicht ganz absurd sein dürfte. Das „anthropische Prinzip" kennzeichnet der Verfasser des unten angeführten Werkes so: „Daher kann die Antwort auf die Frage, warum das heute von uns beobachtete Universum so alt und so groß ist, nur lauten: Weil sonst die Menschheit gar nicht hier wäre ... Jedes anders veranlagte Universum würde unbelebt bleiben."[24] Der namhafte amerikanische Astrophysiker Freeman J. Dyson wird auf dem Titelblatt dieses Buches so zitiert:

„Wenn wir ins Universum hinausblicken und erkennen, wie viele Zufälle in Physik und Astronomie zu unserem Wohle zusammengearbeitet haben, dann scheint es fast, als habe das Universum in gewissem Sinne gewußt, daß wir kommen."

---

[24] Breuer, R.: Das anthropische Prinzip. Der Mensch im Fadenkreuz der Naturgesetze; Berlin 1984, S. 19

Wenn dieses „anthropische Prinzip" auch natürlich noch umstritten ist, so ist es doch bemerkenswert, daß hier wiederum, wie schon häufig, eine naturwissenschaftliche Hypothese auftaucht, die Rudolf Steiner schon vor mindestens 70 Jahren ausführlich dargestellt hat. Das „anthropische Prinzip" besagt nicht mehr und nicht weniger, als daß alles darauf hindeutet, daß das uns gedanklich erreichbare Weltall – also unbeschadet der Möglichkeit, daß es noch andere „Weltalle" geben könnte – gerade deshalb so entstanden bzw. geschaffen worden ist, weil es so und nur so die Entstehung des Menschen ermöglicht. Der oben zitierte Physiker Dyson drückt sich in der vorsichtigen Sprache des Naturwissenschaftlers aus, der seine Grenzen nicht überschreiten will. Nicht alle sind so mutig wie Max Planck und Walter Heitler. Aber bedeutet diese Mut-Maßung des Astrophysikers nicht, mit noch mutigeren anthroposophischen Worten ausgesprochen, daß dem Universum und der Erde und damit ihrem letztlich denknotwendigen Ergebnis, dem Menschen, ein göttlicher Weltenplan zugrunde liegt? Denn so viele Billionen mal Billionen mal Billionen „Zufälle", als nötig sind, um ein mit Geist und Seele begabtes Wesen hervorzubringen, sind wohl denkbar, aber so extrem unwahrscheinlich, sogar unsinnig, daß man sagen kann: unmöglich.
Jede Möglichkeit, im „Zufall" die Wirkung von etwas Höherem zu sehen, wird aber in der heutigen Naturwissenschaft abgelehnt. Jedoch:

- *Nichts kann ohne Ursache bestehen. Das Wort Zufall ist Gotteslästerung.* *(Voltaire)*

- *Man kommt so schwer zu einer Erkenntnis des Zufalls, weil der Zufall nur ein Schattenbild von höheren Notwendigkeiten ist.* *(Rudolf Steiner)*

- *Die außerordentliche Komplexität im Körperbau eines höheren Tieres schließt eine zufällige Entwicklung absolut aus. Auf Zufall beruht also die Evolution nicht.* *(Walter Heitler)*

Wer als an den Fortschritten der Naturwissenschaften interessierter Laie aufmerksam die Entwicklung der sich mit der Entstehung des Kosmos und des Lebens befassenden Wissenschaften verfolgt, wird zunehmend feststellen, daß sich eine Revolution vorbereitet, die folgenreicher sein könnte als die kopernikanische und die – nicht nur nach meiner Meinung – zu einer immer stärkeren Bestätigung der Geisteswissenschaft Rudolf Steiners führen kann. „Sie wird die herrschende Vorstellung von Geist und Materie ersetzen. Aus einer materialistisch-reduktionistischen Sicht wird eine ganzheitliche", wie sie die Anthroposophie lehrt und lebt. Dieses allerdings nicht im Zusammenhang mit der Anthroposophie geäußerte Zitat stammt von dem Mitbegründer des Club of Rome und Rektor der Wiener Akademie für Zukunftsfragen, Ervin Laszlo[25].

Ich möchte hier eine kurze persönliche Zwischenbemerkung einfügen: Wenn ich an vielen Stellen die heute in der Naturwissenschaft weithin vertretenen neodarwinistischen, biophysikalischen, kosmophysikalischen, ethologischen usw. Hypothesen und Theorien zwar für grandios und zeitnotwendig halte, aber doch kritisiere, dann kann ich das als naturwissenschaftlicher Laie nur mit der Berechtigung tun, die jedermann im Hinblick auf die ihn angehenden Lebensprobleme hat, aber als ein Laie, der sich laufend über den Stand der Forschung informiert. Ich tue es also selbstverständlich nicht aus eigener Fachkenntnis, sondern als interessierter Zeitgenosse und von meinem anthroposophischen Standpunkt aus. Aber ich konnte ja gewichtige nicht-anthroposophische Naturwissenschaftler als Zeugen für meine Anschauung anführen. Meine diesbezüglichen Bemerkungen dürfen vor allem auch nicht so verstanden werden, als betrachtete ich Hypothesen und Lehrmeinungen, die meinen Ansichten entgegenstehen, als absurd, gar als Teufelswerk und die Wissenschaftler, die sie vertreten, als geistlose Intelligenzbestien. Ich bewundere vielmehr in höchstem Maße den fast unglaublichen Scharfsinn, die verblüffende Plausibilität, die unter oft großen Opfern erkämpften Erkenntnisse, mit denen sie an die Lösung kompliziertester Probleme herangehen, und weiß durchaus, daß „alles, womit sich die Menschheit seriös beschäftigt, worüber Tausende der Wissenschaftler nachdenken, nicht ohne Gründe ... ist"[26]. Ich verkenne das alles keineswegs, nur: Man muß auch seine entgegengesetzte, von angesehenen Wissenschaftlern gestützte Meinung äußern dürfen, ohne als Spinner oder „Okkultist" abgestempelt zu werden.

Könnte es nicht sein, daß die Minderheit der nicht reduktionistisch denkenden Naturwissenschaftler recht damit hat, daß der ominöse „Urknall" nur einer Projektion menschlicher Denkformen ins All ist? Diese Hypothesen erwecken jedenfalls den Anschein, als handele es sich bei „Urknall" und „Selbstorganisation des Universums" um bewiesene Tatsachen. Und sogar das Leben hat sich nach ihrer Meinung aus den allerkleinsten Elementarteilchen, den „Quarks", durch „Zufall und Notwen-

[25] Die Woche vom 19. 5. 1993
[26] Konrad Rudnicki in: Das Goetheanum vom 29. 10. 1989

digkeit" selbst geschaffen und ausschließlich durch die vom genialen Darwin gefundenen und vom Neodarwinismus weiterentwickelten Gesetze vom „Kampf ums Dasein", von der „natürlichen Zuchtwahl", von Selektion und zufälligen Mutationen zum heutigen Stand weiterentwickelt. Auch das Seelische und Geistige, wenn es denn überhaupt als existent anerkannt wird, was längst nicht bei allen Naturwissenschaftlern der Fall ist, ist ebenfalls ein Ergebnis dieser „Zufalls-Evolution". Die „Maschine unseres Körpers" (Descartes) läßt sich demnach ganz losgelöst von Seele und Geist betrachten und (z. B. medizinisch) behandeln.

Man ist immer wieder frappiert über die Sicherheit vieler moderner Wissenschaftler, die die Grenzen ihres Verständnisses für die Grenzen des Universums halten. Der Rationalismus, also die radikale Beschränkung der Erkenntnis auf die Gesetze der Vernunft, vertrieb Seele und Geist aus der Wissenschaft und verteufelte Spiritualität als puren Aberglauben. Selbst viele christliche Naturwissenschaftler hängen dem „Glauben" an Urknall und Selbstorganisation an. Sie argumentieren, daß sich gerade in letzterer die Größe des Wirkens Gottes erkennen lasse, denn seine Weise sei nicht die des ständigen direkten Eingreifens. Vielmehr habe er das Potential der Schöpfung so angelegt, daß sich darin vom Einfachsten bis zum Komplexesten alles von selbst entfalten könne bis hin zum vernunftbegabten Menschen.

Auf den ersten Blick ist diese Argumentation bestechend. Aber widerspricht sie nicht radikal dem christlichen Gottesbild, kann sie eigentlich von christlichen Wissenschaftlern überhaupt vertreten werden? Das Wirken Gottes wird nämlich so auf die Betätigung des Urknalls und das Hineinlegen der Naturgesetze in dieses Geschehen beschränkt. Das ist reiner Deismus, also die in der Aufklärung entstandene Gottesauffassung, die zwar einen Gott als Urgrund annimmt, aber jedes göttliche Eingreifen nach der Schöpfung, also nach dem Urknall, ablehnt. Sie läßt folglich vor allem keinen „Gottessohn" zu. Wie kann man sich ohne Christus noch als Christ fühlen?

Der später noch zu behandelnde vormalige evangelische Theologe Andreas Binder bringt es in seinem Buch „Wie christlich ist die Anthroposophie?" auf den Punkt, wenn er sagt, für den christlichen Schöpfungsglauben sei es „die Frage nicht, ob da irgendwo ein letzter unfaßbarer Grund ist, aus dem alles entspringt, sondern ob das Entsprungene – und d. h. in erster Linie der Mensch – zu diesem Urgrund in einem ausgezeichneten Verhältnis steht ... Hat der Schöpfer sein Geschöpf gewollt, oder ist es nur ein Produkt von ‚Zufall und Notwendigkeit'? ... Schöpfungsglaube schließt (auch) ein, daß das Individuum sein Dasein nicht dem Zufall der Zeugung verdankt, sondern einem Schöpfungsakt." Binder stellt dann etwas außerordentlich Wichtiges fest:

> *„Die Anthroposophie stellt dem naturwissenschaftlichen Bild der Evolution nicht einen bloßen Glauben entgegen, sondern eine differenzierte Anschauung vom Hervorgehen des Menschen und des gesamten Kosmos aus dem schöpferischen Geist. Sie leugnet nicht die Tatsachen der Evolution; aber sie ergänzt die „Evolution von unten", wie sie sich in der Sinneswelt darstellt, durch eine „Evolution von oben", welche die naturwissenschaftlichen Tatsachen in einem neuen Licht erscheinen läßt und erst das Ganze des kosmischen Entwickungsprozesses sichtbar macht."* [27]

Diese Aussagen eines neutralen Autors sind *entscheidend* für die Beurteilung der Anthroposophie als Erkenntnislehre und als Wissenschaft. Das ist auch der Grund, weshalb diese wahrhaft „weltbewegenden" Probleme, die doch dem ersten Anschein nach wenig mit Anthroposophie zu tun haben, hier so eingehend behandelt wurden. Der Autor wünscht sich sehr, daß sie besonders von naturwissenschaftlich gebildeten Lesern zur Kenntnis genommen werden.

Es bleibt offenbar selbst für die profundesten Fachwissenschaftler und Nobelpreisträger eine unüberwindliche Denkbarriere, einzusehen, daß aus Materie allein *nicht* Leben entstehen kann und daß der „Zufall" *nicht* das planmäßig wirkende Werkzeug der göttlichen Schöpfungsenergie ist. Er erscheint nur als solcher, also als chaotisch-regellos, weil er unvorhersehbar ist. Aber schon Novalis wußte: „Auch der Zufall ist nicht unergründlich – er hat seine Regelmäßigkeit" – nämlich die, Element im göttlichen Schöpfungsplan zu sein. Mit dem Zufall ist es im Grunde ähnlich wie mit dem „Leben" in den biologischen und medizinischen Wissenschaften: Niemand weiß, was Leben ist. Das Spekulieren darüber überlassen sie den Philosophen und Theologen oder gar „Spinnern" wie den Anthroposophen. Sie haben ja den Joker „Zufall", mit dessen Hilfe sich die kühnsten Hypothesen aufstellen lassen, die alle in sich logisch und stimmig und oft wahrlich grandios sind. Sie haben offenbar nur einen scheinbar kleinen, aber entscheidenden Fehler: Sie gehen von einer falschen Sicht des „Zufalls" aus und kommen deshalb zu unzutreffenden Ergebnissen.

---

[27] Binder, Andreas: Wie christlich ist die Anthroposophie? Standortbestimmung aus der Sicht eines evangelischen Theologen; Stuttgart 1989, S. 79 f.

Für mich – und das war ein wichtiger Schritt, den ich schon vor meiner anthroposophischen Zeit getan hatte – gab es logisch zwingend gar keine andere Möglichkeit, als ebenso zu folgern, wie es die Menschen zu allen Zeiten und wie es auch Max Planck, Walter Heitler und viele andere Wissenschaftler taten und tun: in der ersten Ursache und Urkraft und in der Evolution das Wirken Gottes zu sehen. Es geht hier nur darum zu zeigen: Zwar haben „Urknall" und die anderen zeitgenössischen Theorien dieser Art natürlich im Grunde direkt nichts mit der Anthroposophie zu tun. Aber indirekt doch sehr viel: Gab es diese Art von „Urknall" und „Selbstorganisation", dann gibt es keine geistige Welt, keine geistigen Wesenheiten, keine „Evolution von oben". Dann wäre auch Anthroposophie „Schall und Rauch". Also sind für diejenigen, die sie kennenlernen wollen, einige Andeutungen in dieser Richtung nötig, zumal naturwissenschaftliche Hypothesen dieser Art mir lange den Zugang zur Anthroposophie versperrt haben und sicher vielen anderen in dieser wissenschaftsgläubigen Zeit ebenfalls versperren.

Warum kennen die allermeisten Naturwissenschaftler die Erkenntnisse Steiners über diese „Evolution von oben" nicht? Warum nehmen sie sie nicht zur Kenntnis? Meine Vermutung ist: Die Unkenntnis des Steiner-Werkes beruht nicht zuletzt auf dem Vorurteil, es in der Schublade des „Okkultismus" und der „Esoterik" zu vermuten. Dieser „Geruch" haftet der Anthroposophie an wie Pech. Und es sind natürlich auch die z. T. aus der indischen Esoterik kommenden, den Wissenschaftler abschreckenden Termini wie „Aura", „Akasha", „Äther" usw. Diese gefallen manchen modernen Anthroposophen auch nicht mehr. Steiner mußte sie aus Gründen verwenden, über die noch zu reden sein wird. Heute werden sie von jedem Scharlatan mißbraucht. Sie sollten deshalb in der anthroposophischen Sekundärliteratur möglichst durch andere ersetzt werden, soweit Steiner dies nicht schon selbst getan hat.

Ich glaube, der Eindruck trügt nicht, daß sich, angeführt von Max Planck, vor allem bei so bedeutenden Wissenschaftlern wie D. W. Sciama, E. Chargaff, K. Graf Dürkheim, H. P. Dürr, W. Heitler, C. G. Jung, A. Portmann, C. F. von Weizsäcker u. a. eine Änderung anbahnt, durch die das „kurze Denken" und die „Seelenblindheit" mit der Zeit überwunden werden könnten. Dies versucht auch einer der weltweit bedeutendsten Mathematiker, der Engländer R. Pemrose, der in einer plötzlichen Erleuchtung die Beseelung der Materie erkannt hatte, der die Theorien der Vertreter der „künstlichen Intelligenz" öffentlich blamierte und der die Einzwängung der Natur in ein physikalisches Korsett und andere Dogmen der modernen Naturwissenschaft kritisierte. Einige dieser Wissenschafler bekennen sich zur Wiederaneignung des Schöpfungsgedankens als eines Gedankens der Vernunft, nicht des Aberglaubens. Sogar der berühmte „Club of Rome" spricht neuerdings davon, daß eine globale Gesellschaft, auf die wir zusteuern, nur leben könne, wenn sie von *spirituellen* (!!) und moralischen Werten getragen werde. Spirituelles aber findet man auf der materiellen Ebene nicht.

Einer der jungen Wissenschaftler, der in den letzten Jahren viel von sich reden machte, ist der Engländer R. Sheldrake mit seinen beiden unten zitierten Büchern[28], insbesondere mit seinen Überlegungen zum „Weltgedächtnis". Wer sich damit und mit Steiners Mitteilungen über die Akasha-Chronik befaßt, wird in dieser Hinsicht gewisse Übereinstimmungen feststellen. Jedoch scheinen seine in der Wissenschaft überwiegend abgelehnten Theorien noch allzu spekulativ zu sein, noch nicht genügend experimentell bewiesen, was, da es sich ja um naturwissenschaftliche handelt, natürlich Voraussetzung für die Anerkennung ist.

Materie – Geist, Leib – Seele – Geist

Eines der größten Probleme war für mich – und ist es, nebenbei gesagt, für die ganze Naturphilosophie von der Antike bis heute – das Verhältnis von Leib und Seele und von Geist und Materie. Ich habe darüber, lange bevor ich von der Anthroposophie gehört hatte, viel gelesen und nachgedacht. Denn mir war, fast intuitiv, immer klar: Beim Verhältnis Geist – Materie bzw. von Leib – Seele – Geist handelt es sich um ein Schlüsselproblem der Geistesgeschichte, des Selbstverständnisses des Menschen und des Sinns seines Lebens. Doch was ich auch las: Nirgendwo konnte ich eine restlos befriedigende Antwort finden, in der modernen Philosophie schon gar nicht, weil für diese in der Regel die Fragen nach Seele und Geist sinnlos sind.

Schon bevor ich die Anthroposophie kennenlernte, kam es mir darauf an, mir das Verhältnis von Geist und Materie und das „Leib-Seele-Problem", das seit den antiken Philosophen die Wissenschaft bis heute beschäftigt, einsichtig zu machen. Ich fragte mich ganz simpel: Wie entsteht aus der Menge der Sinneseindrücke, die z. B. bei der Betrachtung eines Bildes erzeugt werden, in mir die Wahrnehmung und dadurch die

---

[28] Sheldrake, Rupert: Das Gedächtnis der Natur; München 1990
    Sheldrake, Rupert: Das schöpferische Universum; München 1985

Gewißheit: Das ist die „Sixtinische Madonna"? Wie ist es überhaupt möglich, daß physikalisch-chemische Prozesse in Auge und Gehirn etwas Psychisches, nämlich die Wahrnehmung und Identifizierung dieses Bildes, zur Folge haben? Wie kommt es, daß man wegen fortgesetzten Ärgers mit Vorgesetzten Magengeschwüre bekommt? Ja, noch viel einfacher: Wieso kann ich willkürlich meinen Arm heben? Welche Beziehungen bestehen also zwischen der Außenwelt und mir und auch zwischen meinem Körper einerseits mit meiner Seele und meinem Geist andererseits?

Es gibt in Psychologie und Philosophie eine Fülle von Hypothesen über diese für das menschliche Selbstverständnis so grundlegenden Probleme. Aber keine einzige hat mich befriedigt, bis ich die Anthroposophie kennenlernte. Etwas nicht Zähl-, Meß-, Wieg- und Berechenbares wie Geist und Seele kommt in den heutigen kausalmechanistisch orientierten Naturwissenschaften, sogar in bestimmten Richtungen der Psychologie nicht nur nicht vor, viele Vertreter dieser Richtungen leugnen sie sogar ausdrücklich: alles sei Physik. Und die Psychologie? Wenn die Seele nur noch ein „aller metaphysischer Merkmale entkleideter", „ein hypothetischer Begriff" ist,[29] dann ist Psychologie gleich „Psychophysik". Der Mensch unterscheidet sich dann vom Tier, aus dem heraus er sich nach Ansicht der Neodarwinisten aller Art und der meisten heutigen Menschen ja entwickelt hat, „nur" durch das ebenfalls irgendwie zufällig entstandene Denk- und Sprachvermögen. Wer von ihnen aber doch die Existenz einer Seele anerkennt, der erkennt ihr meist keinerlei Selbständigkeit zu, sieht sie nur als Ausdruck des Unbewußten, das mit dem Tode verschwindet. Die Psychologie, die „Lehre von der Seele", ist also das gleiche geworden wie das, was es auch schon gibt: eine Biophysik (Wissenschaft vom Leben ohne Leben). Die Vorsilben Psycho- und Bio- sind bedeutungslos geworden, alles ist Physik und Chemie. Die Frage nach der höheren Menschenbestimmung, nach dem Sinn unserer Existenz und dem Weltzusammenhang der Einzelseele wird total ausgeklammert, sie ist unwissenschaftlich. Die kausalmechanistische Denkweise „glaubt" damit bedingungslos und dogmatisch an die Möglichkeit der wissenschaftlich-technischen, also der künstlichen Rekonstruktion des Lebens und an die Selbstschöpfung der Intelligenz. Die auf das Intellektuelle verkürzte Vernunft des kritischen Rationalismus rechtfertigt so in tausend kaum kalkulierten Teilschritten einen Prozeß, der nicht nur auf die

---

[29] Schischkoff, Georgi (Hrsg): Philosophisches Wörterbuch; Stuttgart 1978

Dauer keinen echten Fortschritt bringt, sondern in seinen Wechselwirkungen zunehmend als gigantische Zerstörung unserer Erde erkennbar wird. Die Folgen sind nicht mehr korrigierbar, das Risiko wird unkalkulierbar. Man hat sich selbst in einen Käfig von Sachzwängen eingeschlossen, der blind macht für die echte Wirklichkeit. Die heute vorherrschende Forschungsrichtung sieht, um es zu wiederholen, das Leib-Seele-Problem lediglich als eine Aufgabe für die natürlich auch materialistisch ausgerichtete Hirnforschung an: Irgendwann muß man die Seele – wenn es sie denn geben sollte – doch experimentell nachweisen können! Man glaubt sich in der brandneuen Psycho-Neuro-Immunologie kurz vor dieser endgültigen Entdeckung, denn die Zusammenhänge zwischen Gedächtnis, Synapsen, Nervenleitungen, Neurosen und sonstigen Hirnfunktionen seien weitgehend geklärt, las ich kürzlich in einer Zeitschrift. Man könne das nur noch nicht beweisen.

Man wird's nie beweisen können, wenn man sich nicht endlich darauf versteht, Forschungsergebnisse wie diejenigen Steiners ernst zu nehmen. Für mich persönlich war das weltentiefe Problem Geist – Materie und Leib – Seele – Geist gelöst, nachdem ich die Anthroposophie in Gestalt der Grundwerke Steiners kennengelernt hatte. Ich wußte für mich mit letzter Sicherheit: DAS war die Antwort. In diesem Zusammenhang sei besonders auf die „Theosophie" (GA 9) hingewiesen, die gleich zu Anfang in sehr leicht verständlicher Weise diese Problematik behandelt.

Bevor über die Antwort der Anthroposophie gesprochen wird, soll zunächst die andere Seite der Grundpolarität Geist – Materie kurz beleuchtet werden, nämlich die nicht selbstverständliche Frage: Was ist Materie? Ohne eine Annäherung an diese zunächst so einfach erscheinende Frage im Rahmen des hier Möglichen kann ja das Verhältnis von Leib und Seele, von Materie und Geist nicht geklärt werden. Zunächst eine Kurzdefinition auf dem Boden des philosophischen Materialismus:

> *Alles Seiende, auch alle Erscheinungen des Lebens, werden auf Materie zurückgeführt. Die gesamte Natur ist wesensmäßig materielle Natur. Ein andersartiges Sein gibt es ebensowenig wie Freiheit von materiellen Abläufen.*

Diese Auffassung vertraten schon Denker der Antike (z. B. Demokrit, Epikur). Heute ist dieser Materialismus Grundlage u. a. der evolutionistischen Theorien kausalmechanistischer Art (z. B. von E. Haeckel, J. Monod, M. Eigen, K. Lorenz und ihrer Schüler) sowie des „historischen Materialismus" von Marx/Engels. Aber nicht nur diese, sondern mehr oder weniger deutlich scheinen die meisten Naturwissenschaftler und Technologen sowie viele Philosophen, Psychologen, Mediziner und sogar manche Theologen von diesem mechanistisch-physiologistischen Materialismus geprägt, wenn sie es auch manchmal selbst nicht merken mögen.

Wer sich auch nur anfänglich mit der Anthroposophie beschäftigt, der wird sehr bald zu einer Einsicht geführt, die ihn die Antwort auf die Frage nach dem Verhältnis von Geist und Materie, Leib und Seele in einfachster Form etwa so formulieren läßt:

Alles, *was scheinbar bloß materiell geschieht, ist zu gleicher Zeit Ausdruck tiefer geistiger Vorgänge (GA 103, 23.5.08).*

Und „alles" meint wirklich *alles!* Alles, was wir durch die Sinne und mit unserem materiellen Denken sowie mit allen noch so raffinierten Sinnesverstärkern wie den mächtigsten Teleskopen, den bis zu den Genen vordringenden Elektronenmikroskopen und den gigantischen Teilchenbeschleunigern erfassen und erfahren können, und natürlich auch alles Geschichtliche und Gesellschaftliche – *alles.* Der Mensch fühlt sich auf dieser geistigen Höhe frei. Denn Zwang ist nur, wo etwas von außen zwingt, wenn der Gegensatz, die Polarität, der Dualismus zwischen Ich und Welt, Natur und Geist, Leib und Seele geschwunden sind.

Dies ist zugleich die Auffassung Goethes, Max Plancks und vieler hervorragender Wissenschaftler, aber noch nicht von deren Mehrheit! Sie ist die Mitte zwischen Materialismus und Spiritualismus, denn für letzteren ist die Materie überhaupt als solche nicht vorhanden, ist nur Schein, „Maja", eine Auffassung, mit der wir uns hier nicht zu befassen brauchen. Diese Mitte ist zugleich die tiefe Erkenntnis der christlichen und nichtchristlichen Mystiker aller Zeiten.

Wo in der Naturwissenschaft die Existenz von Geistigem nicht überhaupt ganz geleugnet wird, da wird meist Geist und Materie, Leib und Seele dualistisch gesehen, nicht viel fortschrittlicher als schon in der griechischen Naturphilosophie und im Mittelalter: Materie hier, Geist dort, Teufel hier, Gott dort, Freund hier, Feind dort. Es handelt sich da, wo diese Auffassung die Weltanschauung, das Denken und Fühlen eines Menschen bestimmt, um eine Zerreißprobe zwischen ständigem Entweder – Oder, Gott – Teufel, Himmel – Hölle, Gut – Böse. Der katholische Dissident Dr. Drewermann nennt das in einem Interview mit einer anthroposophischen Zeitschrift „ontologische Verunsicherung"[30]. Solche ontologisch verunsicherten Menschen vertreten, wenn sie Theologen sind, aus dieser Seelenhaltung heraus nahezu gesetzmäßig eine extrem starre Moral. Sie treten zwar gerne als Moralapostel auf, sind selbst aber gerade nicht an den „Anfechtungen des Lebens" gereift und bleiben deshalb im Korsett der traditionellen (Sexual-)Moral eingezwängt. Dieses Korsett ist für sie als Halt im Leben existentiell nötig. Das Übel ist nur, daß sie es seit 1500 Jahren aller Welt aufgezwungen haben und weiter aufzwingen wollen.

Diesem noch von Plato inspirierten Dualismus zwischen der Welt der Ideen und der Welt der Erscheinungen steht der Monismus, die Einheitslehre, gegenüber, der auch ein Kerngedanke der Philosophie Steiners ist. Aber Steiners Monismus steht im Gegensatz zu wohl allen anderen Monismus-Auffassungen, etwa zum materialistisch geprägten Haeckels und vor allem zum marxistischen Monismus. Er steht natürlich auch im Gegensatz zu den verschiedenen Spiritualismen. Steiners Monismus ist die Anschauung von der das „Diesseits" und das „Jenseits" umfassenden Welt als Einheit. Diese sind keine Prinzipien an sich, sondern eine im Menschen selbst angelegte Zweiheit. Aber der Mensch kann in sich diese Polarität überwinden, denn auch die Einheit dieser Prinzipien gründet im Menschen. Allerdings muß diese Einheit, im Gegensatz zum „natürlichen" Dualismus, bewußt erworben werden (Schulungsweg! Kap. IV). Mit dieser Erkenntnis hebelt Steiner alle Dualismen aus. Er sagt: Die Einheit ist nicht von vornherein und ein für allemal „da", sie ist nicht „vorhanden", sondern sie ist ein nie endender Prozeß, etwas, was der Mensch sich selbst schaffen muß, was sich in der Tätigkeit entwickelt. Es bringt ihn im Verlaufe der fortschreitenden Entwicklung seines Bewußtseins in immer intensiver werdende Beziehung zum Universum, zu Gott. Eben das ist der WEG, und es war auch mein Weg.

Es gibt aus diesem Grunde (man beachte: aus diesem Grunde!) auch jene bereits mehrfach erwähnten, sich so verhängnisvoll ausgewirkt und noch auswirkenden Kantschen und dogmatischen „Erkenntnisgrenzen" nicht, durch die die Möglichkeit, daß der Mensch in die geistige Welt vorstoßen könne, prinzipiell ausgeschlossen wird. Aber ausdrücklich sei betont, um Mißverständnisse zu vermeiden: Diese Kritik bezieht sich nur auf diesen Teil der Kantschen Philosophie, sie mindert die weltgeschichtlichen Verdienste dieses großen Philosophen in keiner Weise. Die

---

[30] In: Info 3 Nr. 4/1992

„Kathederphilosophie" seit Steiners Zeiten hat es aber abgelehnt, Steiners entschiedene Widerlegung dieses Teils der Kantschen Philosophie auch nur zur Kenntnis zu nehmen.

Es ist, wie gesagt, eines der am striktesten durchgesetzten, schon lange vor Kant festgelegten Dogmen der katholischen Kirche, daß weitere Erkenntnisse über die „höheren Welten" grundsätzlich und für alle Zeiten nicht mehr möglich sind. Die Offenbarung sei mit dem Neuen Testament abgeschlossen. Darüber hinaus sei sie nur in der kirchlichen Überlieferung, sprich: den Ergebnissen der Konzilien und in den mit „Unfehlbarkeit" verkündeten Dogmen, enthalten. Doch *wie* diese Konzilsbeschlüsse in einigen Fällen zustande gekommen sind, fast von Anfang an, das hat – man weiß es – nicht selten mehr mit allzu weltlichen Interessen und Machtansprüchen der Päpste und Kaiser zu tun als mit „Inspiration durch den Heiligen Geist". Jedenfalls leitet „der Heilige Stuhl" bis heute seinen Anspruch, die Offenbarung „unfehlbar zum Glauben vorlegen zu können", und zwar mit Wirkung bis zum Ende der Welt (!!!), u. a. aus solchen Konzilsbeschlüssen ab. Da die vorliegende Schrift eine andere Aufgabe hat, soll ein Kommentar zu diesem Anspruch unterbleiben, der darin wohl nur noch von dem bis ans Ende der Zeiten Wort für Wort gültigen Koran übertroffen wird. Wichtig war die Erwähnung solcher Tatsachen aber, weil diese mit äußerster Verbissenheit verteidigte Position eine der wesentlichsten Gründe dafür ist, daß die Anthroposophie von den Kirchen so strikt abgelehnt, ja zeitweise auf das heftigste bekämpft wird.

Aber noch einmal zurück zum Problem Geist – Materie und Leib – Seele – Geist. Das Vorstehende war nötig, weil es eine Kardinalfrage ist, ob man eine dualistische oder eine monistische Weltanschauung hat, und wenn letztere, welche Art von Monismus man vertritt: eine materialistisch-positivistische oder eine ganzheitlich-idealistische. Dies beeinflußt natürlich auch radikal die Art von Wissenschaft, die man betreibt. Betrachtet man die Anthroposophie so, dann wird man feststellen, daß methodisch gesehen zwischen der Naturwissenschaft und der Geisteswissenschaft im Steinerschen Sinne überhaupt kein prinzipieller Unterschied besteht. Der Naturwissenschafler erforscht die gegebenen Probleme mit seinen „normalen Sinnen" und erkennt dadurch die Sinneswelt; der Geistesforscher erforscht die übersinnliche Welt mit seinen „übersinnlichen Sinnen" und erkennt so die übersinnlichen Wirklichkeiten. Jedenfalls war ich sehr froh, als ich bei meinem Studium der Anthroposophie so weit gekommen war, das Wesen des Dualismus und seine Auswirkung auf die Geistesgeschichte verstanden zu haben.

Zur anthroposophischen Erkenntnislehre

Wie gesagt, kann die anthroposophische Erkenntnislehre hier natürlich noch nicht einmal in den ersten Umrissen behandelt, sondern nur angedeutet werden. Es soll nur noch einmal auf deren erhebliche Bedeutung nicht nur für das Verstehen der Anthroposophie, sondern genauso für das Verstehen vieler grundsätzlicher Lebensprobleme hingewiesen werden. Rudolf Steiner behandelt sie in seiner Dissertation (GA 3) und in seinem schon erwähnten philosophischen Hauptwerk „Die Philosophie der Freiheit" (GA 4). Wie sein Biograph Johannes Hemleben es sagt: „Sie enthält in reiner Gedanklichkeit prinzipiell schon alles, was Rudolf Steiner später als Anthroposophie entwickelt hat."[31]

Einige kurze erkenntnistheoretische Anmerkungen zu der den Menschen erst zum Menschen machenden Fähigkeit: dem *Denken*.

Was unterscheidet insofern den Menschen vom Tier? Nur der Mensch kann (kann!!) sein Handeln „vernünftig", also mit Hilfe seines Denkens beeinflussen und veredeln. Denken kann aber der Mensch nicht primär, weil er ein Gehirn hat – manche Tiere haben ein viel größeres Gehirn –, sondern weil er ein Ich hat, von dem das Gehirn als Instrument benutzt wird, und zwar das „Äthergehirn", das seinerseits das physische Gehirn nutzt. Dieses Ich äußert sich bei jedem normalen Menschenkind zum ersten Male um das dritte Lebensjahr, nämlich dann, wenn ein Kind nicht mehr sagt: „Hans will das und das", sondern wenn es sagt: „Ich will das und das haben". Alle Eltern können diesen wichtigen Augenblick im Leben eines Kindes selbst beobachten. Von jetzt ab beginnt das Kind, seine Denkkräfte zu entwickeln.

Wenn Rudolf Steiner in seinem vor hundert Jahren erschienenen philosophischen Hauptwerk „Die Philosophie der Freiheit" (GA 4) das *Denken* in den Mittelpunkt stellt und im Verlaufe seiner anderen Schriften und vieler Vorträge immer wieder davon spricht, dann muß es damit seine besondere Bewandtnis haben. Und das ist in der Tat so: *Denken* im Steinerschen Sinne ist eine weit höhere Stufe als Denken im gewöhnlichen Sinne und im herrschenden Intellektualismus, in dem vielfach noch

---

[31] Hemleben, J.: Rudolf Steiner; Reinbek 1987

die Anschauung herrscht: Bewußtsein ist Gehirn und Gehirn ist Chemie plus Elektromagnetismus. Dieser Intellektualismus ist beherrscht vom erwähnten „kurzen Denken"; es ist sowohl der Anlaß wie das Produkt unserer „verkopften" Zeit. Dieser Fehlentwicklung wird, vor allem bei Kindern, Vorschub geleistet durch stupidestes Dauerfernsehen.

Daß solche Entwicklungen verhindert werden, ist ein wesentliches Kriterium der Waldorfpädagogik in Schulen und Kindergärten. Das Ich und damit die Fähigkeit, denken zu können, entwickeln sich nach den ersten Anfängen im 3. mit dem 6. oder 7. Lebensjahr. Wird es zu früh entwickelt und kann es nicht vom Innersten der kindlichen Persönlichkeit ausgehen, dann lehnt es sich schon früh allzu leicht an bestehende Normen an und wird autoritätsgläubig. Ein solches Denken kann man fast ein Scheindenken nennen, denn richtiges Denken und Autoritätsgläubigkeit schließen einander aus. Beim Studium der Anthroposophie sollte man Steiners wichtigste Charakterisierung, die schon öfters so nachdrücklich betont wurde, nie vergessen: Die Anthroposophie ist „ein Weg". Sie ist eine Methode, eine Denkmethode, ein Denkweg, ein je eigener Weg, die tiefere Wirklichkeit in und hinter allem zu entdecken. Der Inhalt der Bücher und Vorträge Steiners ist natürlich wichtig, aber er ist dennoch nicht die Hauptsache. Es verhält sich damit ähnlich wie in einer Lehrwerkstatt: Es geht in der Lehre nicht darum, wertvolle Gebrauchsgegenstände herzustellen, sondern darum, daß der Lehrling sich, übend und lernend, den Umgang mit dem Werkstoff und die Methoden seiner Bearbeitung aneignet, also den Weg, die Methode einübt, wie er später selbständig arbeiten und ein Meister werden kann.

Dieser Denk-Weg kann eingeübt werden, womit der Mensch die Fähigkeit erwirbt, wirklich zu „denken", nicht nur, sich etwas vorzustellen. Er muß zum „reinen Denken" vorstoßen, das als höchste Kunst das gewöhnliche Denken übersteigt.[32] Auch sollte vielleicht noch gesagt werden, daß das logische, rein begriffsmäßige Denken natürlich an das Gehirn als sein Instrument gebunden ist, daß es aber durch den Verlust der noch bis vor ca. 9000 Jahren allgemein vorhandenen Fähigkeit des Hellsehens erkauft wurde. Bis in diese Zeit und im orthodoxen Hinduismus noch heute erschien die Wirklichkeit den Menschen als „Maja", als Schein. Die Wirklichkeit war für sie die geistige Welt. Umgekehrt ist für das naive Bewußtsein des heutigen Menschen die reale Sinneswelt, die er sehen, hören, riechen, tasten kann, die wahre Wirklichkeit. Dies ist

---

[32] Steiner, Rudolf: Die praktische Ausbildung des Denkens; GA 108

keine Fehlentwicklung „in die Niederungen des Materialismus" hinein, sondern sie war zur vollen Menschwerdung unerläßlich, da der Mensch *nur so* zu sich selbst erwachen und die Freiheit von der Steuerung durch geistige Wesen erlangen konnte. In der Zunkunft muß der Mensch zusätzlich zu seinem begrifflichen Denken sich die Fähigkeit des reinen Denkens und der hellseherischen Anschauung durch Begehen des Schulungsweges wieder erwerben.

Deshalb ist das sture Lesen der Werke Rudolf Steiners, nur um die Inhalte zu erfahren und eine noch so spirituelle Neugier zu befriedigen, die falsche Methode, sich die Anthroposophie anzueignen. Das Studium dieser Werke setzt vielmehr „wirklichkeitsgemäßes Denken" voraus. Es genügt keinesfalls, sondern ist sogar schädlich, wenn man Steiners Forschungsresultate gewissermaßen als „Fertiggericht konsumiert" oder wie einen Roman durcheilt. Auf diese Weise vollzieht man die notwendigen Denkprozesse nicht mit. Das ist wie bei einer Mathematik-Arbeit in der Schule: Wer von seinem Nebenmann nur die Resultate abschreibt, ohne selbst zu rechnen, der betrügt nicht den Lehrer, sondern sich selbst.

Man sollte, das muß ganz klar sein, jedem von der Beschäftigung mit der Anthroposophie abraten, der nicht bestrebt ist, sich dem genannten „wirklichkeitsgemäßen Denken" so weit wie möglich anzunähern. Jeder kann das leisten, unabhängig von seiner Schulbildung. Niemand soll sich also „wegen mangelnder Vorbildung" abschrecken lassen. Man muß nur ernsthaft wollen, sich ergreifen lassen von der Fülle des Geistes, der auf einen einströmt.

Dieses „geist- oder wirklichkeitsgemäße Denken", das letztlich zum „reinen Denken" werden soll, wird sich im Laufe der Zeit auf den „Geistesschüler" stark auswirken: Er wird immer mehr in sich ruhen, wird Nebensächlichkeiten weniger beachten, wird ein selbständiger Denker, dem unechte Autoritäten nicht mehr imponieren. Und, was ebenfalls wichtig ist, da oft von Gegnern das Gegenteil behauptet wird: Er gerät nur dann unter den suggestiven Einfluß Steiners, wenn er aus Denkfaulheit das Selberdenken scheut. Selbstverständlich, das wurde schon erwähnt, gibt es viele Mitteilungen Steiners, die man auch durch noch so intensives Selberdenken nicht nachvollziehen kann. Aber gerade solchen Mitteilungen gegenüber gilt das gesunde und durch das Studium immer gesunder werdende Wahrheitsempfinden: Widerspricht irgendeine Mitteilung irgendeiner anderen oder der Logik? Paßt diese Aussage in den Gesamtzusammenhang?

Der Autor hat in den ersten Jahren seiner Bemühungen um die Anthroposophie viele Male den Eindruck gehabt: da stimmt etwas nicht, denn da oder dort hat Steiner doch etwas ganz anderes gesagt. Aber er kann versichern: Jedesmal hat sich später, oft viel später, herausgestellt, daß er eben noch nicht tief genug verstanden, daß er noch zu sehr im gewohnten „Definitionsdenken" verhaftet war: Irgend etwas ist so und so, aber nicht so. Er hatte Steiners Denken in „beweglichen Begriffen" noch nicht genügend erübt, den Kontext bzw. den sonstigen Sinnzusammenhang nicht verstanden oder beachtet.

Ich weiß natürlich aus eigener Erfahrung: Es handelt sich hier um schwierige erkenntnistheoretische Probleme. Man muß sie nicht gleich völlig verstehen. Angedeutet werden sie hier nur, um einen ersten Eindruck davon zu vermitteln, daß die „höheren Welten" nicht etwas „weltenfernes" sind, sondern daß *jeder Mensch* mit seinem „wirklichkeitsgemäßen Denken" bereits in der geistigen Welt ist, ohne es zu merken, *jeder Mensch,* der seinem Denken etwas mehr abverlangt, als es zum Geldverdienen und für die alltäglichen Anforderungen nötig ist.

Der heutige Mensch ist in der Tat viel geistiger, als er selbst vermutet. Schon jedes Fragen nach geistigen Dingen, jedes Durchdrungensein von geistigen Wahrheiten, jedes echte Meditieren oder konzentrierte Beten bringt Geistiges in uns zum Schwingen. Doch immer sollten wir bedenken: Die geistige Welt läßt sich nicht zwingen, durch nichts und durch niemand. Das weiß jeder Christ schon im Hinblick auf die Erfüllung von Bittgebeten. Niemand hat eine Gewähr, daß seine Bitten erfüllt werden. Der einzige, wirklich einzige Weg ist Geduld, Weiterarbeiten, Geduld und ... Demut. Dieses echte Streben ist selbst schon ein Gewinn, nicht nur für den Strebenden selbst, sondern für die Welt. In einem Sammelbändchen mit Erlebnisberichten, das als Einführung in die Anthroposophie gedacht ist, wird das sehr schön ausgedrückt: „Anthroposophie ist ein Kraftlicht, um das gewöhnliche, bisherige Leben als Kompost zu betrachten, aus dem erst das eigentliche Leben herauswurzeln kann, den Kompost zu Nahrung und Blumen verwandelnd."[33]

Es ist also keineswegs so, wie die Materialisten sagen, daß das Gehirn die Gedanken erzeugt, wie die Kuh die Milch, sondern es ist umgekehrt: Die Gedanken bilden das Gehirn. Bäschlin erläutert das sehr anschaulich: Wenn der Materialist sagt, nehmt das Gehirn heraus und schaut, ob

---

[33] Neuen Geisteswelten begegnen. Eine Einführung in die Anthroposophie mit persönlichen Berichten; Hannoversch-Münden 1987

die Seele dann noch denken kann, dann kann man antworten: Nehmt dem Menschen den Boden weg und schaut, ob er dann noch gehen kann. Natürlich würde er nie gehen können, wenn er keinen Boden unter sich hätte. Trotzdem wird sicher niemand bezweifeln, daß es nicht der Boden ist, der das Gehen bewirkt, sondern die Willensaktivität des Menschen. Also: „Erst die Seele macht das Gehirn zu einem brauchbaren Instrument."[34] Die Geistseele braucht also das Gehirn in der physischen Welt, wie der Geigenspieler seine Geige. Sie ist aber, und das bestreiten die Materialisten aller Art vehement, keinesfalls an ihr Instrument gebunden. Denn so, wie der Geigenspieler auch ohne Geige Musik denken kann, so kann es die Seele ohne das Gehirn. Es steht also – man beachte dies besonders – nichts im Wege, sie sich, z. B. nach dem Tode, vom Körper getrennt, als selbständiges Wesen in der geistigen Welt vorzustellen.

Daß all dies nicht „Steinersche Erfindung" ist, wie Kritiker oft behaupten, ergibt sich schon daraus, daß diese Erkenntnisstufen und Seelenfähigkeiten in jeder echten Mystik anzutreffen sind. Das trifft auch auf viele andere Mitteilungen Steiners zu. Er hat sie zwar, wie er in tiefem Ernst versichert, alle selbst auf geistige Weise erforscht, d. h., er hat nichts aus der esoterischen, okkulten, mystischen Tradition ungeprüft übernommen. Und doch stimmen sie, soweit sie nicht überhaupt erstmalig mitgeteilt werden, mit den anderen Traditionen, wenn es echte sind, in einer oft verblüffenden Weise überein. Bei Steiner allerdings sind sie nicht in einer mystischen, symbolischen, sondern in einer den Menschen unserer Zeit verständlichen Sprache abgefaßt.

Die Beweisfrage – das Denken

Das Problem des Beweises war eines der Probleme, die mir den Zugang zur Anthroposophie besonders schwer gemacht haben. Deshalb soll es nach dem eben Besprochenen am Anfang der konkreten Betrachtungen über meine Bemühungen stehen, die Anthroposophie zu verstehen.

Mein Freund schenkte mir ziemlich zu Anfang meines Weges eines der wichtigsten Grundwerke Rudolf Steiners: „Die Geheimwissenschaft im Umriß" (GA 13). Meinen Einwand, mit solchen obskuren Sachen wie „Geheimwissenschaft" wolle ich mich nicht abgeben, wischte er mit einer fast verächtlichen Gebärde weg. Ob ich denn vergessen hätte, daß

---

[34] Bäschlin, K.: Einführung in die Anthroposophie; Bern 1987

man sich der Anthroposophie, will man sie wirklich kennenlernen, ohne Vorbehalte nähern müsse. Mein Vorbehalt sei spießig. Ich solle erst mal lesen.

Über die „Geheimwissenschaft" als solche und warum Steiner sie in Anlehnung an die Tradition so genannt hat, wird später noch zu reden sein. Jetzt geht es zunächst nur um die Beweisfrage, die ja im ersten Kapitel schon angeklungen ist. Steiner widmet diesem Problem darin und in der „Theosophie" (GA 9) viele Seiten. Hier muß aber, um Kritik vorwegzunehmen, bemerkt werden: Steiner wußte, wovon er redete, wenn er über Beweise und ihre Bedeutung im naturwissenschaftlichen Denken sprach. Hat er doch selbst viele Semester lang die seinerzeit gelehrten Naturwissenschaften studiert. Niemand kann ihm also Dilettantismus vorwerfen. Was ich da las, überzeugte mich trotz meiner anfänglichen Skepsis sehr rasch. Es war für meine Begriffe so logisch und einleuchtend, daß nur der es bestreiten kann, der die Existenz einer geistigen Welt verneint, das Buch nicht genügend kennt oder es „unbesehen" bekämpfen will.

Mir wurde folgendes klar: Eine naturwissenschaftliche Hypothese gilt als bewiesen, wenn verschiedene Forscher zu verschiedenen Zeiten bei der Wiederholung des der Hypothese zugrundeliegenden Experimentes zu gleichen Ergebnissen kommen. Da, könnte man meinen, sieht es bei Steiner und seinen „angeblichen" Forschungsergebnissen, die die oben erwähnten Kantschen Erkenntnisgrenzen weit übersteigen, schlecht aus. Gibt es doch weit und breit niemanden, der in der Lage wäre, die Steinerschen Forschungsergebnisse selbständig und in vollem Umfang nachzuvollziehen oder sie zu beweisen. Daß das so von vornherein nicht stimmt, auch nicht für die Gegenwart, weiß man aus der esoterischen Überlieferung, und das haben in dem ihnen möglichen Ausmaß zeitgenössische Eingeweihte bewiesen, z. B. die Deutsch-Russin H. Blavatzky, die Begründerin der indoamerikanischen Theosophie, der Österreicher Jakob Lorber, der Bulgare Beinsa Duno oder der Däne Martinus. Diese Seher sind zwar im Hinblick auf ihren geistigen Rang nicht gleichzusetzen mit Steiner, aber sie machen, ohne das Steiner-Werk zu kennen, Mitteilungen über die geistige Welt, die, insoweit sie vom gleichen sprechen, mit den Steinerschen Forschungsergebnissen übereinstimmen. Zu beachten ist jedoch der prinzipielle Unterschied: Steiner hat seine Mitteilungen über die geistige Welt geisteswissenschaftlich in der „Akasha-Chronik" erforscht, in aktivem Tun, während den anderen Genannten solche sozusagen passiv zugeströmt sind. Sie waren eher Medien als

Eingeweihte. Für echte Eingeweihte ist jedenfalls die objektive geistige Welt genau so wirklich und kann genau so erforscht werden, wie für Naturwissenschaftler die materielle. Solche Eingeweihte müssen also jeweils zu etwa denselben Ergebnissen kommen wie es bei Naturwissenschaftlern der Fall ist, die am gleichen Problem arbeiten.

Zur „Beweisfrage" muß noch grundsätzlich gesagt werden: Geistiges *kann* man prinzipiell nicht auf materialistische Art beweisen! Selbst Kant konnte nicht umhin, „überempirische" Begriffe wie Raum, Zeit, Kausalität, Substanz usw. für die Theoriebildung der Naturwissenschaften zuzulassen, da man metaphysische Vorstellungen mit Hilfe empirischer Untersuchungen nicht prüfen kann. Warum erkennen wir mit unserem Alltagsbewußtsein „die Geisterwelt" (Goethe, „Faust" I) nicht? Weil unser Bewußtsein die Einheit alles Wirklichen, alles Seienden, also auch die Einheit von materieller und „okkulter" Welt, auseinanderreißt und in ein Diesseits und ein Jenseits trennt, wie es ja oben schon angedeutet wurde. Unser Alltagsbewußtsein ist nahezu ausschließlich dualistisch. Es verstärken sich aber auch in der Naturwissenschaft und in den echt nach Geistigem strebenden Gruppen die Tendenzen, den Dualismus zu überwinden und zu erkennen, daß an den Grenzen des Meßbaren in der subatomaren Sphäre und in den kosmischen Weiten des Universums Kräfte existent sein müssen, die nicht physikalisch zu erklären, geschweige denn zu beweisen sind, die also auf das Wirken übersinnlicher Kräfte zurückgehen müssen. Diese Naturwissenschaftler knüpfen wieder an Traditionen an, die in vielen Begründern der modernen Naturphilosophie, z. B. in Giordano Bruno (1548-1600), Galilei (1564-1642), Johannes Kepler (1571-1630), Gottfried Wilhelm Leibniz (1646-1716) Isaac Newton (1643-1727), aber auch in den höchst verehrten Kirchenvätern wie Thomas von Aquin (1225-74) und Nikolaus Cusanus (1401-64) noch durchaus lebendig waren: Sie erkannten die Realität rein geistiger Wesenheiten ohne Vorbehalt an. Selbst die neueste Physik weiß, daß das physische Weltall kein abgeschlossener Mechanismus ist. Man beginnt zu erkennen, daß die bisher „ewig gültigen Naturgesetze" nur Rahmengesetze sind, die reale Möglichkeiten für das Eingreifen geistiger Kräfte („Wunder") durchaus offenlassen. Wunder stehen nach einem Wort des großen Kirchenlehrers Augustinus nicht im Widerspruch zur Natur, sondern nur zu dem, was wir von der Natur wissen. Wissenschaftler, die zu einer solchen Überzeugung gekommen sind, stellen sich „den Versuchen einer Einbergung des Menschen in die Natur" entgegen. Für sie sind Welt und Mensch „nicht die bloße Natur. Der Ausarbeitung eines zureichenden

Weltbegriffes korrespondiert eine Wiederaneignung des Schöpfungs-
glaubens als eines Gedankens der Vernunft."[35]

Selbstverständlich sind alle geisteswissenschaftlichen Mitteilungen
keine „Beweise" im mathematisch-naturwissenschaftlichen Sinne. Denn
solche sind, wie gesagt, von der Sache her unmöglich. Es ist eine uralte
okkulte Weisheit: Gleiches kann nur von Gleichem erkannt werden. Die
Realität von Geistigem und von geistigen Wesenheiten kann also nur auf
geistige Weise wirklich erkannt und mitgeteilt werden.

In einem seiner frühesten Werke (GA 8) behandelt Steiner u. a. „Plato
als Mystiker". Im Mittelpunkt der platonischen Gespräche steht die Persönlichkeit des Sokrates (469-399 v. Chr.), besonders dessen Lehre von
der Unsterblichkeit. Steiner hebt dabei hervor, daß es nicht Beweise im
logischen Sinne sind, die Sokrates darüber vorbringt. Das ganze Gespräch sei vielmehr darauf gerichtet, die Freunde dahin zu führen, wo sie
das Ewige erblicken. „Dann bedarf es ja für sie keiner Beweise. Wie soll
man dem noch beweisen wollen, daß die Rose rot ist, der sie sieht? ...
Der sterbende Sokrates beweist nicht die Unsterblichkeit, er zeigt ganz
einfach das Wesen der Seele" (S. 55 f).

In der „Theosophie" (GA 9, S. 12, 112, 144) führt Steiner aus, daß
man sich täusche, wenn man vom Geistesforscher „einwandfreie Beweise" verlange. Denn man verlange nicht Beweise, die in der Sache liegen,
sondern solche, die man selbst aus seinen Anschauungen heraus anzuer-
kennen bereit ist. Der studierte Naturwissenschaftler Steiner weiß, was er
sagt, wenn er darlegt, daß in der „Theosophie" nichts steht, was nicht jeder anerkennen kann, der auf dem Boden der modernen Naturerkenntnis
steht. (Es gibt Behauptungen von Gegnern der Anthroposophie, daß Steiners umfassende naturwissenschaftliche Bildung Ende des vorigen Jahrhunderts erworben worden und also heute völlig überholt sei. Hier geht
es aber um zeitlose Grunderkenntnisse, die nie überholt sind.) Denn gerade echte naturwissenschaftliche Vorstellungsart kann sich heimisch
fühlen in dieser Darstellung der „Theosophie". Diskussionen mit solchen, die nur Beweise gelten lassen wollen, die in ihrer eigenen Denkweise und Vorstellungswelt liegen, sind fruchtlos. Denn der Mensch darf
niemals sagen, nur das sei wirklich, was er wahrnehmen kann. Es kann
vielmehr vieles wirklich sein, für dessen Wahrnehmung ihm die Organe
fehlen. Das gilt schon für viele „irdische" Wahrnehmungsarten. So haben Tiere oft Sinnesorgane für Wahrnehmungen, die uns Menschen (oh-

---

[35] Scherer, Georg: Welt – Natur oder Schöpfung?; Darmstadt 1990

ne technische Hilfsmittel) durchaus verschlossen sind. Das betrifft natürlich noch viel mehr die Wahrnehmungen in der geistigen Welt. Diese ist ja in einem viel höheren Sinne wirklich als die sinnliche.

Dasselbe ergibt sich für die Forderung, die Ergebnisse der Geistesforschung durch Versuche zu beweisen, wie es sinnloserweise die Parapsychologie versucht. Im Hinblick auf die Tatsachen der geistigen Welt vereitelt schon die Absicht, solche beweisbaren Ergebnisse zu erreichen, jeden Erfolg, denn die geistige Welt läßt sich niemals zwingen. Ob der Geistesforscher etwas in der geistigen Welt wahrnimmt und was er wahrnimmt, das hängt nicht von ihm ab. Seine Absicht, die Wahrnehmung herbeizuführen, kann niemals zum Eintreffen dieser Wahrnehmung führen.

Zum Thema „Beweis" enthält „Die Geheimwissenschaft" (GA 13, S. 15 f) ein treffendes Beispiel. Die Behauptung, das gewöhnliche Sehvermögen dringe nicht bis zu den Zellen vor, ist ebenso richtig und beweisbar wie die, das gewöhnliche Bewußtsein könne nicht in die übersinnlichen Welten eindringen. Und doch entscheidet der Beweis, daß das gewöhnliche Sehvermögen vor den Zellen haltmachen muß, nichts gegen die Erforschung der Zellen. Warum sollte der Beweis, daß das gewöhnliche Erkenntnisvermögen vor den geistigen Welten haltmachen muß, etwas gegen die Erforschung dieser Welten entscheiden? Wer solche Beweise fordert, tut das oft ohnehin nicht in redlicher Absicht, denn er will nachher nur sagen können: Wenn du keine Beweise liefern kannst, dann deswegen, weil die sogenannte geistige Welt gar nicht existiert, du also gar nichts sehen oder erforschen kannst.

Vorne wurde von den seelischen Organen gesprochen, die der Mensch ausbilden müsse, um übersinnliche Wirklichkeiten erkennen zu können, in denen die „Beweise" liegen. Diese in jedem Menschen angelegten, seit Urzeiten aber zunehmend verkümmerten „Organe", die von der indischen Esoterik „Chakras" („Lotosblumen") genannt werden, können durch Meditation ausgebildet werden, so, wie man durch künstlerische Ausbildung die in jedem Menschen schlummernden künstlerischen Fähigkeiten wecken kann. Daß diese Ausbildung der „geistigen Sinnesorgane", also die Meditation, ein viel Geduld und Hingabe erforderndes Bemühen ist, wurde ja schon erwähnt und wissen heute viele. Diese Ausdauer und Geduld fehlt aber bei unserer immer hastiger und atemloser werdenden Lebensweise meistens. Das ist wohl der Grund, weshalb dem westlichen Menschen Fortschritte auf spirituellem Gebiet so schwer werden. Wer aber diese „geistigen Sinnesorgane" in sich ausgebildet hat

– sei es, daß er sie aus karmischen Gründen schon als Fähigkeiten mit in dieses Leben gebracht hat, oder sei es, daß er dazu begnadet war, sie bis zu einem gewissen Grade in diesem Leben auszubilden – der „sieht" und „hört" die Tatsachen der geistigen Welt genauso bewußt und genauso exakt und also vergleichbar wie der Mineraloge die Mineralien oder der Ornithologe die Vogelstimmen. In unserer Zeit jedoch, das wird man wohl sagen dürfen, werden selbst spirituell Fortgeschrittene nach langen Jahren der meditativen Bemühung höchstens das von sich sagen können, was Friedrich Rittelmeyer von sich gesagt hat (s. u.). Gäbe es aber zur gleichen Zeit zwei Eingeweihte von gleichem Range, dann würden diese, wie gesagt, mit absoluter Sicherheit ebenso zu gleichen Ergebnissen kommen.

Die z. B. durch Vergleiche in Grenzen mögliche Kontrolle gilt auch für das vorne erwähnte „Weltgedächtnis". Seine Existenz, sogar seine Denkmöglichkeit, wurde von jeher besonders heftig bestritten, auch von den Kirchen, die offensichtlich die entsprechenden Aussagen der Apokalypse nicht ernst nehmen. Rudolf Steiner wurde deshalb verhöhnt und bekämpft. Ich kann mir vorstellen, daß die Erkenntnisse Sheldrakes (siehe S. 53), besonders auch im Hinblick auf dieses von jeher besonders umstrittene Problem, eines Tages ein Umdenken fördern könnten.

Bei diesem „Weltgedächtnis" (Akasha-Chronik) im Steinerschen Sinne geht es in Kürze um Folgendes: Nichts Vergangenes ist endgültig vergangen. Alles (alles!) Weltgeschehen, von großen Völkerwanderungen und Kriegen bis zum geheimsten Gedanken, den ein Mensch hegt, aber auch bis zu jedem Haß-, Mitleid- und Liebegefühl, hat sich in den ätherischen Weltengrund, eben das „Weltgedächtnis", für alle Zeiten unlöschbar und für den Seher jederzeit erkennbar eingeprägt; nichts geht verloren. Die darin „eingetragenen Prägungen und Bilder" können von jedem wahren Geistesforscher aufgefunden und „gelesen" werden. Der alte Kinderschreck, daß alle bösen Taten von den Engeln „im großen Buch" aufgeschrieben und dann beim „Jüngsten Gericht" bestraft werden, hat also doch ein Körnchen Wahrheit.

Gerade an diesem Beispiel läßt sich besonders gut darstellen, wie wenig unsere Sprache an sich geeignet ist, solche übersinnlichen Tatsachen richtig wiederzugeben. Natürlich hat diese „Akasha-Chronik" keinen Chronik-Charakter, natürlich wird darin nichts „eingeprägt" oder „abgebildet". Aber wie soll man es anders ausdrücken als mit solchen der geistigen Wirklichkeit am nächsten kommenden Ausdrücken?

In diesem „Weltgedächtnis" können viel mehr Menschen „lesen", als zu vermuten ist. Aber die meisten merken es gar nicht; und nur wenige begnadete Seher können bewußt in ihm „lesen" wie in einer Chronik und das „Gelesene" oder „Abgebildete" in unserer Sprache ausdrücken. Für Rudolf Steiner war die „Akasha-Chronik" die wichtigste Erkenntnisquelle. Niemand hat diese Tatsache eindringlicher dargestellt als Friedrich Rittelmeyer, der nach langer Tätigkeit als seinerzeit sehr bekannter evangelischer Pastor und Kanzelredner in Berlin einer der intimsten Schüler Steiners wurde. Ich zitiere einen Abschnitt aus seinem Buch: „Meine Lebensbegegnung mit Rudolf Steiner."[36]

„Rudolf Steiner war ein Mensch, von dem man ohne Übertreibung sagen kann: in ihm hat die Weltgeschichte das Auge eines Erdenbewußtseins aufgeschlagen. Er dachte immer weltgeschichtlich im allergrößten Stil ... Voraussetzung für diese Geschichtsforschung war wiederum, daß alles Geschehen zwar nicht in der äußeren Welt, aber in einer höheren geistigen Welt feine Spuren, gewissermaßen geistige Abdrücke hinterläßt, die der mit geistigen Augen Sehende auch finden kann. Das ist die Anschauung von der Akasha-Chronik, die Steiner so erbitterte Gegnerschaft und so bequemen Spott zugezogen hat. Sie ist eine echt biblische Anschauung. Man will es nur nicht wahrhaben, was in der Offenbarung Johanni zu lesen ist von den Büchern, in denen alles verzeichnet ist, was getan wurde, und die einmal aufgeschlagen werden. Religiöse Naturforscher sind oft diesem Gedanken auf ihre Weise nachgegangen, daß das Vergangene nicht bloß vergangen sein kann, sondern irgendwo aufbewahrt sein muß. Es könnte ja im Bewußtsein höherer Wesen sein und könnte dort gelesen werden, wenn der Mensch zu solcher Höhe einmal aufzusteigen vermag. Und so muß man sich auch die Akasha-Chronik in Wahrheit denken."

Die Ergebnisse dieser Akasha-Forschungen finden sich im ganzen Steiner-Werk, ja, dieses beruht in weitem Umfang darauf. Diese Ergebnisse sind echte Forschungsergebnisse „nach naturwissenschaftlicher Methode". Sind diese dem irdisch gebundenen Bewußtsein nicht zugänglichen geistigen Tatsachen einmal erforscht und mitgeteilt, dann kann sie jeder denkende Mensch einsehen und verstehen, wenn er – das ist allerdings ausschlaggebend – vorurteilsfrei an diese Mitteilungen herangeht. Wer das zudem tut mit dem nötigen Ernst, der nötigen Geduld und der

---

[36] Rittelmeyer, Friedrich: Meine Lebensbegegnung mit Rudolf Steiner; Stuttgart 1980

nötigen meditativen Methodik, der wird vielleicht eines Tages von sich sagen können, was Friedrich Rittelmeyer von sich gesagt hat:

„Wenn man mich heute fragte, warum bist du Anthroposoph? – so würde ich erwidern: Nicht daß ich alles durch eigene Forschung nachprüfen könnte, was Rudolf Steiner gesagt hat – davon kann keine Rede sein –, aber weil ich dem wenigen, was ich nachprüfen konnte, immer nur und allmählich immer mehr überraschende Bestätigung fand ... Niemandem kann es verdacht werden, wenn er nach noch so hohen Worten [in diesem Falle über das neue, ganz frei und innerlich verstandene Christentum; d. Verf.] die allerschärfste Prüfung dieser ‚Geisteswissenschaft‘ für geboten hält. Zu solcher Prüfung fordern wir ja gerade heraus. Wenn sich die Kritiker, die jetzt über Steiner reden und schreiben, erst einmal vorstellen wollten, daß man das Zehnfache an Ernst aufgebracht haben kann, ehe man das erste für Steiner sagt, eine vieljährige, täglich mehrstündige Mühe, dann wäre schon viel gewonnen.“

„Eine vieljährige, täglich mehrstündige Mühe!“ Es gäbe, so sagt er an gleicher Stelle, eine „Wahrheitsprobe“: die Prüfung durch den denkenden Verstand. Zum einen: Stimmt diese Welterklärung mit der Welt überein? Zum andern: „die forschende Wissenschaft, die in Steiners Werken Stoff zur Widerlegung in Hülle und Fülle fände, wenn er nicht recht hätte, die aber für ganze Wissenschaftsgenerationen genug Arbeit hätte, wenn er recht hätte“.

So kann meine schon wiederholt gemachte Feststellung: „Es gibt eine geistige Welt“ nun ergänzt werden durch eine zweite Grunderkenntnis Rudolf Steiners: Die geistige Welt ist nicht nur existent, sie ist auch erkennbar, kann erforscht werden allen Kantschen Erkenntnisgrenzen und allen kirchlichen Denkverboten zum Trotz.

Diesen ersten Teil meines Weges habe ich selbst also in einer mich voll befriedigenden Weise abgeschlossen. Im Hinblick auf das Problem des Beweises blieben keine Zweifel zurück. Mir war klar: Die geistige Welt kann nicht mit „diesseitigen“ Mitteln bewiesen werden, wie es die Parapsychologie versucht, aber sie kann so auch nicht widerlegt werden. Man kann sie nur sich selbst in seinem Innern beweisen. Der Weg ist das Beweisende.

Zum Schuß dieses Kapitels sei zugegeben: Das Bisherige war keine leichte Kost. Aber dies war mein Weg, und dies sind auch Grundlagen, mit denen sich wenigstens anfänglich vertraut machen sollte, wer die Anthroposophie kennenlernen will. Zuerst wollte ich wissen, wie man sich Erde und Mensch im Universum denken muß, dann, wie Geist und

Materie zusammenhängen, schließlich mußte ich für mich die Beweisfrage klären. Dies alles fand ich nötig, weil ich fühlte, daß ich ohne die
Beantwortung dieser Fragen die Anthroposophie nicht würde verstehen
und also nicht würde akzeptieren können. Deshalb erscheint mir ihre relativ ausführliche Erörterung auch in einer Einführungsschrift unum-
gänglich, da die verhängnisvollen und von Kirche und Wissenschaft er-
bittert verteidigten „Kantschen Erkenntnisgrenzen" seither die seriöse
Erörterung der Frage ob es eine geistige Welt und ob es geistige Wesen
gäbe und vor allem, ob sie erforschbar seien, als unstatthaft, unmöglich
und gar lächerlich verhindert hat.

Wenn es also bisher „schwer" war, so sollte man sich fragen: Empfand
man dies nicht auch als Kind beim Erlernen des ABC und des Einmal-
eins so, und geht es nicht jedem Schüler und Studenten so? Nun sind jedenfalls wichtige Grundlagen für das Folgende gelegt, nun wird es sicher
„leichter" werden.

III RUDOLF STEINER

Sein Leben und Werk

Nach dieser Vorbereitung ist es an der Zeit, einen wenigstens gedrängten Einblick zu geben in das Leben und Werk des Schöpfers der Anthroposophie, Rudolf Steiner.

Ich muß mich hier auf die wichtigsten biographischen Daten dieses wohl am meisten unterschätzten Menschen der Gegenwart beschränken, bringe aber am Schluß des Kapitels etliche anerkennende, kritische und ablehnende Urteile bekannter Zeitgenossen, so daß auch ohne anfangs nicht notwendige Details ein plastisches Gesamtbild entstehen kann.

Die wichtigste Quelle für Steiners Leben ist die durch seinen Tod unvollendet gebliebene Autobiographie „Mein Lebensgang" (GA 28), die er in den letzten eineinhalb Jahren seines Lebens im „Goetheanum", dem offiziellen Mitteilungsblatt der Anthroposophischen Gesellschaft, in wöchentlichen Fortsetzungen bis fast unmittelbar an seinen Tod heran (30. 3. 1925) veröffentlicht hat. Sie war bis dahin erst bis zum Jahre 1907, dem 46. Lebensjahre Steiners, gediehen. Er beschreibt darin auf ebenso bescheidene, unspektakuläre wie umfassende und auch die geisteswissenschaftlichen sowie zeitgeschichtlichen Probleme einbeziehenden Weise sein Leben.

Er ist am 25. Februar 1861 in Kraljevec, damals Österreich-Ungarn, heute Slowenien, geboren. Seine katholisch geprägte Kindheit und Jugend in einem von Kärglichkeit gepägten Elternhaus waren hart. Der Vater war ein kleiner Bahnbeamter. Doch das begabte Kind durfte die Oberschule besuchen. Das Abitur bestand er mit Auszeichnung, obwohl er sich schon als Schüler seinen Lebensunterhalt durch Nachhilfeunterricht teilweise selbst verdienen mußte. Das änderte sich ein wenig während seiner Studienzeit (seit 1879) an der Technischen Hochschule in Wien, da er jetzt wegen seines hervorragenden Abiturs ein Stipendium der Südbahn erhielt, bei der sein Vater angestellt war. Seine Hauptfächer waren Mathematik, Physik, Biologie. Zusätzlich studierte er Geologie, Mineralogie, Literaturgeschichte und Staatsrecht. Aus einem inneren Drang heraus wandte er sich daneben und später immer stärker dem Studium der Philosophie zu, weil er sich von ihr endgültige Klarheit über die Grundfragen des menschlichen Geistes, über Geist und Materie, Leib, Seele und Geist, erhoffte. Noch zusätzlich begann er ein intensives Studium der deutschen Literatur. Sein Hauptinteresse wandte er bald Goethes

Werken zu, besonders den naturwissenschaftlichen, die bis dahin selbst von Goetheforschern kaum zur Kenntnis genommen worden waren. Sie studierte er so gründlich wie wohl kaum je ein anderer vor und nach ihm.

Schon von den ersten Lebensjahren an wurde der Knabe Rudolf stark in den Widerspruch zwischen seinen frühen Einsichten in die geistige Welt und der modernen, vom Positivismus und Materialismus geprägten Naturwissenschaft und Technik gestellt. Äußere Natur und geistige Welt waren für ihn von früh an beide gleich wirklich; schon sehr früh hatte er hellseherische Erlebnisse. Mit der Technik kam er durch den Beruf seines Vaters in enge Berührung, auch schon mit der damals bereits eingeführten und den Knaben beeindruckenden Telegraphie. Ganz besonders aber zog es ihn hinaus in die Natur. Aus diesem intensiven Erleben sowohl der sinnlichen wie der übersinnlichen Welt ergaben sich für ihn zahlreiche Fragen, die er zu seinem Leid niemandem stellen konnte, weil niemand dafür Interesse hatte. Erst in späteren Jahren sollte er darauf umfassendere Antworten bekommen, als sie wohl je einem modernen Menschen zuteil wurden.

Diese Antworten sind die Anthroposophie

Gerechtfertigt erschienen schon dem Grundschüler seine inneren Erlebnisse besonders durch die intensive Beschäftigung mit der Geometrie, weil auch sie nur durch inneres Erleben, nicht durch Rechnen oder Beobachten der Natur verstanden werden kann. Jeder könnte sie in sich ohne ein Geometriebuch nachschaffen. Man könnte vielleicht sagen: „Technisch" wirken die Ideen der Geometrie im Menschen wie Offenbarungen aus der geistigen Welt.

Wesentliche Eindrücke erhielt er durch die Weltstadt Wien. Auf Empfehlung seines geschätztesten Hochschullehrers, des Goethe-Forschers K. J. Schroer, wird der erst Einundzwanzigjährige mit der Herausgabe der naturwissenschaftlichen Schriften Goethes in der berühmten „Kürschners Deutschen Nationalliteratur" beauftragt (1882-1897). Jetzt war ein Umzug nach Weimar erforderlich. 1888 war Steiner Redakteur der in Wien erscheinenden „Deutschen Wochenschrift". Die Herausgabe der naturwissenschaftlichen Goethewerke hat er, obwohl ohne jede diesbezügliche Erfahrung, ebenso glänzend bewältigt wie die der offiziellen Ausgaben derselben Schriften durch das Goethe-Schiller-Archiv in Weimar, die „Sophien-Ausgabe". Die Ergebnisse seiner Studien veröffent-

lichte er in den zwei Bänden GA 1 und 2.[37] Außerdem war er zu jener
Zeit maßgeblich beteiligt an der Herausgabe der Werke Schopenhauers
und Jean Pauls. Bemerkenswert und bezeichnend ist es, daß diese Leistung des jungen Steiner von der universitären Goetheforschung, Germanistik und Naturphilosophie bis heute praktisch nicht zur Kenntnis
genommen wurde, sondern aus Unkenntnis oder bewußt verschwiegen
wird. Man kann einen solchen „Okkultisten" doch nicht ernst nehmen,
ganz gleich, was er auf anderen Gebieten leistet. In den mir zugänglichen
Goethe-Biographien und Monographien zu bestimmten Themen, z. B.
„Goethe als Naturwissenschaftler", ist von Steiner, dem Erstherausgeber,
wenn überhaupt, höchstens beiläufig in einem Nebensatz die Rede[38].

1891 wurde Steiner während seiner Arbeit im Goethe-Schiller-Archiv
an der Universität Rostock zum Doktor der Philosophie promoviert mit
einer erkenntnistheoretischen Arbeit, die 1892 unter dem Titel „Wahrheit
und Wissenschaft" als Buch erschien (GA 3). Aus dieser Promotionsar-
beit heraus entstand dann sein philosophisches Hauptwerk, die schon
erwähnte „Philosophie der Freiheit" (GA 4), die 1894 erschien. Auch
diese beiden potentiell revolutionären Werke wurden von der „Kathederphilosophie" nahezu nicht zur Kenntnis genommen. Das letztere enthält
nach seiner eigenen Angabe bereits die ganze Anthroposophie in gedanklicher Form, obwohl diese selbst noch gar nicht existierte und obwohl es, oberflächlich betrachtet, keinen esoterischen, sondern einen rein
philosophischen Inhalt hat. Das Buch trägt den programmatischen Unter-
titel: „Seelische Beobachtungsresultate nach naturwissenschaftlicher Methode". Er sagte selbst dazu: „Wer diese Schriften auf seine ganze Seele
wirken läßt, der steht schon in der geistigen Welt; nur daß sich ihm diese
als Gedankenwelt ergibt."[39]

Zur gleichen Zeit, als die „Philosophie der Freiheit" erschien, beschäftigte sich Steiner intensiv mit Friedrich Nietzsche, machte sich umfassend mit dem Werk dieses großen Denkers bekannt. Er hat den von seinem Geist verlassenen tragischen Philosophen in Naumburg noch besuchen können. Die Frucht dieses Studiums war sein 1895 erschienenes

---

[37] Steiner, Rudolf: Einleitungen zu Goethes naturwissenschaftlichen Schriften.
Zugleich eine Grundlegung der Geisteswissenschaften (Anthroposophie); 1884-1897
Steiner, Rudolf: Grundlinien einer Erkenntnistheorie der Goetheschen Weltanschauung mit besonderer Rücksicht auf Schiller
[38] z. B. Buchwald, Eberhard: Naturschau mit Goethe; Stuttgart 1960
[39] Zit. nach Palmer, Otto: Rudolf Steiner über seine Philosophie der Freiheit. Monographie eines Buches; Stuttgart 1966

Buch „Friedrich Nietzsche, ein Kämpfer gegen seine Zeit" (GA 5). Kaum je hat dieser große Philosoph eine gerechtere Würdigung erfahren.

Von 1897 bis 1914 verlebte Steiner einen besonders wichtigen Lebensabschnitt in Berlin. Im Jahr seines Umzugs erschien „Goethes Weltanschauung" (GA 6).

„Mit dem Fortgang von Weimar ging Rudolf Steiner in die schwerste Zeit seines Lebens hinein. ‚Die Kräfte, die mein äußeres Lebensschicksal bestimmten, konnten weiterhin nicht eine solche Einheit sein mit den inneren Richtlinien, die sich aus dem Erleben der Geisteswelt ergaben, wie bisher.' Was er selbst erstrebte und was ihm von außen entgegenkam, begegnete einander in den Jahren vor der Jahrhundertwende als zwei feindliche Mächte. Der Zusammenprall bedrohte seine äußere und sogar seine innere Existenz."[40]

Dieser wichtigen Aussage, in der ein Zitat aus seinem „Lebensgang" enthalten ist, möchte ich noch ein Wort von Rudolf Steiners Ehefrau Marie Steiner nachstellen, das diese als Einleitung zu dem Vortragsband „Aus schicksaltragender Zeit" (GA 64) geschrieben hat und das wie ein Motto über der gesamten Rezeptionsgeschichte des Steinerwerkes stehen könnte:

„Im Jahre 1902 entschloß sich Rudolf Steiner, unserer dem Chaos zusteuernden materiellen Zivilisation einen neuen Einschlag zu geben durch eine erkenntnismäßig begründete Darlegung der Geisteswissenschaft. Seine lückenlose Beherrschung aller kulturellen Wissensgebiete ... gab ihm die nötige Befugnis, sein Wissen vom Übersinnlichen auf einer festen Grundlage aufzubauen und in die Denkformen der Gegenwart einzukleiden. Allen Einwänden konnte er begegnen, denn er hatte sie sich selbst vorher gemacht. Er war in der Lage, die Mängel des gescheiten, aber kurzatmigen Denkens der Gegenwart aufzudecken. Dadurch zog er sich den Haß der Vertreter materialistischer und konfessioneller Denkrichtungen zu. Denn er hatte sich zur Aufgabe gestellt, dem Dogma des „ignorabimus", der unverrückbaren Erkenntnisgrenzen, entgegenzutreten, den Menschen darzulegen, daß die Seele die Forschungswege betreten könne, die weit über das Sinnenfällige hinausgehen, und daß der Erweiterung ihrer Erkenntnisgrenzen keineswegs physikalisch-sinnliche Grenzen gesetzt sind. Er wurde der Verkünder einer großen geistigen Welt, wurde aber dadurch von den Fanatikern der bloßen Materie und der Wissensgrenzen in Acht und Bann erklärt. Zunächst gedachte man,

---

[40] Rudolf Steiner und die Anthroposophie; Dornach/Schweiz

durch Totschweigen ihn unschädlich zu machen. Als dieses Mittel nicht die gewünschte Wirkung erzielte, wurde zur Verspottung und Verleumdung, dann zur Massenagitation gegriffen. Die Verleumdung tobte in einer grotesk-ungezügelten, allen Tatsachen hohnsprechenden Art und konnte ihn deshalb weder berühren noch erreichen. Sein Bild strahlte um so heller für alle, die ihn kannten und die vorurteilslos seine Schriften lasen. Aber sie führten zu einem von den Gegnern vorgesteckten Ziele: Es gelang ihnen zuletzt, durch fortwährende Agitation und inszenierte Tumulte seine öffentliche Vortragstätigkeit in Deutschland zu unterbinden."

Rudolf Steiner trat in Berlin zunächst als Schriftleiter einer literarischen Zeitschrift in Kontakt und z. T. in engere Beziehung zu den freiesten Geistern Deutschlands, zu Else Lasker-Schüler, Ludwig Jakobowski, Stefan Zweig, Albert Pfitzner u. a. Er bezeichnete sich selbst in jener Zeit unter dem Einfluß Max Stirners und J. H. Mackays einmal als „individualistischen Anarchisten", womit – zur Sicherheit sei es gesagt – Anarchismus im idealpolitischen und sozialphilosophischen Sinne gemeint ist. Hier traf er sich am engsten mit dem ihm damals sehr befreundeten Schriftsteller Mackay. Dieser war mit Steiner seinerzeit der Meinung, daß allein der Anarchismus im Sinne Kropotkins die Menschen aus den Fesseln erlösen könne, die ihnen jahrhundertelang bis in die neueste Zeit hinein Vorurteil und Gewalt des Staates, der Fürsten, der Kirche, der Chefs auferlegt hätten. Selbstverständlich hatte er nichts gemein mit den Vertretern einer pervertierten Anarchismus-Idee, die die von ihnen ersehnte herrschaftslose Gesellschaft herbeizubomben versuchten, in unserer Zeit z. B. der RAF. Schon in dieser frühen Zeit wurde mit dieser Idee ein Grundstein gelegt für die spätere Soziallehre „Dreigliederung des sozialen Organismus" als *der* Gesellschaftsordnung des 21. Jahrhunderts. Steiner war und blieb immer – er bezeugte es durch seine „Philosophie der Freiheit" und durch die Dreigliederungskonzeption – ein unbedingter Individualist und Kämpfer für die Freiheit, der der wilhelminischen Selbst- und Staatsvergötzung ebenso einen energischen Widerstand entgegensetzte wie den Nationalismen aller Art und dem Marxismus. Er betrachtete die Freiheit des Einzelmenschen immer als wichtigstes Ziel der Gesellschaft. Seine politische Vorurteilslosigkeit bewies er u. a. dadurch, daß er fünf Jahre lang geliebter und hochgeachteter Lehrer war an der von einem der Väter der deutschen Sozialdemokratie, von Wilhelm Liebknecht, gegründeten Arbeiterbildungsschule in Berlin. Hierdurch trat er wiederum in engen Kontakt zur Arbeiterschaft, die er bereits im Elternhaus kennengelernt hatte und mit der er sich lebenslang verbunden fühlte. „Ich habe gelernt, den Proletarier dadurch zu verstehen, daß ich selber mit den Proletariern gelebt habe, daß ich herausgewachsen bin aus dem Proletariat, mit den Proletariern auch hungern lernte ..."[41] Die hier zitierte, für „Anfänger" besonders empfehlenswerte, in den Rezensionen hochgelobte Steiner-Biographie von Christoph Lindenberg ist 1994 erschienen.

Diese Berliner Jahre bis etwa zur Jahrhundertwende waren wahrlich eine Zeit der freien Geister, ein ihn manchmal schier zerreißendes Leben in der Berliner Bohème, das ihn zwang, „in die Haut des Drachens zu schlüpfen", d. h. zu versuchen, von innen her einen Neuansatz zu finden.

Dieser Neuansatz wurde ihm zur rechten Zeit zuteil, denn plötzlich – es war um die Jahrhundertwende – erfuhr er ein sein ganzes Leben und Wirken radikal veränderndes Christus-Erlebnis, das „geistige Gestanden-Haben vor dem Mysterium von Golgatha in innerster, ernstester Erkenntnisfeier" („Lebensgang", GA 28, S. 366). Man kann bei diesem lebensentscheidenden Erlebnis wahrlich von einem „Damaskus-Erlebnis" sprechen, von einem plötzlichen Wandel vom Saulus zum Paulus, denn noch im Jahre 1899 stellte er eine „göttliche Weltordnung" ebenso in Frage wie den „Christengott".[42] Dazu muß allerdings angemerkt werden, daß sich in diesen Auffassungen weder Atheismus noch eine antichristliche Haltung kundtat, sondern – wie er später zugab – eine vielleicht zu radikal ausgedrückte Ablehnung des „offiziellen Christentums" und der „göttlichen Weltordnung" der Theologen und ihres „Christengottes".

An keiner Stelle seines Lebens wurde das Walten geistiger Mächte deutlicher als bei diesem alles verändernden Ereignis an der Jahrhundertwende. Es bewirkte, daß der bisher als Freigeist geltende Steiner sich nahezu von Stund an mit innerem Recht als Lehrer eines esoterisch vertieften und erneuerten Christentums verstehen und entsprechend wirken konnte, was ihm durch seine Fähigkeit, in der „Akasha-Chronik" zu lesen, möglich war.

In dieser Zeit „fügte es sich", daß Steiner von der von einem Grafen Brockdorf geleiteten Berliner Loge der „Theosophischen Gesellschaft" zu einem Vortrag eingeladen wurde. Diese Gesellschaft stand ganz in der Tradition des angelsächsischen Logentums und vertrat die „Theosophie" nach der Lehre einer als Seherin und Medium bedeutenden, aber „chao-

---

[41] Zit. nach Lindenberg, Christoph: Rudolf Steiner; Reinbek 1992

[42] Wehr, Gerhard: Rudolf Steiner. Wirklichkeit, Erkenntnis und Kulturimpuls; Freiburg 1982

tische(n) Persönlichkeit, die dann immerfort unter dasjenige, was wirklich tiefe Weisheit war, allerlei Zeug hineinbrachte ..., was nichts wert ist": Helena Blavatzky (GA 258, S. 61). Obwohl er dieser Art von „Theosophie" mit großer Skepsis und sogar Ablehnung gegenüberstand, nahm er doch Einladungen zu weiteren Vorträgen an, weil die dort versammelten Menschen die einzigen ihm erreichbaren waren, die gegenüber Mitteilungen aus der geistigen Welt, wie sie ihm seit kurzem durch eigene Aktivität zuströmten, aufgeschlossen waren. Aus diesen Vorträgen entstanden in schneller Folge etliche bedeutende Schriften, so vor allem „Die Mystik im Aufgange des neuzeitlichen Geisteslebens und ihr Verhältnis zur modernen Weltanschauung" (GA 7) und „Das Christentum als mystische Tatsache" (GA 8), Titel, die wie ein Motto über seinem ferneren Leben stehen könnten, da es von da ab immer sein Ziel war, einem erneuerten Christus- und Christentum-Verständnis zum Durchbruch zu verhelfen und die Geisteswelt mittels moderner, den naturwissenschaftlichen adäquater Methoden zu erforschen und in der Sprache unserer Zeit mitzuteilen.

Durch die Anpassung an den Sprachgebrauch und die Terminologie der Theosophen übernahm Steiner Ausdrücke wie „Akasha-Chronik", „Aura", „Astralleib", „Ätherleib", „Karma" usw. usw., die bei allen auf Befremden stoßen, die diese Entwicklung nicht kennen, zumal sie heute ja alle in den obskursten, sich esoterisch oder okkultistisch nennenden Kreisen und Veröffentlichungen auch gebraucht werden. Auch ich bin anfangs vor solchen Ausdrücken zurückgeschreckt. Man lasse sich dadurch nicht beirren, sondern berücksichtige, daß Steiner diese Begriffe in seinem Verständnis von „Geisteswissenschaft" gebraucht, das sich radikal von den sonstigen Okkultismen unterscheidet. Soweit er selbst Neuauflagen seiner Werke redigierte, hat er diese theosophische Terminologie möglichst korrigiert. Den Begriff „Theosophie" füllte er mit seinen geistigen Impulsen; er übernahm ihn zunächst von dieser Gesellschaft, befand sich aber mit seinen esoterischen Mitteilungen dem Geist nach nicht mit Blavatzky, sondern mit der alten deutschen theosophischen Tradition eines Jakob Böhme, Valentin Waigel, F. Ch. Oetinger usw. im Einklang. So heißt auch sein erstes anthroposophisches Hauptwerk „Theosophie" (GA 9). In diesem stellte er die Grundgedanken dar, die von Anfang an alles andere waren als die Blavatzky-Theosphie. Die schöne Bezeichnung „Theosophie" hatte diese Gesellschaft, natürlich in völliger Unkenntnis der deutschen Geistesgeschichte, unberechtigterweise usurpiert, denn sie vertrat alles mögliche, nur nicht „Gottesweisheit".

Obwohl Steiner auf absoluter geistiger Eigenständigkeit und Lehrfreiheit beharrte, bat man ihn, die deutsche Sektion dieser Gesellschaft als Generalsekretär zu übernehmen. Er tat dies trotz größter Bedenken und nur, weil er ja wußte, daß außerhalb dieser Kreise kein Interesse für das vorhanden war, was er mitzuteilen hatte. Er hatte auch gehofft, innerhalb der internationalen theosophischen Bewegung ein tieferes Verständnis für das Christentum hervorrufen zu können. Die Nachfolgerin von Frau Blavatzky, die Engländerin Annie Besant, konnte sich jedoch zu einer solchen Anschauung nicht nur nicht durchringen, sie begann im Gegenteil, Steiners Wirken dadurch zu konterkarieren, daß sie plötzlich einen „Weltenlehrer" präsentierte, der der im Körper des indischen Knaben Krishnamurti wieder erschienene Christus sei. Das bedeutete natürlich für Rudolf Steiner die Kriegserklärung. Die mit ihm dagegen rebellierende deutsche Sektion wurde aus der Theosophischen Gesellschaft ausgeschlossen. Sie begründete sich neu als „Anthroposophische Gesellschaft" im Jahre 1913. Da kein Außenstehender diese Zusammenhänge kennt, hat die ja nicht zu leugnende Tatsache, daß Steiner einmal Generalsekretär der deutschen Sektion der Theosophischen Gesellschaft war und daß er in dieser Zeit aus Zweckmäßigkeitsgründen auch die in der Theosophie gebräuchlichen, aus dem Sanskrit stammenden Ausdrücke benutzen mußte, den Gegnern viel Stoff für Anfeindungen und Verleumdungen gegeben. Denn die indisch-amerikanische „Theosophische Gesellschaft", der zu Blavatzkys Zeiten noch eine gewisse Ernsthaftigkeit zugesprochen werden konnte, hatte sich zunehmend zu einem im schlechten Sinne „okkultistischen" Verein entwickelt und – was noch schlimmer war – das altehrwürdige Wort „Theosophie" durch den Dilettantismus Unberufener stark kompromittiert.

Wie sehr auch dieses „theosophische Zwischenspiel" karmisch bedingt war, läßt sich schon aus der Tatsache erkennen, daß Steiner in diesem Kreis seine spätere Ehefrau, Marie von Sivers, kennenlernte. Ohne sie, damit kann ihr Wirken wohl am kürzesten beschrieben werden, gäbe es keine Anthroposophie.

In der ersten Entwicklungsphase wirkte Steiner fast nur durch das Wort. Seine Vortragsreisen führten ihn durch ganz Deutschland und in das benachbarte Ausland. Der Zuhörer- und besonders der Anhängerkreis wuchsen anfangs nur langsam. In der folgenden Zeit entstanden dann, neben seiner andauernden Vortragstätigkeit, fast alle anthroposophischen Grundwerke, auch schon seine als Folge des überwältigenden Christuserlebnisses gehaltenen Evangelienvorträge, die er, wie eigentlich alles, was er schuf, nicht der Welt von sich aus offerierte, sondern auf dringenden Wunsch seiner Anhänger hielt. Selbstverständlich stießen sie in Kirchenkreisen auf entschiedene Ablehnung.

Es ist nicht möglich, im beschränkten Rahmen dieser Schrift auch nur einen Bruchteil der Titel der auf ca. 350 Bände veranschlagten Gesamtausgabe der Werke Steiners zu behandeln. Sie besteht mit rund 40 Bänden aus geschriebenen Werken, in der Mehrzahl jedoch aus Vortragsbänden; dazu kommen noch Aufsatzsammlungen, Briefe, künstlerische Werke, Mysteriendramen. Die Vortragsbände enthalten z. T. öffentliche, zum größeren Teil interne Mitgliedervorträge. Diese waren ursprünglich nicht für den Druck bestimmt, sind jedoch jetzt alle im Buchhandel erhältlich. Insgesamt hat Steiner in etwa 25 Jahren, abgesehen von den geschriebenen Werken, etwa 6000 Vorträge gehalten, d. h. im Durchschnitt 25 Jahre lang alle 35 Stunden einen Vortrag! Ein schier unvorstellbares Lebenswerk, allein schon an der Quantität und der körperlichen Anstrengung gemessen. Sie stellen zudem inhaltlich in ihrer thematischen Mannigfaltigkeit eine bis heute nicht bewältigte Aufgabe für die Anthroposophen dar. Sie können etwa in folgende Gebiete eingeteilt werden:[43]

- Religion, Evangelienbetrachtungen
- Mysteriengeschichte
- Kosmische und menschliche Geschichte
- Kunst, Eurythmie
- Geistige Wesenheiten
- Jahreskreislauf und -feste
- Initiationserkenntnis, Meditation
- Naturwissenschaft, Medizin
- Reinkarnation und Karma
- Kosmologie
- Esoterische Betrachtungen
- Landwirtschaft
- Vorgeburtliches und nachtodliches Leben
- Welt- und Lebensfragen
- Geistige Hintergründe der sozialen Frage
- Dreigliederung des sozialen Organismus
- Zur Geschichte der Anthroposophischen
  Bewegung und Gesellschaft

---

[43] In Anlehnung an die Dokumentation „Rudolf Steiner Gesamtausgabe", herausgegeben von der Rudolf-Steiner-Nachlaßverwaltung in Dornach/Schweiz, 1988

In diesem Zusammenhang ist folgende Meldung interessant: Schon 1986 lag nach einer Untersuchung der UNESCO Rudolf Steiner mit 37 Übersetzungen in fremde Sprachen unter den „Top Ten" an neunter Stelle, direkt nach Goethe mit 38 und vor Nietzsche mit 35. Die Plazierung dürfte sich inzwischen noch verbessert haben, da bisher Marx und Engels auf Platz 2 und 3 standen, deren Beliebtheit heutzutage sicher nicht mehr so groß ist.

Rittelmeyer, dem doch wahrlich alles Überschwengliche fernlag, hat zu Steiners geistiger Spannweite gesagt:

> *„Rudolf Steiner war ein Mensch, in dem sich die gesamte Bildung seiner Zeit in einer wahrhaft königlichen Weise zusammenfaßte ... Seit Aristoteles ist wohl kein Geist bekannt, der so die Fülle des Geisteslebens in sich umspannte. "*[44]

Beachtlich dabei ist, daß Steiner die meisten Vorträge, selbst über z. B. medizinische Fachfragen, oft ohne Manuskript, nur auf der Grundlage kurzer Notizen und meist sogar ohne solche, unmittelbar aus seiner geistigen Schau heraus halten konnte. Beeindruckende Schilderungen über die Art, wie er Vorträge hielt, enthält z. B. die Autobiographie des bedeutenden russischen Dichter-Philosophen A. Belyj[45].

Die sieben Jahre von 1902 bis 1909 in Berlin können als die eigentlichen Jahre der Herausarbeitung der Anthroposophie gelten. Die nächsten sieben Jahre waren die Periode der anthroposophisch geprägten Kunst und Kunsterkenntnis. In der vierten Phase, derjenigen der anthroposophischen Bewegung, etwa von 1918 bis 1925, wandte sich Steiner in einer kaum vorstellbaren Intensität den verschiedensten praktischen Gebieten und Lebensbereichen und auch politischen, sozialen und wirtschaftlichen Fragen zu, um sie geisteswissenschaftlich zu durchdringen. Es gab viele Tage, an denen er zwei oder gar drei Vorträge hielt, vor unterschiedlichen Zuhörern, über die unterschiedlichsten Themen und an vielen Orten, auch in Italien, Frankreich, England, Norwegen und in anderen Ländern. Von August 1922 bis September 1924, zu einer Zeit, als er schon schwer krank war, hielt er 113 Vorträge über allgemeine, von diesen gewünschte Themen vor den Arbeitern am Goetheanum-Bau, die heute sogenannten „Arbeitervorträge" (GA 347-354), eine Fundgrube für

---

[44] Rittelmeyer, Friedrich: Meine Lebensbegegnung mit Rudolf Steiner; Stuttgart 1980
[45] Belyj, Andrej: Verwandeln des Lebens; Basel 1990

„Anfänger"! Von 1917 bis 1923 stand die „Dreigliederung des sozialen Organismus" im Vordergrund seines Geisteskampfes.

Die erste, 1899 geheiratete Ehefrau Rudolf Steiners verstarb 1911. 1914 heiratete er seine langjährige engste Mitarbeiterin Marie von Sivers, eine Persönlichkeit aus baltischem Adel, der die anthroposophische Bewegung ungeheuer viel, ja viel mehr verdankt, als bis jetzt erkannt worden ist, nicht zuletzt auch durch die Nachlaßverwaltung, die Betreuung der Gesamtausgabe und die Ausbildung von Eurythmie und Sprachgestaltung. Es kann sicher ohne Übertreibung gesagt werden, daß Rudolf Steiner ohne sie sein unvorstellbares Lebenswerk nicht hätte schaffen können, daß es also Anthroposophie in vollem Sinne ohne sie nicht gegeben hätte.

1913 konstituierte sich die Allgemeine Anthroposophische Gesellschaft, indem sich die deutsche Sektion der Theosophischen Gesellschaft von dieser löste und verselbständigte. Steiner trat ihr jedoch selbst nicht bei, sondern wirkte als ihr „Lehrer". Im selben Jahre erfolgte in Dornach bei Basel die Grundsteinlegung des (ersten) „Goetheanum". Daß dieser sowohl äußerlich-organisatorische wie vor allem spirituelle Mittelpunkt der Anthroposophie, diese „Hochschule für Geisteswissenschaft", dieses bedeutende Theater und dieser Ort der Kunst und Begegnung, nach Goethe benannt ist, ist nicht nur eine Folge der grenzenlosen Verehrung, die Steiner bei aller kritischen Distanz im einzelnen für ihn hegte, sondern hat seine Gründe auch in der weithin unbekannten Esoterik, die verborgen („okkult") das ganze Goethewerk durchzieht.

Viel Kraft widmete Steiner in diesem letzten Lebensabschnitt Betrachtungen über den ersten Weltkrieg, seine Gründe und Folgen und danach dem Kampf für die „Dreigliederung des sozialen Organismus".

Innerhalb der Gesellschaft gab es in dieser Zeit Schwierigkeiten, die Steiners fast grenzenlose Geduld auf eine harte Probe stellten. Sie waren wohl zum großen Teil eine Folge der Tatsache, daß der Kern der Mitgliedschaft noch aus den alten „Theosophen" bestand, die stark konservativ ausgerichtet waren. Außerdem: Auch die Anthroposophische Gesellschaft blieb nicht vom altbekannten Generationenkonflikt verschont, der hier jedoch noch von einem Kampf zwischen Lebensformen und Gesellschaftsklassen, fast möchte man sagen: zwischen rechts und links, überlagert wurde. Es entstanden starke Spannungen zwischen „Jünglingen" und „Greisen", wobei zu ersteren auch Sechzigjährige und zu letzteren auch Dreißigjährige zählten. Der anscheinende Generationenkonflikt entpuppte sich als ein Gegensatz zwischen Spießern, reichen Wit-

wen und „Orthodoxen", deren Motto war: „Der Doktor hat gesagt ...",
auf der einen, und der aller Dogmengläubigkeit und Untertanengesin-
nung abgeneigten, demokratischen Jugend auf der anderen Seite. Es ist
nicht schwer zu erraten, auf welcher Seite Rudolf Steiner innerlich stand.
Immer zeigte sich (und das ist auch heute noch nicht ganz überwunden),
daß die größte Gefahr für die Anthroposophie nicht von ihren Gegnern,
sondern von den engstirnigen Nachbetern und einseitigen Verehrern in
den eigenen Reihen ausging. Wer die geisteswissenschaftlichen Mitteilungen Steiners egoistisch zu seiner eigenen Erbauung, zu allerhand
„mystischem und weniger mystischem Tratsch"[46] und, so möchte ich mit
Blick auf Haverbeck (s. S. 227 f) hinzufügen, für seine nationalistischen
Scheuklappen sowie zu Spekulationen über seine früheren Inkarnationen
mißbrauchte, der erzeugte nicht nur den „heiligen Zorn" Steiners, sondern der schadete nach außen und innen den anthroposophischen Zielen
und karmisch sich selbst.

Bereits 1907 teilte Rudolf Steiner der Öffentlichkeit seine sowohl auf
geisteswissenschaftlichen Forschungen als auch auf seinen eigenen pädagogischen Erfahrungen beruhenden Erkenntnisse über eine neue Pädagogik mit, die jedoch damals noch nicht aufgegriffen wurden, sondern
erst 1919 zur Gründung der ersten Freien Waldorfschule führten.

Der Zeitabschnitt bis zum krankheitsbedingten Ende seiner aktiven Tätigkeit 1924 brachte für alle noch zu behandelnden Gebiete eine großenteils in ihrer Bedeutung bis heute noch nicht erkannte, geschweige denn
erforschte und verarbeitete Erweiterung insbesondere der Medizin, der
Landwirtschaft und der Religion.

Die Jahre 1923 bis 1925 bilden die letzte Lebensphase Steiners. Ihr
Beginn ist gekennzeichnet durch eine Katastrophe: In der Silvesternacht
1922/23 wurde das (erste) Goetheanum, dieser einmalige, von Steiner bis
ins einzelne selbst entworfene, architektonisch-künstlerisch wie esoterisch hochbedeutsame Doppelkuppelbau auf dem Hügel von Dornach bei
Basel, der durch unglaubliche Anstrengungen freiwilliger Helfer und
Spenden aus vielen Nationen ermöglicht worden war, durch Brand ver-
nichtet. Es kann als erwiesen gelten, daß Brandstiftung die Ursache war.
Der Brandstifter und die hinter ihm stehenden Kreise werden die Folgen
zu tragen haben, denn es geschieht nichts, *nichts*! auf Erden, nicht die
gemeinste Tat und nicht der geheimste Gedanke, was nicht in der geisti-

---

[46] Wehr, Gerhard: Rudolf Steiner. Wirklichkeit, Erkenntnis und Kulturimpuls; Freiburg
1982

gen Welt allgemein und für die Betroffenen persönlich seine karmischen Folgen hätte.

Die Vernichtung dieses Zentrums durch fanatisierte Gegner unterbrach die Tätigkeit Rudolf Steiners und der in Dornach versammelten Mitglieder der Gesellschaft keinen Augenblick: Sie ging weiter in der „Schreinerei", einem größeren, barackenähnlichen Gebäude, das für Bauzwecke errichtet worden war und heute noch besichtigt werden kann. Schlimm war auch, daß diese Katastrophe einherging mit einer Krise in der Gesellschaft. Die Anthroposophie war gleichermaßen von innen und von außen bedroht. „Da sind zuerst die wohl unvermeidlichen menschlich-allzumenschlichen Schwächen, denen Angehörige spirituell ausgerichteter Vereinigungen nicht weniger ausgesetzt sind als die anderer Verbindungen!"[47] Gerhard Wehr, aus dessen ausgezeichneter Steiner-Biographie diese Zitate stammen, spricht im Hinblick darauf „von pseudo-mystischen Verschrobenheiten, nebulösem Mystizismus und weltfremder Sektiererei". „Ich will nicht verehrt, sondern verstanden werden", donnerte Steiner einmal seine zartbesaiteten Anbeter(innen) an, als sie durch ihre verzückte Verehrung wieder einmal zeigten, daß sie nicht begriffen hatten, was Steiner wirklich dachte und wollte. Daß eine solche unanthroposophische Verehrung gelegentlich ebenso wie enttäuschte Liebe in Haß umschlägt, hat Steiner einige Male leidvoll erfahren müssen. Man kann sicher nicht umhin, mit Wehr festzustellen:

„Das Gros in Leitung und Mitgliedschaft war den hohen spirituellen wie moralisch-sachlichen Anforderungen, die Steiner stellen mußte, letztlich nicht gewachsen ..."[48] Ein Grund für diese Situation war wohl, wie gesagt, daß viele der damaligen Mitglieder aus der alten theosophischen Bewegung zum konservativen und konventionellen Bürgertum gehörten und zuerst nach ihrem eigenen „Seelenheil" strebten, bevor sie sich für die Lösung der sozialen Frage einzusetzen gewillt waren. Dies war einer der Gründe für den anfänglichen Mißerfolg der Dreigliederungsidee. Für solche Ideen hatten sie kein Erkenntnisvermögen.

Es kommt sogar soweit, daß Steiner sich gezwungen sieht, die Frage aufzuwerfen, ob die Anthroposophische Gesellschaft als solche weitergeführt werden könne; das, was sich ihm da so darstelle, „sei doch wahrhaftig etwas anders als Anthroposophie"[49]. Diese traurige Feststellung

---

[47] Wehr, G.: a. a. O., hier S. 249
[48] Wehr, G.: a. a. O., hier S. 321
[49] Wehr, G.: a. a. O., hier S. 339 f.

hat Rudolf Steiner mehr zu schaffen gemacht als alle Angriffe seiner Gegner aus der wissenschaftlichen, konfessionellen oder chauvinistischen Ecke.

In dieser kritischen Situation entschließt er sich zu einem völligen Neubeginn. Er übernimmt selbst die Leitung der Gesellschaft, wobei niemand das Maß an Überwindung erahnen kann, das ihn dieser Schritt angesichts ihrer erheblichen Mängel gekostet hat. Es wird die berühmte „Weihnachtstagung" 1923 vorbereitet: die Neubegründung der Anthroposophischen Gesellschaft und deren Zusammenführung mit der nicht organisierten „anthroposophischen Bewegung" sowie der „Freien Hochschule für Geisteswissenschaft". Diese Schicksalstagung findet statt vom 24. 12. 1923 bis zum 1. 1. 1924, und zwar in der vom Brand verschonten Schreinerei, die zu einer Tagungsstätte ausgebaut worden war.

Doch war Rudolf Steiner die Ausführung dieser großen Aufgabe, die Gesellschaft zu neuen Ufern zu führen und die „Freie Hochschule" aufzubauen, nicht mehr vergönnt. Am letzten Tag der Weihnachtstagung, dem Neujahrstag 1924, geschieht das Entsetzliche: Rudolf Steiner erkrankt von einem Augenblick auf den anderen, völlig unerwartet, sehr schwer. Wie von einem Hieb getroffen, bricht er zusammen. Über die Ursache wurde seltsamerweise bisher wenig gesprochen. Erst in allerjüngster Zeit, insbesondere anläßlich des Erscheinens von Biographien wichtiger Mitarbeiter Steiners, beginnt sich dies zu ändern. Viele vermuteten mit guten Gründen, Rudolf Steiner sei vergiftet worden.[50] Die Tatsache selbst und die Aussagen hierüber sind noch umstritten.

Trotzdem war Steiner nach nur kurzer Erholung unter Aufbietung aller Kräfte weiterhin rastlos tätig und hielt noch eine große Anzahl seiner bedeutendsten Vorträge, so die in sechs Bänden erschienenen „Esoterischen Betrachtungen karmischer Zusammenhänge" (GA 235-240). Doch seine Kräfte versiegten mehr und mehr. Dabei wußte er, daß daran nicht allein die Vergiftung schuld war, sondern daß es das Karma der Gesellschaft war, das ihn zunehmend so belastete, daß er zu erlöschen drohte wie eine heruntergebrannte Kerze. Bis zuletzt mußte er gegen „maskierte Cliquenbefriedigung", „esoterisches Schwätzen", gegen alles „Sektiererische, Geheimnistuerische" angehen und sich tagtäglich einer ihm die letzten Kräfte raubenden, erbarmungslos bedrängenden Flut privater Besucher und Belästigungen stellen. Dennoch entstand in diesen letzten Lebensmonaten noch eine solche Fülle bedeutsamster Werke und Anre-

---

[50] Wehr, G.: a. a. O., hier S. 337

gungen, daß zwei Generationen es bis heute nicht vermocht haben, sie aufzuarbeiten. Selbst Vortragsreisen lädt er sich noch auf, nur nicht mehr nach Deutschland, dem Land, das seinem Herzen am nächsten stand.

Er mußte Deutschland aber auch meiden, seit ihm am 22. 5. 1922 die „Alldeutschen" und die bereits aktiven Vorboten der militant-rassistischen Nazi-Schlägertrupps in einem Anschlag nach dem Leben trachteten. Steiner soll[51] ebenso wie Erzberger und Rathenau, beide von diesen Kräften ermordet, als Nr. 8 oder 9 auf der Liste der von dem rechtsradikalen Mob zu Liquidierenden gestanden haben. Der „Hochverräter" Steiner, der sich besonders im Weltkrieg so unerschrocken und unüberhörbar für die deutschen Belange eingesetzt hatte, sollte „liquidiert" werden, weil man im okkulten Teil dieser Kreise seine Gefährlichkeit für ihre militaristisch-chauvinistisch-schwarzmagischen Ziele erkannt hatte.

Eine der verhängnisvollsten Folgen dieser fanatischen Gegnerschaft war die Unmöglichkeit, die Bemühungen, besser den Kampf um die „Dreigliederung" in Deutschland, fortzusetzen.

In seine letzten Lebensmonate vor seinem zum Tode führenden Krankenlager fiel außer wichtigen Vortragsreisen über Eurythmie, Sprachgestaltung, Architektur, Medizin und Pharmazie auch noch der landwirtschaftliche Kurs, von dem die biologisch-dynamische Wirtschaftsweise („Demeter"-Produkte) ihren Ausgang nahm. Am 30. März 1925 ging Rudolf Steiner in vollem, klarem Bewußtsein über die Schwelle zur geistigen Welt. Seine Ärztin und vertraute Schülerin, die Holländerin Dr. Ita Wegman, war bei ihm: „Er sagte noch ein paar liebe Worte zu mir und schloß mit Bewußtsein die Augen und faltete die Hände." Zu seinen Füßen stand die überlebensgroße Christusstatue, die er selbst entworfen und zu einem großen Teil auch selbst geschnitzt hatte. Heute steht sie im neuen „Goetheanum" und kann dort besichtigt werden.

Die Schwelle zum dritten Jahrtausend bedeutet für die Menschheit eine Zeitenwende ungeahnten Ausmaßes. Sie erfordert not-wendig ein radikales Umdenken. Der Ruf zur Umkehr einerseits, zum Weiterdenken und Fortschreiten andererseits war das wesentlichste Anliegen Rudolf Steiners. Daß dieses von möglichst vielen Menschen aufgegriffen werden möge, dazu möchte dieses Buch einen Beitrag leisten.

Zum Abschluß dieses Kapitels sollen einige Stimmen bekannter Zeitgenossen, die sich als Schüler Rudolf Steiners verstanden haben, die seinem Werk verbunden waren, ohne sich als seine Anhänger zu fühlen,

---

[51] Wehr, G.: a. a. O., hier S. 327

86

und natürlich auch einige Gegnerurteile zu Wort kommen, z. T. entnommen den zitierten Werken von Hemleben, Wehr und Lindenberg:

Walter Abendroth, Komponist, Musikschriftsteller, „ZEIT"-Redakteur
Auch der kürzeste Verstand sollte doch begreifen, welche unermeßliche Wandlungskraft von dieser Weltanschauung ausgehen müßte, wenn ihr einmal Raum gegeben würde. Rudolf Steiner, der diese Weltanschauung gegründet und verkündet hat, war weit davon entfernt, sich als eine Art Erlöser aufzuspielen. Alle seine Unternehmungen hat er erst auf Fragen und Bitten von anderer Seite ins Werk gesetzt. Die unkontrollierbare Autorität eines neuen Glaubensstifters, welche ihm manche Anhänger allerdings oft gerade aufdrängten, lehnte er stets auf das entschiedenste ab und appellierte hingegen immer wieder an das gesunde Urteil und an die Bestätigung durch eigene Erfahrung. (1977)

Andrej Belyi, russischer Dichter und Philosoph (1880-1934)
In dem „Seelenlehrer" Rudolf Steiner trat ein Pädagoge vor uns hin, der seine Schüler unmerklich zur Freiheit und Vorurteilslosigkeit beflügelte; hier traf sich der Pädagoge mit dem Denker; der Autor der „Philosophie der Freiheit" bewies seinen Schülern ..., daß der Prozeß des Sicheinlebens in eine Philosophie der Freiheit nicht mehr nur Philosophie, sondern der Weg zur Freiheit selbst ist; mehr noch: In unserer Zeit ist der Einweihungsweg ein Weg zur Freiheit.

Egon Friedell, Kulturphilosoph (1878-1938)
[Steiners Forschungen] eröffnen ganz neue Perspektiven. Steiner schöpft aus „okkulten Quellen", nämlich aus den Erkenntnissen, die man zu erlangen vermag, wenn man in sich selbst, an gegenwärtigen und vergangenen Ereignissen, das erschaut, was an ihnen nicht sinnlich wahrnehmbar ist, aber eben darum von keiner Zeit zerstört werden kann. Auch diese Schau kann sich täuschen, sie ist ebensowenig unfehlbar wie irgendein menschliches Tun. Aber es ist doch bemerkenswert, daß die historischen Geheimlehren seit Jahrtausenden miteinander übereinstimmen, während die Geschichtsforschung schon in einem einzigen Jahrhundert erheblichen Wandlungen unterworfen ist ... Mit Personen, die an derlei Dinge nicht glauben, läßt sich schwer diskutieren.

Johannes Frohnmeyer, ev. Theologe

Die Aussagen Christi und der Propheten widersprechen den Aussagen Steiners. Er wird dies niemals zugeben; denn damit wäre er gerichtet. Für uns aber ist mit dieser Tatsache das Urteil über den Seher von Dornach gefällt. Da er sich in der Christologie so gründlich von der Wahrheit abwendet und der Irrtum seiner Schau für uns klar zutage tritt, wagen wir es nicht, seine Schau im Hinblick auf andere Dinge als richtig anzunehmen. Durch die heidnisch-gnostische Christus-Mythe Steiners ist unser Glaube an seine Autorität unmöglich geworden. Ist der Christus der Bibel die Wahrheit, das Leben und der Weg zum Vater, so ist der Christus Steiners die Lüge, der Tod und der Weg ins Verderben. (1923)

Christian Geyer, ev. Theologe

Soweit ich ihn persönlich kennenzulernen Gelegenheit hatte, kann ich nur sagen, daß die Erinnerung an ihn zu dem erfreulichsten gehört und daß es mir leid wäre, wenn ich, wie die meisten Zeitgenossen, an ihm vorbeigegangen wäre. Jedenfalls war er von den vielen Menschen, denen ich begegnete, geistig weitaus der bedeutendste. (1929)

ders.:

Mancher Leser wird sich vielleicht darüber wundern, daß jemand, der niemals Anthroposoph war und es auch nicht werden wird, soviel Zeit und Mühe diesem Gegenstand geopfert hat. Es wäre natürlich nicht geschehen, wenn mir nicht die persönliche Begegnung mit Rudolf Steiner den Eindruck einer außergewöhnlichen geistigen Potenz und eines durchaus lauteren und ehrlichsten Charakters gemacht hätte. (1926)

Ernst Haeckel, Biologe (1834-1919)

Für die wertvolle Unterstützung, welche Sie der Wahrheit und Aufklärung durch Ihr Magazin für Literatur leihen, und besonders durch Ihr mannhaftes Eintreten für den Monismus sage ich Ihnen meinen besonderen Dank.

Wilhelm Hauer, Religionsphilosoph, Führer der Deutschen Glaubensbewegung und hoher SS-Dienstgrad

Das Rückgrat des anthroposophischen Systems ... bildet Reinkarnation und Karma. Diese Lehre stammt ... aus Indien ... Steiner hat die Lehre von der Theosophie übernommen und rastlos an ihr weitergearbeitet. Zur Klarheit hat aber diese Arbeit nicht gerade beigetragen. (Aus: Werden und Wesen der Anthroposophie. Eine Wertung und Kritik. Stuttgart 1922.)

ders.:

(Ausgerechnet H. erhebt gegen Steiner den „Vorwurf des Materialismus" [!!] und bescheinigt ihm) „eine phänomenale Unfähigkeit, rein geistig zu denken. Alles muß irgendwie ‚angeschaut‘, das heißt gegenständlich, wenn auch in verdünntester Potenz, ‚wahrgenommen‘, versinnlicht, verstofflicht werden ... Dies offenbart einen Mangel an der Fähigkeit rein seelischer Wahrnehmung und des begrifflichen Denkens. (1922)

Selma Lagerlöf, schwed. Literatur-Nobelpreis-Trägerin (1858-1940)

Der Mann ist sicher ein ganz merkwürdiges Phänomen, das man versuchen sollte, ernst zu nehmen. Er verkündigte einige Lehren, an die ich lange geglaubt habe, unter anderem, daß es in unserer Zeit nicht angeht, eine Religion voll unbewiesener Wunder anzubieten; sondern die Religion muß eine Wissenschaft sein, die bewiesen werden kann. Es gilt, nicht mehr zu glauben, sondern zu wissen. Man kann nicht dasitzen wie ein träumender Mystiker, sondern durch Anstrengung seines ganzen Denkvermögens dahin gelangen, die Welt, die uns sonst verborgen ist, zu sehen. Das ist ja wahr und richtig, und dazu ist alles bei ihm vertrauenswürdig und klug, ohne Scharlatanerie. In einigen Jahren wird seine Lehre von den Kanzeln verkündet werden.

Hans Leisegang, Philosoph (1890-1951)

In Steiners Ethik aber war ein ganz undeutscher Geist ebenso wie in seiner Sprache. Wer nicht deutsch reden und deutsch empfinden kann, der wird auch nie imstande sein, der deutschen Seele gerade das zu geben, was sie braucht, wenn ihre tiefsten, eigentümlichsten Kräfte geweckt werden sollen. [Hier ist ausnahmsweise ein Hinweis angebracht: In dem kurzen Zitat kommt viermal „deutsch" vor; und das ausgerechnet gegenüber einem Menschen, der sich um das Deutschtum Verdienste erworben hat, wie kaum ein anderer. Siehe dazu das folgende Zitat.]

Eliza Gräfin von Moltke-Huitfeld

Seit mehr als zwanzig Jahren habe ich Gelegenheit gehabt, die Lauterkeit der Gesinnung, die Größe des Geistes, das unermüdliche und unerschrockene Wirken Dr. Steiners für das Deutschtum und den Menschheitsfortschritt kennenzulernen. Um so empörender finde ich es, erleben zu müssen, wie gewissenlose Menschen aus allen Schichten des deutschen Volkes, aus den verschiedensten Beweggründen heraus, gegen Dr. Steiner kämpfen, um seine Kulturaufgabe zu vereiteln, ja sie scheuen nicht davor zurück, die niedrigsten Kampfesmittel zu benützen, um ihr Ziel zu erreichen. Das richtende Urteil der Men-

schen der Zukunft über dieses Verhalten der Deutschen der Jetztzeit gegen Dr. Steiner wird vernichtend sein. (1923)

Christian Morgenstern, Dichter und Steiner-Schüler (1871-1914)
Die eigentliche, im höchsten Menschensinne schöpferische Tätigkeit Dr. Steiners wird erst der Historiker enthüllen, der die Geschichte dieses erhabenen Lebens zu schreiben berufen sein wird. Dann wird mit tiefem Erstaunen wahrgenommen werden, was da in der Stille für den Menschen als solchen überhaupt geschieht und geschehen ist und welchen unersetzlichen Rückhalt und Stützpunkt ihm die Lebensarbeit dieses Geistes gegeben hat, während das Jahrhundert noch immer weiter in die Wüste des Materialismus hineineilt.

Friedrich Rittelmeyer, ev. Theologe und bekannter Prediger, später intimer Schüler Steiners und erster Leiter der „Christengemeinschaft"
Hätte ich keine anderen Beweise für den Wirklichkeitsernst dessen, was Rudolf Steiner verkündigte, so wäre mir von erschütternder Überzeugungskraft die Art, wie er von Christus sprach. Es sind die stärksten und tiefsten Eindrücke, die ich in der Erinnerung an ihn habe. Da war Christus absoluteste Realität. Mit der größten Ehrfurcht, aber ohne jeden Hauch von gefühligem oder angezwungenem Wesen wurde von ihm gesprochen ... Alles religiöse Reden, das ich vorher gehört hatte, erschien mir unwahr oder zum mindesten unwesenhaft neben der Art, wie Steiner über diese Welt sprach. (1925)

Jules Sauerwein, franz. Schriftsteller und Journalist
Von allen Königen, Fürsten, Präsidenten, Wissenschaftlern Künstlern, Schriftstellern und prominenten Persönlichkeiten des wirtschaftlichen und praktischen Lebens, die ich im Verlaufe meiner Tätigkeit kennengelernt habe, hat niemand einen so tiefen Eindruck auf mich gemacht wie der deutsche Philosoph Rudolf Steiner. (1926)

Carl L. Schleich, Arzt und Schriftsteller (1859-1922)
Ich habe [die Werke und Vorträge Steiners] sehr aufmerksam gelesen und vertiefe mich immer mehr in Ihre Gedankenkreise. Ich bewundere in Ihnen einen allumfassenden Geist, den tiefen Ernst und die schöne Menschlichkeit.

Albert Schweitzer, ev. Theologe, Kulturphilosoph, „Urwaldarzt" (1875-1965)
Unser beider Ziel ist das gleiche, unsere Wege sind scheinbar verschieden. Während Rudolf Steiner als Geistesforscher auf dem Weg der Übung, des Denkens und der Mystik zum Christuserlebnis vor-

dringt, habe ich versucht, durch denkerisches Erkennen dem Christus Jesus zu begegnen.

ders.:

Das Leben Rudolf Steiners habe ich fort und fort in herzlicher Teilnahme verfolgt. Die Erfolge bis zum ersten Kriege, die Probleme und Nöte, die dieser mit sich brachte, das tapfere Bemühen, in den Wirren der Nachkriegszeit durch die Verkündung der Lehre von der Dreigliederung des sozialen Organismus Ordnung aufkommen zu lassen, das Gelingen der Gründung des Goetheanums in Dornach, wo seine Gedankenwelt eine Heimat fand, der Schmerz, den ihm dann die Vernichtung durch Feuer in der Sylvesternacht 1922/23 brachte, der Mut, mit dem er den Wiederaufbau betrieb, und zuletzt die seelische Größe, die er in unermüdlichem Lehren und Schaffen in der Leidenszeit der letzten Monate, die er auf Erden weilte, bewahrte ... Er seinerseits hat auch mich nicht aus dem Auge verloren. (1960)

Ferdinand Tönnies, Soziologe (1828-1910)

Herr Steiner geht in grober Unwissenheit spazieren ... [Er] kennt nicht einmal das ABC der Weltgeschichte. Dieses Maß von Unwissenheit und Unklarheit ist nicht bloß ein Mangel des Verstandes. Er ist einem moralischen Richterspruch verfallen.

Bruno Walter, weltbekannter Dirigent

Mir ist im hohen Alter das Glück zuteil geworden, in die Welt der Anthroposophie eingeführt zu werden und mich im Verlaufe der letzten Jahre in die Werke Rudolf Steiners versenken zu können. Hier lebt und wirkt jenes Rettende im Hölderlinschen Sinne; sein Segen hat sich auf mich ergossen, und so soll denn das Buch („Von der Musik und vom Musizieren") mit dem Bekenntnis zur Anthroposophie ausklingen. Es gibt kein Gebiet meines Innenlebens, das nicht von der hohen Lehre Rudolf Steiners neues Licht und entscheidende Förderung erfahren hätte ... groß ist meine Dankbarkeit für die unermeßliche Bereicherung. (1957)

Stefan Zweig, Schriftsteller (1881-1942)

In Rudolf Steiner begegnete ich einem Mann, dem vom Schicksal die Mission zugeteilt werden sollte, Millionen Menschen Wegweiser zu werden ... In seinen dunklen Augen wohnte eine hypnotische Kraft, und ich hörte ihm besser zu, wenn ich nicht auf ihn blickte, denn sein asketisch-hageres, von geistiger Leidenschaft gezeichnetes Antlitz war wohl angetan, ihm zuzuhören, denn seine Bildung war stupend und vor allem gegenüber der unseren, die sich allein auf Literatur beschränkte, großartig vielseitig; von seinen Vorträgen und manchen guten Gesprächen kehrte ich immer zugleich begeistert und etwas niedergedrückt nach Hause zurück.

Ich habe positive und negative Zitate ausgewählt, ohne dazu Stellung zu nehmen (mit zwei Ausnahmen). Der Leser möge sich eine eigene Meinung bilden. Allerdings wird dies in einem umfassenden Sinne erst nach einem weiteren Aufnehmen der Anthroposophie möglich sein. Nur eines möge mir zu fragen erlaubt sein: ob die Kritiker mit einem negativen Urteil so fair wären, zuzugeben, daß der größte Teil ihrer Kritik schon nach wenigen Jahrzehnten sowohl religiös-philosophisch-weltanschaulich als auch in den praktischen Gebieten als völlig widerlegt betrachtet werden kann?

IV STUDIUM UND SCHULUNGSWEG

Wie es in der Anthroposophie auch mit anderen umgangssprachlichen Ausdrücken oft der Fall ist, bedeutet hier „Studium" mehr, als wenn jemand sagt: Ich studiere Medizin. Das anthroposophische Studium hat bereits durch sich selbst, also ohne daß zugleich schon Meditationsübungen gemacht werden, eine grundlegende, bewußtseinsverändernde Wirkung; es ist daher bereits ein Teil des Schulungs*weges*. Denn: „Der Weg der Wahrheit geht über das Wort, über das Studium der Verlautbarungen jener, die die geistige Natur der Wirklichkeit bezeugen. Aber das Wort der Eingeweihten gehört zwei Welten an: einer höheren Ebene des Bewußtseins, auf der die wahre Wirklichkeit als ,wortloses Wort' in voller Unmittelbarkeit erfahren wird, sowie einer niederen, die sich der konventionellen Sprache als einer mitteilbaren Ausdrucksmöglichkeit bedient, um mit ihrer Hilfe das Licht der geistigen Erfahrung auch Nichteingeweihten zugänglich zu machen."[52]

Dies ist deshalb der Fall, weil der Studierende sich nicht mehr mit seiner materiellen Welt, sondern mit dem Übersinnlichen, mit der geistigen Welt, beschäftigt. Beim mehrfachen meditativen Lesen religiöser und geisteswissenschaftlicher Texte geht im Lesenden eine merkliche Veränderung vor sich. Das ist auch die Erfahrung vieler Ordensmänner und -frauen. Schon im Verlaufe dieses Studiums wird der Geistesschüler feststellen, wie er seiner Selbstfindung merklich näher kommt; seine Denk- und Empfindungsgewohnheiten ändern sich spürbar. Vor allem stärkt sich sein Verantwortungsgefühl für den Nächsten und für die Welt in erstaunlichem Maße. Das wirkt sich auch im täglichen Leben aus, z. B. im Verhalten zu leidenden Menschen, zur sozialen Not, zu Kriegsopfern, zu Tieren, in seinen Konsumgewohnheiten, in seinen Beurteilungsmaßstäben für politische und wirtschaftliche Tagesfragen und längerfristige Entwicklungen usw. Er wird auch feststellen, daß Anthroposophie in jedem Menschen lebt, bei dem ihre Wahrheiten nicht bloßes Buchwissen bleiben, sondern der sie auch mit dem Wahrheitsgefühl erfaßt. Aber diese Wahrheiten leben in jedem Menschen anders. Deshalb kann man sie auch nicht im üblichen Sinne lehren und lernen, sondern jeder muß sie sich auf die ihm gemäße Art erarbeiten.

---

[52] Schulz, Georg Fr.: Kursankündigung „Lektüre als Meditation". Studienhaus Rüspe 1992

Dadurch sollte einsichtig werden: Eine solche innere Schulung ist heute weniger denn je eine Privatangelegenheit. Es ist vielmehr nicht übertrieben zu sagen: Ohne eine solche innere Entwicklung möglichst vieler einzelner wird in Zukunft auch eine gedeihliche soziale Entwicklung aller immer weniger möglich sein. Daß dies noch von zu wenigen erkannt wird, ist ein wesentlicher Grund für die sozialen Übel unserer Zeit, „sozial" im weitesten Sinne gemeint. Es schließt ein die fürchterlichen Umweltprobleme und vor allem die beobachtbare Tatsache, daß immer mehr Menschen in allen Ländern und Völkern das Heil nicht mehr durch eigene Anstrengung erreichen möchten, sondern durch den Staat, die Partei, den Pfarrer, den Bürgermeister, die Psychotherapie, sogar durch das Fernsehen. Ob das „früher" besser war, soll hier nicht erörtert werden. Es war aber zu keiner Zeit folgenreicher. Heute führt es jedenfalls zu einer lebensgefährlichen Entwicklung.

„So gesehen ist das Thema der Schulung das zentrale Thema des 20. [21. d. Verf.] *Jahrhunderts, weil von verantwortungsvollem Handeln heute nicht nur das Schicksal des Einzelmenschen abhängt, sondern auch des andern, ja unter Umständen das der gesamten Menschheit."*

Dieser Satz ist einem empfehlenswerten Büchlein von Erhard Fucke entnommen, das jeder lesen sollte, der sich Anregungen für sein Anthroposophie-Studium holen möchte und der auch verstehen will, welche Veränderungen in seiner Seele durch dieses Studium vor sich gehen.[53]

Was die Praxis des Studiums angeht, so erinnere ich an meine eigenen in der „Vorrede" beschriebenen Erlebnisse. Es geht selten gradlinig und stetig aufwärts. Es gibt in allen Religionen tief Gläubige, die ihren Kinderglauben von den Eltern fraglos übernehmen, ihn nie in Frage stellen, ihn deshalb auch nie verlieren können und bis zum letzten Atemzuge ein treues Mitglied ihrer Kirche bleiben. Ebenso gibt es in der Anthroposophie Menschen, die ihren geraden anthroposophischen Weg vom Elternhaus an über die Waldorfschule und irgendwann aus sich selbst heraus unbeirrt gehen und nie von größeren Zweifeln geplagt werden. Vielen Menschen wird es jedoch wenigstens anfangs wohl ähnlich gehen wie mir: Sie werden Zeit brauchen, von Zweifeln geplagt werden und Rückfälle erleiden, bis sie eines Tages tiefinnerlich wissen: „Jetzt habe ich es!" Dies wird vor allem der Zeitpunkt sein, von dem an der Geistes-

---

[53] Fucke, Erhard: Das anthroposophische Studium; Stuttgart 1981

schüler in der Lage ist, das vom Geistesforscher Mitgeteilte selbständig nachzuvollziehen und sinngemäß richtig mit seinen anthroposophischen Erkenntnissen und vor allem mit seiner Lebenspraxis und Umwelt in Einklang zu bringen. Aber auch dann gibt er seinen wachen, kritischen Verstand nicht auf.

Und was genau so wichtig ist, ich habe es ja schon aus eigenem Erleben gesagt: sich auf keinen Fall entmutigen lassen, wenn man manche Stellen oder gar ganze Teile des Steiner-Werkes nicht gleich versteht. Das Unverstandene sollte man, wenn man es nicht im Gespräch mit erfahrenen Anthroposophen klären kann, zunächst ruhig auf sich beruhen lassen. Bei irgendeiner Gelegenheit, vielleicht bei der Lektüre eines ganz anderen Steiner-Werkes oder bei der wiederholten Lektüre derselben Stelle, blitzt plötzlich die Erkenntnis auf; auf einmal weiß man: Ja, so ist es. Diese Erfahrung macht jeder, auch noch jeder erfahrene Anthroposoph. Ich selbst stellte bei jeder erneuten Lektüre fest, daß ich plötzlich Stellen verstehe, die mir bisher noch dunkel waren, oder ich finde verwundert wichtige Aussagen, die mir seither noch gar nicht aufgefallen waren, die ich aber jetzt „einordnen" kann.

Aus alledem sollte, das will ich noch einmal betonen, hervorgehen: Anthroposophie ist ein Weg, nämlich zunächst ein Denk- und Schulungsweg, dann das Hineinbringen des Willens in das Denken. Sie ist deshalb wahrlich eine Tat im Sinne des „Faust"-Wortes „Im Anfang war die Tat". Die erste Tat bildet das intensive Studium. Wenn der Anthroposophie häufig vorgeworfen wird, sie sei doch einzig und allein das Werk eines einzelnen Menschen, dessen Aussagen über die geistige Welt niemand kontrollieren könne und die nicht zu beweisen seien, dann muß solchen Vorwürfen geantwortet werden: Um zu der felsenfesten Überzeugung zu kommen: ES GIBT DIE GEISTIGE WELT, ist es durchaus nicht nötig, selbst in sie schauen, selbst lesen zu können in der „Akasha-Chronik", dem „ätherischen Weltgedächtnis", also „hellsichtig" zu sein. Dazu müßte man die übersinnlichen, höheren Sinnesorgane, von denen noch zu sprechen sein wird, ausgebildet haben. Diese Fähigkeiten konnten bisher in unserem Stadium der Menschheitsentwicklung noch nicht viele Menschen erwerben, obwohl „uns nur noch eine dünne Haut von bislang unbewußt gebliebenen Erlebnissen [trennt] und in Kürze könnten sich vielfältigste übersinnliche Erfahrungen z. B. von vergangenen oder zukünftigen Leben und anderes immer mehr Menschen ganz von alleine aufdrängen"[54]. Den Menschen späterer Zeitalter wird dieses jedoch ebenso selbstverständlich sein, wie es den Menschen sehr viel früherer Zeitalter in ganz anderen Bewußtseinsstufen, z. B. noch den Kelten in der Hochblüte ihrer Kultur, selbstverständlich war.

Aber eigene Geistesforschung ist ja durchaus nicht die einzige Möglichkeit, sich von der Wahrheit der geisteswissenschaftlichen Forschungsergebnisse zu überzeugen. Verstanden werden können sie vielmehr von jedermann, der den Maßstab der gesunden Logik anlegt und sein eigenes Wahrheitsempfinden sprechen läßt und sie mit den Mitteilungen anderer Eingeweihter vergleicht.

Ich räume allerdings ein, daß dies nicht gleichermaßen auf alle Mitteilungen des Geistesforschers zutrifft. Etliche davon kann man nur hinnehmen, kann prüfen, ob sie sich widerspruchslos in den Gesamtzusammenhang einfügen lassen oder ob vielleicht mit ihrer Hilfe andere geistige Tatsachen verständlicher werden. Auf keinen Fall fordert Steiner blinden Glauben. Er verlangt lediglich, daß solche der eigenen Einsicht (zunächst) nicht zugänglichen Aussagen neutral entgegengenommen werden, also weder mit Zustimmung noch mit Ablehnung. Oft wird man die Erfahrung machen, daß sich selbst solche Mitteilungen später wie von selbst bestätigen; die Seele ist inzwischen durch weiteres Studium und weitere Schulung beweglicher geworden. Da das alles im vollen Licht des Denkens vor sich geht und nicht in der verzückten Ekstase pseudoindischer oder sektiererischer „Erleuchtungserlebnisse", nicht in Trance, in abgedämpftem Bewußtsein oder im kindlichen Gemüt gefühlsseliger Frömmigkeit, braucht niemand Angst zu haben, zu irgend etwas verführt, von irgend jemandem indoktriniert zu werden oder der Autosuggestion zu unterliegen. Angst müßte er höchstens dann vor sich selbst haben, wenn er meint, es genüge, sich einige anthroposophische Grundbegriffe anzueignen. Das, sagt Steiner, sei natürlich leichter, als nur eine einzige schlechte Gewohnheit abzulegen (GA 227a, 14. 2. 1923).

---

[54] U. Morgenthaler im „Goetheanum" vom 22. 1. 1995

Der Schulungsweg

Man kann, weil gerade das vielfach mißverstanden wird und in der Tat auch leicht mißverstanden werden kann, nur wiederholt und nachdrücklich sagen:

Die Anthroposophie ist keine Religion mit Glaubenssätzen, keine Lehre wie die Homöopathie, keine Ideologie wie der Marxismus, kein philosophisches System wie das Hegels, sie ist vor allem ein Erkenntnisweg.

Ein WEG! Dieser Wegcharakter der Anthroposophie wird dem, der bereit ist, ihn mit der erforderlichen Geduld und Beharrlichkeit zu gehen, immer klarer: Wer dazu bereit ist, der gelangt früher oder später „zum Bewußtsein seines Menschentums": Das ist nach Steiner die wahre Bedeutung des Begriffes Anthroposophie. Es ist das Erwachen des Menschen zu sich selbst. Erst wenn man sich so der Anthroposophie nähert und sie sich im individuellen Erkennen zu eigen macht, dann kommt man zu diesem „Bewußtsein seines Menschentums". Verfährt man nicht so, sondern versucht man, die Anthroposophie als interessanten Lesestoff aus spiritueller Neugier zu konsumieren, dann wird man erleben, daß ihre Wahrheiten tote Buchstaben bleiben; dann wird selbst Anthroposophie „in fataler Weise zur Ideologie und schlechten Theorie"[55]. Letzteres trifft vor allem auf den zu, der das Steiner-Werk nach „Stellen" untersucht, die ihm „Munition für Beschuß" liefern sollen.

Genau das ist nämlich der Grund, warum fast alle Kritiker überhaupt nicht zum Kern der Anthroposophie vorzustoßen vermögen, weshalb sie etwas kritisieren, was es so gar nicht gibt und was sie nicht verstanden haben, seien sie auch noch so gelehrte Professoren. Wer die Steiner-Werke von vornehrein für Ideologie hält, der liest natürlich aus jeder Zeile nur Ideologisches und kann folgerichtig nur zu so absurden Einschätzungen kommen, wie sie im letzten Kapitel behandelt werden.

Für die Befriedigung pseudospiritueller Neugier sind heute allenthalben im New-Age-Bereich Massen von „Esoterik-Büchern" wohlfeil zu haben, sogar per Kopfhörer oder auf der Disc-Scheibe. Wer so etwas für befriedigend hält, sollte sich nicht mit der Anthroposophie herumquälen. Er sollte sich nur darüber im klaren sein, daß das so Aufgenommene keine echte Erkenntnis, sondern daß es oft sogar schädlich ist. Grundlegend

---

[55] Lindenberg, Chr., in einem Prospekt des Verlages Freies Geistesleben, Stuttgart 1991

für jeden, der sich von der Anthroposophie angezogen fühlt, ist nicht die Befriedigung spiritueller Neugier, sondern das Finden und Begehen des anthroposophischen Weges: eines Schulungs-, ein Meditationsweges besonderer Art, anders als alle sonst bekannten Meditationswege. Es ist ein Weg, durch den die drei Seelenkräfte des Menschen: Denken – Fühlen – Wollen so geschult werden, daß dadurch im Laufe der Zeit eine grundlegende Bewußtseinsänderung bewirkt wird.

Im Unterschied zu anderen geistigen Schulungswegen – etwa zu den aus dem Osten kommenden verschiedenen Yoga-Arten und Zen und zu solchen, die in katholischen Orden entstanden sind, etwa dem des Gründers des Jesuitenordens, Ignatius von Loyola, und vor allem zu den sogenannten Meditationstechniken des New Age – darf der „Geheimschüler" des anthroposophischen Weges niemals seine wache Vernunft, sein klares, logisches Denken ausschalten, muß er alle Trancezustände und jeden psychischen Zwang und Selbstzwang vermeiden. Es war Steiners alleroberster Grundsatz und sollte auch der Grundsatz jedes Anthroposophen sein, niemals in die äußere, vor allem aber in die innere Freiheit eines Menschen einzugreifen. Gerade das aber tun viele sogenannte Meditationsmethoden und Katechismen, insbesondere OPUS DEI und die z. T. aus dem Osten, vor allem aber aus den USA kommenden psychischen Terrormethoden à la Moon-Sekte und „Scientology-Church" und moderne Psychosekten. Angesichts des „Meditationsbooms", den wir z. Z. erleben, der die Folge eines großen Hungers nach Spiritualität ist, der aber in unserer Zeit kaum je wirklich gestillt wird, kann vor solchen „Kirchen" und Sekten und solchen „Meditationstechniken" nicht genug gewarnt werden.

Die Meditation gehört also zum Kern der Anthroposophie, sie ist der *Weg* in die geistige Welt. Mit genügend großer Ausdauer und Intensität bei den gegebenen Übungen wird fast jeder wenigstens soweit kommen, daß er aus tiefer Überzeugung, mehr: aus tiefem Wissen, sagen kann:

Die geistige Welt gibt es.

Es wird jedoch in unserem jetzigen Stadium der Entwicklung der Menschheit in der Regel noch nicht gelingen, auf diese Weise selbst in die geistige Welt „hineinschauen" zu lernen oder gar selbst geistig forschen zu können. Diese Fähigkeit setzt voraus, daß man in der Lage ist, seine „geistigen Sinnesorgane", sein geistiges Schauen (Imagination) und Hören (Inspiration) und die höchste dieser Seelenfähigkeiten, die Intuition, so zu entwickeln, wie das neugeborene Kind seine physischen

Sinne entwickelt. Bei den meisten Menschen, die ohne ihr Zutun heute geistig schauen können, handelt es sich wohl um das „atavistische Hellsehen", das von uralten Zeiten her manchen Menschen noch eignet. Diese Fähigkeiten verschwanden bei den allermeisten Menschen im Laufe der Zeiten als Opfer für das Erwachen der Vernunft und des Intellekts, für die Eroberung der äußeren, materiellen Welt. Aber gerade darin, solche Fähigkeiten jetzt nach dem Überschreiten des Höhepunktes dieser Entwicklung wieder zu erwerben, jetzt aber unter der Kontrolle des wachen Denkens, liegt die Zukunftsmission des anthroposophischen Schulungsweges.

Diesen Weg selbst oder besser die Vielzahl der möglichen Wege, die Steiner aufgezeigt hat, hier darzustellen kann nicht Aufgabe dieser ersten Einführung sein. Man lese hierzu v. a. das klassische Grundwerk Steiners: „Wie erlangt man Erkenntnisse der höheren Welten" (GA 10). Und man lese es immer wieder, fünfmal, zwanzigmal, ein ganzes Leben lang. Es ist im eminenten Sinne ein „Einweihungsbuch", erfüllt also in gewisser Weise die Funktion, die die früheren Hierophanten (Einweihungslehrer) in den alten Mysterienstätten für ihre Schüler hatten. In diesem Buche sind auch die Bedingungen beschrieben, die beim Beschreiten des Schulungs- und Meditationsweges zunächst geschaffen werden sollten. Neben diesem wichtigsten Anleitungsbuch für die anthroposophische Meditation hat Steiner auch noch in etlichen anderen Büchern Anleitungen und Meditationssprüche gegeben und Ratschläge erteilt. Darauf wird der zu diesem Weg Entschlossene von selbst stoßen.

Friedrich Rittelmeyer, der schon lange vor seinem Bekanntwerden mit Rudolf Steiner und der Anthroposophie ein Meditationsmeister hohen Grades war, hat in seinen Lebenserinnerungen[56] bekannt:

> *„Es ist geradezu ein Beweis dafür, wie gering die Rolle der Suggestion in der Anthroposophie ist, daß niemand behauptet, dasselbe gesehen zu haben wie Rudolf Steiner. Wohl aber gibt es manchen Anthroposophen, der die Anfänge von dem, was Rudolf Steiner spricht, aus eigener Erfahrung recht gut kennt. Zu diesen Anthroposophen gehöre ich jetzt auch."*

Dieses Zitat sagt genug. Dennoch ein letztes Wort zum Schulungsweg: Wer ihn geht in der Erwartung, nach einer gewissen Zeit müsse man doch „etwas spüren", vielleicht sogar „ein kleines bißchen selbst hellse-

---

[56] Meine Lebensbegegnung mit Rudolf Steiner; Stuttgart 1980, S. 90

hen" können, der hat noch nicht die richtige Einstellung zur Meditation. In vielen Fällen, wohl in den meisten, wird man selbst nach lebenslangem Üben keine bewußten „hellseherischen Erlebnisse" haben. Aber, und dieses ‚aber' ist wichtig und tröstlich zugleich: Auch wenn es „dieses Mal", in diesem Leben, trotz aller Mühe zu keinem spürbaren Ergebnis kommt, so darf man doch gewiß sein, daß keine aufgewendete Mühe vergeblich war. Denn diese Mühe beeinflußt schon dieses Leben günstig und wandelt sich im nächsten Leben um in Fähigkeiten, die dann vielleicht zu einem „Ergebnis" führen. Vielleicht! Vielleicht auch erst im übernächsten oder im überübernächsten Leben. Geduld! Geduld! „Ist denn nicht die ganze Ewigkeit mein?" (Lessing).

V ANTHROPOSOPHISCHE MENSCHENKUNDE

Das Menschenbild

Nachdem er das Menschenbild einiger esoterischer Lehren von Plato („Der Leib ist das Gefängnis der Seele"), der ersten christlichen Kirchenväter, der sich zum TAO vereinigenden Ying-Yang-Polarität und den Individuationsprozeß C. G. Jungs kurz dargestellt hat, kommt G. Wehr in seinem sehr nützlichen, kleinen „Wörterbuch der Esoterik"[57] zu dem Schluß, daß der „Anthroposophie deshalb exemplarische Bedeutung zugesprochen werden [kann], weil ein esoterisch begründetes Menschenbild auch allen ihren Ansätzen zu einer praktischen Umsetzung in Erziehung, Medizin, sozialer Gestaltung und dergleichen zugrunde liegt".

Diese Feststellung zu Anfang gerade dieses Kapitels ist wichtig, um zum einen zeigen zu können, daß es sich beim anthroposophischen Menschenbild nicht um etwas Spekulatives handelt wie in der philosophischen Anthropologie, nicht um etwas Positivistisch-Materialistisches wie in allen aus einer solchen Position abgeleiteten Erziehungslehren und erst recht nicht um das biologistische Menschenbild der „Ethologie" des Verhaltensforschers K. Lorenz und seiner Schüler. Diese betrachten z. B. Aggression und Krieg als etwas unlösbar und uneingeschränkt auch mit der menschlichen Existenz Verbundenes.[58] Wie kann aus einer solchen Sicht eine menschenwürdige, kindgemäße Pädagogik entstehen? Es geht auch nicht um das soziobiologische Gerede vom „egoistischen Gen", das nur solche Anschauungen verschleiern soll. Diese führen in letzter Konsequenz zur Züchtung von Menschentieren, die z. B. auch schwerste Arbeiten willenlos und ohne Entlohnung (!) durchführen. Gerade das Menschenbild des sogar durch einen Nobelpreis aufgewerteten glänzenden Schriftstellers Lorenz war es, was mich lange Zeit davon abhielt, das anthroposophische Menschenbild anzunehmen, zu erkennen, in welch finstere Angründe das erste letztlich führt.

Zum andern aber möchte ich besonders hinweisen auf den letzten Satz des obigen Zitates: Er deutet an, wie Anthroposophie zur Lebenspraxis wird. Es geht in der Anthroposophie um ein Menschenbild, das den Menschen zuvörderst als Geistwesen sieht, das aber seine lebensprakti-

---

[57] Freiburg 1989, Stichwort „Menschenbild"
[58] Pilz, Gunter, und Moesch, Hugo: Der Mensch und die Graugans. Eine Kritik an Konrad Lorenz; Frankfurt 1975

sche Bewährung und Bestätigung bereits seit sieben Jahrzehnten in den anthroposophischen „Tochterbewegungen" gefunden hat. Darüber wird noch ausführlich zu sprechen sein.

Man kann es überhaupt nicht überbewerten, wieviel in der Tat von einem wahren Menschenbild abhängt, ja daß alles davon abhängt. Das hat doch die Menschheit allein in diesem Jahrhundert schon zweimal auf die schrecklichste Weise erfahren müssen. Denn den beiden schlimmsten Perversionen menschlichen Denkens und Handelns lag doch ein *extrem menschenverachtendes, radikal materialistisches Menschenbild* zugrunde: der fanatischen Rassenlehre des Nazismus, durch die die Judenvernichtung und letztlich auch der II. Weltkrieg verursacht wurde, und der stalinistisch-bolschewistischen Perversion, die ebenfalls viele Millionen Menschenleben gekostet und die nachhaltige Schädigung des Lebens und der Seelen ganzer Völker verursacht hat.

Auch die Gefahren des amerikanistischen Menschenbildes hat Rudolf Steiner an etlichen Stellen seines Werkes eindrucksvoll dargestellt (z. B. GA 182, 192); sie sind inzwischen nicht kleiner, sondern sehr viel größer geworden. Denn der die ganze Menschheit wie floriszierender Schimmel überziehende „american way of life" scheint eine offenbar unwiderstehliche Anziehungskraft auf alle Völker und Rassen und insbesondere auf die Jugend auszuüben, auch und gerade auf die Völker des Ostens, die ihm seelisch nichts entgegenzusetzen haben.

Diesen Menschenbildern, in denen der Mensch nicht mehr ist als ein Arbeitssklave im einen und ein Verbraucher bzw. Wähler im anderen Falle, stellt Rudolf Steiner das anthroposophische entgegen. Da die *Anthropologie*, indem sie vom sinnlich Gegebenen ausgeht, ihren Standpunkt unterhalb der Fähigkeiten des Menschen wählt, kann sie z. B. den Sinn der menschlichen Existenz nicht erklären; sie betrachtet dies auch gar nicht als ihre Aufgabe: Mit solch „unerklärbaren und unbeweisbaren" Sachen befaßt sich kein Anthropologe, mit denen mögen sich seiner Meinung nach die Theologen herumschlagen. Ihm ist es längst zweifelhaft geworden, ob die Frage nach dem Wesen des Menschen überhaupt sinnvoll ist.

Eine bedeutende Ausnahme ist der Arzt, Anthropologe und Medizinsoziologe Prof. Dr. Paul Lüth. Mit seinem höchst beachtenswerten Buch „Der Mensch ist kein Zufall"[59] tritt er all diesen materialistischen Menschenbildern entschieden entgegen und weist nach, „daß die Evolution

---

[59] Umrisse einer modernen Anthropologie; Stuttgart 1981

kein Abklappern starrer Mechanismen ist", daß auch nach modernen Hirnforschungsresultaten Seele und Leib unabhängig voneinander sind, der Geist keine einfache Begleiterscheinung der Materie ist. Er möchte – ein wunderbares Ziel – „denen, die bisher mit schlechtem Gewissen glaubten, weil die Naturwissenschaft nicht mit dem Glauben vereinbar war, ihr gutes Gewissen zurückgeben". Der Mensch ist also nicht nur ein Naturprodukt, ein Reflexautomat, ein Sozial- oder ein Geistwesen. Er ist alles das auch, aber man muß diese Aspekte ineinander überführen und findet dann in der Zusammenschau, daß der Mensch kein Zufallsprodukt der Evolution sein kann, sondern deren Zweck und Ziel ist.

Anthroposophie ist dagegen, wie gesagt, nicht einfach „Wissen (oder Weisheit) vom Menschen", sondern „Bewußtsein seines Menschentums", d. h. auch Wissenschaft von seiner übersinnlichen Natur, und außerdem Erkenntniswissenschaft. Sie erforscht die Ur-Sachen des Menschseins, die aus dem Geistigen kommen, um das Sinnliche, das Sinnenfällige, das ausnahmslos eine Wirkung des Geistigen ist, vollkommen zu erkennen und verstehen zu können.

Dieses Menschenbild, also gewissermaßen die anthroposophische Anthropologie, beruht wie die ganze Anthroposophie auf der schon öfters genannten „Philososophie der Freiheit". Sie entfaltet sich im Gegensatz zur Schul-Anthropologie in einer ebenso praktischen wie spirituellen Anthropologie, die auf die geistigen und seelischen wie auch auf die biographischen und sozialen Herausforderungen unserer Zeit eine konkrete Antwort geben kann. Man wird sogar sagen können: Ohne eine solche intime Erkenntnis des menschlichen Wesens kann die soziale Frage – in weltweitem Maßstabe! – nicht gelöst werden. Das erscheint als eine Anmaßung – man möge es prüfen.

Schon allein diese kurzen Andeutungen machen den radikalen Unterschied deutlich, der zur rein „diesseitigen" Anthropologie besteht. Der renommierte Informatiker J. Weizenbaum hat diese Art von Anthropologie drastisch-anschaulich und sarkastisch so dargestellt: „Wir [Wissenschaftler] sind dabei, künstliches Leben herzustellen. Künstliche Intelligenz und Biologie (Gentechnik, Biochemie) verfolgen das Ziel, den perfekten Menschen, ... ein unsterbliches Leben herzustellen und ... unsere Aufgabe ist es, den Menschen schließlich zu ersetzen. Die menschliche Kultur soll von Maschinen verkörpert werden, die ewig leben können."[60]

---

[60] Die ZEIT vom 15. 3. 1990

Diese grauenhafte Tendenz ist wohl der perfekteste Ausdruck dessen, was ich unter „Amerikanismus" verstehe. Dieser blüht natürlich, das muß man stark betonen, nicht nur in den USA, sondern geht nur von da aus; er blüht inzwischen überall auf der Welt, besonders in Deutschland. Gegen diese „KI-Anthropologie" (KI = Künstliche Intelligenz) hat einer der weltweit bedeutendsten Mathematiker, der Engländer Roger Pemrose, Stellung bezogen. Daß Computer eines Tages „denken" könnten, erklärt er für Unsinn. Nachdem zuerst die Astronomen und Physiker mit dem „Urknall" die Welt in ein deterministisches Korsett gezwängt hätten, versuchten nun die Neurobiologen und Informatiker, das letzte große Rätsel zu knacken: das Wesen des Bewußtseins. Sie wollen „mit allerneuesten Meßmethoden" beweisen, daß Bewußtsein lediglich aus dem Spiel von Neuronen entsteht. Pemrose meint, sie seien ebenso zum Scheitern verurteilt wie die KI-Phantasten.

Wer das Bewußtsein mit dem Gehirn identifiziere und als chemischen Vorgang erkläre, schaffe sich selbst ab. Das entspricht völlig den Erkenntnissen Steiners.

Den Menschenbildern der Bewußtseinsingenieure und Seelentechniker radikal entgegen steht also das der Anthroposophie. Ihre sozusagen offizielle „Definition", aus der auch ihr Menschenbild abzuleiten ist, hat Rudolf Steiner im Februar 1924 in den „Anthroposophischen Leitsätzen" (GA 26) gegeben. Sie sind so etwas wie die **Quintessenz der Anthroposophie**.

> *„Anthroposophie ist ein Erkenntnisweg, der das Geistige im Menschenwesen zum Geistigen im Weltall* führen möchte. Sie tritt beim Menschen als Herzens- und Gefühlsbedürfnis auf. Sie muß ihre Rechtfertigung darin finden, daß sie diesem Bedürfnis Rechnung gewähren kann. Anerkennen kann Anthroposophie nur derjenige, der in ihr findet, was er aus seinem Gemüte heraus suchen muß. Anthroposophen können daher nur Menschen sein, die gewisse Fragen über das Wesen des Menschen und die Welt so als Lebensnotwendigkeit empfinden, wie man Hunger und Durst empfindet. "*
>
> *1. Leitsatz*
>
> * *Mit „Weltall" ist natürlich das geistige, nicht dasjenige der Astronomie gemeint*

In einem seiner wichtigsten Werke – „Von Seelenrätseln" (GA 21) aus dem Jahre 1917 – geht Steiner ausführlich auf das Verhältnis der Anthropologie zur Anthroposophie ein und zeigt, wie sich trotz der sich scheinbar diametral entgegenstehenden Standpunkte eine fruchtbare Diskussion zwischen beiden entwickeln könnte. Hier behandelt er übrigens auch ausführlich die „Erkenntnisgrenzen", über die schon gesprochen wurde. In seinen „Briefen an die Mitglieder" (GA 26) beschreibt Steiner am 18. 5. 1924 auch, wie sich anthroposophische Menschenkunde von der überwiegend neodarwinistisch-positivistisch bestimmten Anthropologie unterscheidet. Es komme viel darauf an, daß begriffen werde, wie die Vorstellungen, die der Mensch im Anblicke der äußeren Natur gewinnt, vor der Betrachtung des Menschen haltmachen müssen. Gegen diese Forderung sündige die Denkungsart der letzten Jahrhunderte. Durch sie gewöhne man sich, Naturgesetze zu denken, die man mit den Sinnen wahrnimmt. Man betrachte aber dann auch den menschlichen Organismus so, als wenn er nur begriffen werden könne, wenn man die Naturgesetze auf ihn anwendet. Letzteres ist, wie auch Lüth gezeigt hat, die Methode der naturwissenschaftlichen Anthropologie, und es ist auch die der Lorenzschen Aggressionstheorie, die bis hin zum Faschismus und zur Rechtfertigung des Krieges alles als im Menschen „von Natur aus angelegt" behauptet.

An einem medizinischen Beispiel kann gezeigt werden, wie sich das materialistische und das anthroposophische Menschenbild unterscheiden: Will man ein Herzmittel herstellen, so wird man ganz anders vorgehen, wenn man im Herzen das edle Gleichgewichts- und Mittelorgan, den rhythmischen Träger unseres Fühlens, ein Organ der Seele und des Geistes sieht, als wenn man es nur für eine mechanisch arbeitende, fleischerne Pumpe hält. Die moderne Geisteswissenschaft geht (GA 21) vom dreigegliederten Menschen aus, was sowohl bedeutet, daß der Mensch Leib, Seele und Geist hat, als auch, daß diese drei Glieder in sich jeweils wieder dreigegliedert sind. Seine Leiblichkeit ist in Nerven-Sinnes-System (Gehirn, Nerven), rhythmisches System (Herz, Lunge, Blutkreislauf) und Stoffwechsel-Gliedmaßen-System gegliedert (nicht geteilt!). Das Haupt ist Träger des Denkens, der Rhythmus Träger des Fühlens und die Gliedmaßentätigkeit Träger des Wollens.

Wesensglieder

Die anthroposophische Menschenkunde fußt auf den Erkenntnissen über die menschlichen Wesensglieder. Sie ist eine der Säulen der anthroposophischen Erkenntnis überhaupt, die sich in der ganzen davon beeinflußten Lebenspraxis erheblich auswirkt.

Danach besteht der Mensch nicht nur gemäß dem cartesianischen Dualismus aus Leib und Seele, sondern er ist vor allem Geist, individuelle Geistigkeit. Rudolf Steiner weist darauf hin, daß dieser den Menschen erst zum Menschen machende Wesensbestandteil durch die katholische Dogmatik der früheren Kirchengeschichte „abgeschafft" worden sei. Der Seele wurden lediglich einige geistige Eigenschaften zugestanden. Das scheinbare Verhängnis dieser Entwicklung besteht besonders darin, daß dadurch der Zugang zum Wissen von der Wiederverkörperung (Reinkarnation) sowie das Wissen um die Möglichkeit der Erkenntnis höherer Welten unmöglich werden sollte. Denn der angeblich „abgeschaffte" Geist ist ja das Ich, das sich wiederverkörpert. Wenn es aber keinen „Geist" des Menschen gibt, kann auch keiner wiederverkörpert werden. Und wenn Erkenntnisgrenzen dogmatisch vorgeschrieben werden, kommen die Menschen nicht so sehr in Versuchung, über die allgemeine Kirchenlehre hinauszudenken. Selten ist in der Geistes-, ja der Weltgeschichte eine verhängnisvollere und weitreichendere Tendenz initiiert worden – ob dies nun den Akteuren bewußt war oder nicht. Die totale Herrschaft der Kirche vom frühen Mittelalter an nicht nur über die Seelen, sondern auch über die leibliche Existenz der Menschen (Inquisition, Hexenprozesse, Leibfeindlichkeit) wurde so für Jahrhunderte begründet.

Eine diese Jahrhunderte überblickende Betrachtungsweise läßt aber auch hier erkennen, daß „die List der Geschichte", besser: die Lenkung der Geschichte durch die „Zeitgeister", oft menschliche Absichten durchkreuzt, auch vatikanische. Denn dadurch, daß dem Menschen der Weg in die geistige Welt und zur Erkenntnis der Reinkarnation mit allen Konsequenzen versperrt wurde, wurde er gezwungen, sich immer mehr und schließlich ganz und gar der materiellen, sinnlichen Welt zuzuwenden und so immer mehr ein freies, von den lenkenden Geistesmächten emanzipiertes Wesen zu werden. Nur so war er in der Lage, seine Intelligenz und dadurch Wissenschaft und Technik bis zu den wahrhaft phantastischen Höhen auszubilden, die wir heute erleben, deren negative Folgen aber bereits begonnen haben, das Leben künftiger Generationen real zu gefährden. Heute scheint es, als ob diese jahrhundertelange Entwicklung zu Ende ginge: Die Reinkarnation ist wieder „in". Die derzeit noch zu beobachtenden Verirrungen der „Reinkarnationstherapie" und ähnliche Mätzchen wird man zunehmend als Scharlatanerie erkennen. Sie werden in Zukunft in ein wirkliches Erinnern an frühere Verkörperungen übergehen.

Der Mensch ist zwar seiner physischen Erscheinung nach mit der Tierwelt verwandt und zusammen mit ihr und aus ihr durch die Evolution entstanden. Dies zu bestreiten wäre absurd. Diese Erkenntnis hat Darwin, den genialen Naturforscher, dazu gebracht, die Abstammung des Menschen von Affenvorfahren für wahrscheinlich zu halten, damals eine revolutionäre Tat. Denn bis dahin verkündete die Kirche und glaubten die meisten Menschen ja noch an die Entstehung der Welt und des Menschen buchstäblich nach der biblischen Schöpfungsurkunde. Die in bezug auf die Körperlichkeit des Menschen richtige Doktrin Darwins haben seine neodarwinistischen Nachfolger aber über Darwin hinaus dogmatisiert und zu einem geschlossenen, rein diesseitig-positivistischen Weltbild weiterentwickelt. Für einige ist der Mensch nur noch „der nackte Affe". In dieser Konsequenz kann er natürlich reinsten Gewissens und ohne weiteres durch Maschinen ersetzt oder selbst zum „High-tech-Wesen" umgemodelt werden. Die Stammesverwandtschaft mit den Tieren, vor allen natürlich mit den Primaten, hat Rudolf Steiner in seinen Hauptwerken „Theosophie" und „Geheimwissenschaft im Umriß" erläutert. Danach ist natürlich auch der Mensch ein Gattungwesen. Als absolut einmalige Erscheinung (in der Anthroposophie „Individualität" genannt) ist jedoch *jeder Mensch seine eigene Gattung,* weshalb das Menschenreich nicht nur graduell, sondern prinzipiell vom Tierreich unterschieden ist. Es ist also nur viertelswahr und deshalb falsch, zu behaupten, der Mensch stamme vom Affen ab.

Nun ist es an der Zeit für ein klärendes Wort zu dem schon mehrfach zitierten und v. a. für die Menschenkunde aus kosmologischer Sicht wichtigsten Werk Steiners, der „Geheimwissenschaft". Dieser meist aus schlichter Ignoranz mißverstandene Titel besagt natürlich nicht, daß der Verfasser etwas „Geheimes", d. h. nur wenigen Menschen Zugängliches, habe mitteilen wollen – wie hätte das Buch dann veröffentlicht werden können? Er ist aus der esoterischen Tradition übernommen und besagt, daß sie die Wissenschaft ist von dem, was sich insofern im „Geheimen" abspielt, als es nicht draußen in der Natur wahrgenommen wird. Sie bleibt nur demjenigen geheim, der diese Bezeichnung zur Diffamierung benutzen, der sich nicht selbständig denkend auf sie einlassen will. In diesem Buch wird in beeindruckenden Bildern und konkreten Mitteilungen das Werden des Menschen im Zusammenhang mit dem Werden der Erde behandelt. Wissen sollte man von Anfang an, daß diese ganze kosmologische, in früheren Verkörperungen der Erde begonnene ungeheure Entwicklung nur durch die Tätigkeit hoher geistiger Wesen denkbar ist, mit deren Hilfe und mit denen gemeinsam sich die menschlichen „Hüllen", auch „Wesensglieder" genannt, von Stufe zu Stufe herausgebildet haben. Erde und Mensch haben sich, ebenso wie Mineral-, Pflanzen- und Tierwelt, in einem gewaltigen evolutionären Prozeß miteinander und auseinander entwickelt.

Von einem anderen Gesichtspunkt aus wird das Wesen des Menschen in seiner Beziehung zu den „unter" ihm stehenden Naturreichen dargestellt. Hier spielt das Verhältnis zur darwinistischen „Deszendenztheorie" (Abstammungslehre) eine Rolle. Die Verdienste Darwins und Haeckels werden von Steiner ausdrücklich voll anerkannt. In seiner „Philosophie der Freiheit" schreibt Steiner: „Der ethische Individualismus [wie er ihn in diesem Buche vertritt] ist somit die Krönung des Gebäudes, das Darwin und Haeckel für die Naturwissenschaft erstrebt haben. Er ist vergeistigte Entwicklungslehre auf das sittliche Leben übertragen" (GA 4, S. 149), ein Beispiel dafür, daß sich echte Naturwissenschaft und echte Geisteswissenschaft nirgends ausschließen, sondern überall ergänzen.

Der vom Darwinismus aufgestellte Stammbaum des Menschengeschlechtes wird also bestätigt, aber ganz anders interpretiert und in wesentlichen Punkten weiterentwickelt. Der Mensch ist doppelten Ursprungs: Er ist ein physisches, der Vererbung unterworfenes *und* ein geistiges, dem Wiederverkörperungsgesetz unterworfenes Wesen. Das Mineral-, Pflanzen- und Tierreich sind nicht *vor* dem Menschen entstanden, sondern als geistiges Wesen wurde der Mensch zuerst, als physischmaterielles Wesen zuletzt erschaffen. Materiell gesehen stimmt also der Darwinismus, geistig gesehen nicht. Dies ist übrigens ein Beispiel für viele derartigen scheinbaren Diskrepanzen zwischen Natur- und Geisteswissenschaft.

Holzschnittartig könnte man deshalb sagen: Nicht der Mensch hat sich aus dem Affen entwickelt, sondern der Affe aus dem Menschen. Was zuletzt in der Zeit und im Raume erscheint, war im Geiste zuerst da. Es ist also kein Wunder, daß man bisher Reste des Urmenschen noch nicht gefunden hat. Man wird sie nie finden. Denn der Mensch war im Anfangsstadium seines Materiell-Werdens weich und ohne Skelett. Er konnte sich nur dadurch zu vollem Menschentum entwickeln, daß er während des evolutionären Prozesses seine vegetativen und animalischen Eigenschaften aus sich heraussetzte. So, durch dieses wahrhaft kosmische Opfer, entstanden das Pflanzen- und Tierreich aus dem Menschenwesen.

Das Ganze ist, wie man schon aus diesen wenigen Andeutungen entnehmen kann, ein ungeheuer komplizierter, aber absolut folgerichtiger, d. h. Weltweisheit und Schöpfungsplan entsprechender, zielgerichteter Prozeß.

Der Mensch ist also nach anthroposophischer Auffassung aus Geistigem hervorgegangen. Er reift in immer neuen Verkörperungen in immer neuen Kulturperioden immer höherer Vollendung entgegen, bis er, nun im Besitz aller Erfahrungen aus allen Verkörperungen, in sehr ferner Zukunft sein im göttlichen Schöpfungsplan vorgesehenes Ziel erreicht hat. Dann wird er in die Sphären der geistigen Hierarchien aufgenommen: Er wird selbst „Engel".

Der Mensch der Gegenwart betrachtet sich selbst als einen (wenn überhaupt!) mit einer Seele begabten Körper. Mit diesem und nur mit diesem fühlt er sich identisch. Was die Seele ist, weiß man nicht so genau, auch nicht der Theologe und erst recht nicht der moderne Psychologe. Diejenigen, die überhaupt an so etwas Unglaubhaftes, jedenfalls experimentell nicht Nachweisbares wie die Seele „glauben", haben darüber die unterschiedlichsten, sich nicht selten widersprechenden Ansichten. Diese Unsicherheit ist wohl eine späte Folge der oben erwähnten dogmatischen Entwicklung in der Kirche. Heute ist man nach dieser Vorarbeit in der materialistischen Naturwissenschaft und Psychologie folgerichtig dabei, auch die Seele abzuschaffen und alles das, was nach seelischem Erleben aussieht, als hormonelle, letztlich als elektromagnetische Impulse zu „erklären".

In der Anthroposophie wird dargestellt, wie der Mensch das ist, was er im Laufe der geistigen und materiellen Evolution geworden ist:

Der *Körper* als „physische Organisation" (auch „physischer Leib") ist das älteste und schon am weitesten entwickelte Wesensglied, er nimmt die Umwelt wahr. Nach dem Tod bleibt er als Leichnam zurück.

Die *„Lebensorganisation"* (auch *„Ätherleib"*), die mit dem Stoffesaufbau und seinen Kräften zusammenhängt, spielt sich im flüssiglebendigen Organismus ab. Den Ätherleib haben wir mit den Pflanzen gemeinsam.

Durch die *Seele* („Astralleib") verbindet der Mensch diese Umwelt mit seinem eigenen Wesen, was ihm Lust oder Unlust, Freude oder Schmerz, aber auch Müdigkeit bereitet, weil es Lebenskraft „verbraucht", ähnlich, wie Tiere dies auch erleben. Denn die Eigenschaft, eine Seele zu haben, teilen wir mit den Tieren.

Nur der *Geist* ist das den Menschen zur unverwechselbaren Individualität machende Ewige, Göttliche, Unverlierbare, das durch die Inkarnationen geht. Er drückt sich in seiner Biographie aus.

Das bewußte „Ich" ist der Tropfen aus dem göttlichen Meer; aus diesem stammt es, und in dieses kehrt es auf einer essentiell höheren Stufe wieder zurück. Rudolf Steiner weist auf ein entscheidendes Merkmal hin: Von sich kann nur jeder selbst „Ich" sagen, für alle anderen bin ich ein „Du". Wenn heute viel von der verhängnisvollen Rolle der „Herrschaft des Ich" über die Natur und Kultur gesprochen wird, dann meint man in Wirklichkeit nicht das echte „Ich", sondern den Egoismus, der das wahre Selbstsein des Menschen verdeckt. In diesem wahren „Ich" liegt vielmehr der Lösungsansatz dafür, daß Aufbauendes nur aus der I-nitiative und Freiheit des einzelnen Menschen, nicht aus der Kollektivität in die Welt kommt.

Die *materiell-ätherische Organisation* besteht also aus einem mineralischen, der Umwelt entnommenen und in sie zurückkehrenden eigentlichen „physischen Leib" und einer der „Lebens(Äther-)welt" entnommenen „Lebensorganisation" (oder „Ätherleib" oder „Lebensleib" oder „Bildekräfteleib"). Dieser letztere Ausdruck soll besagen, daß es sich dabei gewissermaßen um den Architekten handelt, nämlich das Lebendige, das den physischen Leib organisiert und zum Tätigsein befähigt. Dabei darf „Äther" selbstverständlich nicht mit der Äthersubstanz der Chemie verwechselt werden. Es handelt sich, wie auch bei anderen Ausdrücken, die Steiner verwendet, um Begriffe, die der esoterischen Tradition entstammen. Auch meint „Leib" nichts Körperliches, sondern es ist die Bezeichnung für etwas Geformtes, für „Gestalt", auch für „geistig Geformtes".

„Seelenorganisation" (oder *„Astralleib"*, ebenfalls ein uralter Ausdruck) oder „Seelenleib" ist, grob betrachtet, gleichzusetzen mit Seele. Durch sie erleben Tier und Mensch die auf sie von außen einstürmenden Eindrücke als Innenwelt. Sie unterliegt in besonderem Maße den Gestaltungskräften der im Weltall und im Menschen wirkenden Rythmen.

Lebens- und Seelenorganisation zusammenfassend, spricht man auch von „Aura", d. h., das sich dem geistigen Auge darbietende Bild der Seele, ein Lichtleib. Sie erscheint dem seherischen Auge wie eine eiförmige, farbenprächtige Wolke, in die der physische Leib eingehüllt ist. An dem Bild, das die Farben bieten, können dazu begabte Menschen, und das sind nicht wenige, sowohl den Charakter als auch seine vorübergehenden Affekte, Stimmungen, Krankheiten usw. „ablesen". (Man beachte: Auch in diesem Falle ist der Ausdruck „Farbe" nur als sprachlicher Vergleich aufzufassen; der Seher erlebt beim Betrachten einer Aura das gleiche, was man beim Betrachten physischer Farben empfindet.) Diese Fähigkeit war in früheren Zeiten allgemein; ein Relikt dieser übersinnlichen Aura ist der von den frühchristlichen und mittelalterlichen Künstlern den Figuren der heiligen Gestalten verliehene „Heiligenschein".

Die vier menschlichen Wesensglieder sind bei der Geburt noch nicht voll ausgebildet. So wie das werdende Menschlein vor der Geburt umhüllt ist vom warmen, schützenden Mutterleib, diese Hülle nach der Geburt aber nicht mehr vorhanden ist, so sind auch die anderen „Leiber" (Wesensglieder) bei der Geburt zwar schon „da", aber zunächst noch umhüllt von einer „aurischen Hülle"; sie werden jeweils in einer bestimmten Lebensperiode frei. Hier gilt das kosmische Sieben-Jahre-Gesetz. Im ersten Lebensjahrsiebt konzentrieren sich alle Kräfte des noch nicht endgültig „geborenen" *Ätherleibes* auf den Aufbau des physischen Leibes. Diese Periode endet etwa mit der Vollendung des endgültigen Gebisses. Anstelle der ererbten ersten treten nun die eigenen zweiten Zähne. Damit ist, etwa mit dem 7. Lebensjahr, die Geburt des Ätherleibes vollzogen. Noch ist jedoch der *Astralleib* „umhüllt". Er gestaltet sich durch die ererbten und die „mitgebrachten" Kräfte in den nächsten sieben Jahren bis zur Geschlechtsreife, etwa im 14. Lebensjahr. Das Ich wird im Grunde erst frei mit 21 Jahren, d. h., erst von diesem Zeitpunkt an ist der Mensch ein eigenständiges, voll selbständiges Individuum.[61] In solchen Siebenjahresschritten vollzieht sich dann die weitere Entwicklung des Menschen. Mit 35 Jahren steht er auf der Höhe seines Lebens, können sich die Kräfte seines Ich und der drei anderen Wesensglieder voll auswirken.

Diese in wenigen, dürren Worten skizzierte Entwicklung ist natürlich, wie dies ja auch schon von anderen Gebieten gesagt werden mußte, ungleich komplizierter, als es hier zum Ausdruck kommen konnte. Die Er-

---

[61] Die gesetzliche „Volljährigkeit" und damit die Herabsetzung des Wahlalters und die Möglichkeit des Führerscheinerwerbs auf 18 Jahre erscheint von daher nicht unproblematisch

kenntnis dieser Tatsachen hätte jedoch enorme Auswirkung, insbesondere auf die Kindererziehung und Pädagogik, aber auch auf die Medizin und andere Gebiete, wenn sie außerhalb der Anthroposophie bekannt wären. Die Waldorf-Erziehung sowie die anthroposophische Medizin und Pharmazie beruhen voll auf ihr.

Die vier Wesensglieder sind natürlich nicht getrennt wie Häute und Schalen um eine Nuß, sondern sie sind innig ineinander verschlungen.

Und vom richtigen Ineinandergreifen und Zusammenwirken dieser Wesensglieder hängt das Wohl und Wehe, hängen die Gesundheit des Menschen, sein Schlaf und schließlich sein Tod ab. Man kann ganz schlicht sagen: Krankheit ist, soweit sie nicht Folge äußerer Einwirkungen ist, der Ausdruck dafür, daß die Wesensglieder nicht in der richtigen Wechselbeziehung zueinander stehen. Auf dieser wichtigen Erkenntnis beruhen z. B. die später vorzustellende „anthroposophisch erweiterte" Medizin und die „Heileurythmie".

Die Dreiheit ist ein kosmisches Prinzip, das Abbild der göttlichen Trinität. Dieses Prinzip gilt von den Engelshierarchien (drei mal drei Gruppen) bis zur Gliederung des Menschen und der Gesellschaft. Menschenkundlich drückt es sich in der Dreiheit Leib / Seele / Geist und physisch-ätherischer Leib / Astralleib / Ich aus. Aber sie geht noch weiter: Auch die drei „Leiber" sind jeweils wieder dreigegliedert, wodurch sich drei leibliche, drei seelische und drei geistige Wesensglieder ergeben. Deren Besprechung würde hier zu weit führen, jedoch sollen die drei *Seelenwesensglieder* noch erwähnt werden, da sie für die noch zu besprechenden „Kulturperioden" von Bedeutung sind. Steiner unterscheidet:

- Empfindungsseele
- Verstandes- oder Gemütsseele
- Bewußtseinsseele

Durch die *Empfindungsseele,* durch die der Mensch noch mit den höheren Tieren verwandt ist, erlebt er die Eindrücke der Außenwelt als seine Innenwelt. Die von außen eindringenden Wahrnehmungen sowie die Empfindungen, Triebe und Leidenschaften des eigenen Inneren, also die Empfindungsseele, sind die von den Psychologen schon von jeher gesuchte, aber nicht gefundene Verbindung zwischen Leib und Geist. Diese Erkenntnis Steiners ist die Lösung des seit der Antike umstrittenen „Leib-Seele-Problems".

Um das Spezifische des Menschseins, das Denken, zu erzeugen, um seine Erlebnisse mit dem Verstand durchdringen und aufarbeiten zu können, bedarf es einer höheren Seelenfähigkeit: der *„Verstandesseele"*. Und wenn der Mensch Bewußtsein seiner selbst entwickelt hat, dann erlebt er sich als *„Bewußtseinsseele"*.

Alle drei Seelenzustände oder -fähigkeiten, von denen sich je eine in einer bestimmten Kulturperiode entwickelt hat, sind im Menschen schon von Anfang an veranlagt, sie manifestieren sich aber in den verschiedenen Menschenrassen, Völkern und selbst Einzelmenschen in sehr unterschiedlichen Stadien. Ein Teil der sogenannten „weißen Menschheit" lebt heute am Beginn des „Bewußtseinsseelen-Zeitalters", innerhalb dessen es auch wieder die verschiedensten Ausformungen und Reifegrade gibt. Gleichzeitig aber gibt es durchaus noch Völker, in denen die Verstandesseele oder gar, wie in den heute fast ausgestorbenen Naturvölkern, noch die Empfindungsseele vorherrschend ist. Dies berechtigt natürlich ebensowenig dazu, sich über sie erhaben zu dünken, oder gar zu rassistischen Vorstellungen, wie man dies ja auch nicht als Erwachsener gegenüber Kindern tut. Man muß zudem bedenken, daß der Mensch sich durch die verschiedenen Menschenrassen hindurch verkörpert. Es gibt auch in der Theologie bereits Stimmen, die sich nicht nur oberflächlich und voller Vorurteile mit dem Steiner-Werk befassen, sondern die sich ernsthaft mit ihm auseinandergesetzt haben. Solch eine Stimme, auch im Hinblick auf die Lehre von den Wesensgliedern, ist das schon erwähnte Buch von Andreas Binder: „Wie christlich ist die Anthroposophie?". Er kennt beide Lager gründlich, und deshalb hat sein Buch ein Niveau, an dem sich zukünftige Publikationen zu diesem Thema messen lassen müssen.

Die anthroposophische Seelengliederungslehre noch einmal mit einigen zusätzlichen Wirkungskriterien zusammenfassend, kann man sagen:

– Das *ICH* offenbart sich im Wachzustande; es koordiniert die „Hüllen", d. h. die anderen drei Wesensglieder, trägt die drei Seelenkräfte Denken – Fühlen – Wollen, geht durch die Inkarnationen und beherrscht das ganze Leben. Es ermöglicht das persönliche Lebenswerk. Vor allem aber ist es Teil des ewigen Wesenskerns des Menschen. Dieser ist das, was nach dem Ablegen der mehr irdisch bestimmten drei niederen Hüllen durch die geistige Welt zur nächsten Inkarnation „wandert".

– Der *SEELEN- ODER ASTRALLEIB* ist der Träger der Empfindungen, Begierden und Leidenschaften. Ihn zu läutern ist eine der wesentlichsten Aufgaben in jedem Menschenleben. „Schlechte Astralität" ist nicht nur für den Menschen, der sie hat, und für sein eigenes Karma schädlich, sondern auch für die Mitmenschen und sogar für die Natur.

– Der *LEBENS- ODER ÄTHERLEIB* verkörpert das Lebendige im Menschen und in allen Lebewesen. Er ist der Organisator aller Lebensvorgänge. Nicht nur der Mensch als Ganzes, sondern jedes einzelne Organ hat sozusagen je einen spezifischen Teil davon; so haben wir ein Äthergehirn, ein Ätherherz usw. Auch diese wichtige Erkenntnis Steiners, die, wäre sie der medizinischen Wissenschaft bekannt, bedeutende medizinische Auswirkungen hätte, kann hier nicht näher behandelt werden.

– Der *PHYSISCHE LEIB* ist nicht identisch mit dem Materiellen unseres Körpers. Rein materiell ist er erst als Leichnam. Aber wir müssen diese Differenz hier unberücksichtigt lassen. Besonders zu betonen ist, daß heute fast alle Menschen ihren physischen Leib mit sich selbst gleichsetzen. Wenn sie „ich" sagen, meinen sie nicht ihr wahres Ich, sondern ihren Körper aus Fleisch und Blut. Dieser unterliegt, wie alles Materielle, ausschließlich den Naturgesetzen. Gegen diese kämpfen die anderen „Leiber" ein Leben lang an. So ist der Mensch nicht, und das ist äußerst wichtig, im Sinne der heutigen Naturwissenschaft und Anthropologie ein Produkt der Natur. Sie hat ihn nicht erschaffen, sie kann ihn nur zerstören. Das Wachsen und der Aufbau aller „Leiber" des Menschen sind vielmehr eine übernatürliche Leistung, die von hohen geistigen Wesenheiten bewirkt wird. Das eigentliche Wesen des Menschen muß also außerhalb des Natürlichen gesucht werden.

Daß diese Differenzierungen nicht eine „Erfindung" Steiners sind, geht schon daraus hervor, daß sie schon in der griechischen Philosophie, besonders bei Aristoteles, und sogar noch bei Thomas von Aquin unbezweifeltes Erkenntnisgut waren. Sie sind m. E. ein unerläßliches Werkzeug, um die Lebensprobleme einleuchtend erklären zu können, für die weder die Wissenschaft (z. B. scheinbar so simple Phänomene wie den Schlaf) noch die Theologie (z. B. viele der im Neuen Testament enthaltenen „Wunder") eine vollständige und überzeugende Erklärung hat.

VI DER TOD

Leben zwischen Tod und einer neuen Geburt
Verbindung zwischen Lebenden und Toten

Der Tod ist der weiße Fleck auf der Landkarte des rationalen Bewußtseins. Seit Jahrtausenden, besonders aber seit dem frühen Mittelalter, handelt es sich in der westlichen Welt dabei um eine, vielleicht *die* zentrale Frage der Menschen: Sie ist auch die Quelle aller ihrer Urängste. Diese Ängste betreffen, von den befürchteten Schmerzen abgesehen, die erwartete Erfahrung einer großen Ohnmacht, eines totalen, unvermeidbaren Ausgeliefertseins, der großen Leere, vielleicht des Nichts. Der Tod wird deshalb in den westlichen Kulturen nahezu vollständig tabuisiert. Nie in der Menschheitsgeschichte war den Menschen „der fremde Tod so nah und der eigene Tod so fremd" wie unserem Fernsehzeitalter. Und, genauso treffend: „Wir haben zwar gelernt, mit der Bombe zu leben. Wir haben es aber verlernt, mit dem Sterben zu leben" (der Medizinphilosoph H. Schnipperges). Erst wer ohne den geringsten Rückhalt sagen kann, er habe keine Angst vor dem Tod, ist wirklich frei. Es ist mir ein Bedürfnis, dazu einen Spruch von Goethe zu zitieren, der auch erahnen läßt, warum Rudolf Steiner ihm so große Verehrung entgegenbrachte:

> *„Wenn einer fünfundsiebzig Jahre ist, kann es nicht fehlen, daß er mitunter an den Tod denke. Mich läßt dieser Gedanke in völliger Ruhe, denn ich habe die feste Überzeugung, daß unser Geist ein Wesen ist ganz unzerstörbarer Natur, es ist ein fortwirkendes von Ewigkeit zu Ewigkeit. Es ist der Sonne ähnlich, die bloß unseren irdischen Augen unterzugehen scheint, die aber eigentlich nie untergeht, sondern unaufhörlich fortleuchtet."*
>
> *(Gespr. mit Eckermann 1824)*

Im krassen Gegensatz dazu stehen Meinungen von Menschen, für die nach dem Tode „alles aus" ist. Geradezu klassisch hat dies der Erfolgsschriftsteller Johannes Mario Simmel ausgedrückt.[62] Gefragt, wem er „im Jenseits" auf keinen Fall begegnen möchte, antwortete er:

> *„Was soll denn das heißen, im Jenseits. Wollen Sie mich in Panik versetzen? Wenn ich tot bin, verflucht noch mal, muß Schluß sein, sonst sterb' ich nicht. Die 70 Prozent Wasser, aus dem der Körper*

---

[62] Simmel, Johannes Mario; in: Der Spiegel vom 19. 7. 1993

besteht, gehen zum Himmel rauf und kommen als Regen zurück, von den verbliebenen anorganischen Salzen sollen Blumen und Bäume blühen. Das ist ewiges Leben, wie ich es mir wünsche. "

Mit der Frage nach dem Tod hingen schon früh die bekannten Fragen zusammen: Was bin ich? Woher komme ich? Wohin gehe ich? Was ist nach meinem Tod? Die erste Frage stand im Mittelpunkt des Kapitels „Anthroposophische Menschenkunde", die zweite und dritte werden Gegenstand des folgenden Kapitels sein. Hier geht es um die vierte Frage: Was ist der Tod, was ist nach dem Tod? Ist überhaupt etwas nach dem Tod? Diese Fragen waren es, die mich in meiner voranthroposophischen Zeit neben der Frage nach dem Verhältnis von Geist und Materie am meisten beschäftigten.

Den Sinn des weisen Sprichwortes: „Der Schlaf ist der Bruder des Todes" kann der verstehen, der die anthroposophische Menschenkunde kennt. Denn für den anthroposophisch Kundigen ist der Tod ebensowenig wie der Schlaf ein unerklärbares Ereignis. Das mag anmaßend klingen, stellt aber nur eine Tatsache fest. Das Instrumentarium für die Beurteilung dieser und vieler anderer ähnlicher Probleme ist die anthroposophische Menschenkunde. Sie lehrt, daß es eben nicht nur, wie für den rationalistisch eingestellten Teil der Mediziner, den physischen Körper gibt, und auch nicht eine Seele, die ihnen mit dem Leib unlösbar verbunden scheint, sondern daß es die vorne besprochene Viergliederung des Menschenwesens gibt. Das Wissen davon erlaubt es, den Augenblick und die Geschehnisse des Todes exakt zu beschreiben.[63]

Der Tod ist aus der Sicht der anthroposophischen Seelengliederlehre der Zeitpunkt, an dem sich nicht wie im Schlafe nur Seelenleib und Ich, sondern auch noch der Lebensleib restlos und endgültig vom physischen Leib lösen. Zurück bleibt der unbelebte, rein materielle Leichnam. Er ver-west, er gibt sein Wesen auf (ein sehr weisheitsvoller Ausdruck, wie sie ja für spirituelle Dinge in der deutschen Sprache nicht selten sind), d. h., er zerlegt sich in seine chemischen Bestandteile. Jetzt hat die Natur ihn wieder; die ihn bildenden Stoffe waren nur von ihr „geliehen". Sie waren, den chemisch-physikalischen Gesetzen entgegen, von den Lebenskräften, d. h. vom Lebensleib, zusammengehalten worden. Die oben von Simmel geäußerte Meinung ist also wahr, aber nur „viertelswahr"; sie rechnet nur mit dem physischen Leib. Was geschieht mit den anderen

---

[63] Flensburger Hefte, Heft 11: Über Tod und Sterben; 2. Aufl. 1992

Wesensgliedern? Lebensleib, Seelenleib und Ich bleiben zunächst miteinander verbunden, nachdem der Mensch – *das* ist nämlich der Mensch, nicht der zurückbleibende physische Körper! – über die Schwelle des Todes in die geistige Welt gegangen ist. Der Schwellenübergang ist, anthroposophisch gesehen, nicht „der Tod" im Sinne von etwas unwiederbringlich und unwiderruflich Endgültigem, sondern im Gegenteil: Er ist eine Geburt, die Wiedergeburt des Geistwesens, das wir in Wirklichkeit immer sind.

In den „Fragmenten" des Dichters Novalis steht der schöne Satz:

Wenn ein Mensch stirbt, wird er Geist.
Wenn ein Geist stirbt, wird er Mensch.

Der eben Gestorbene erlebt nicht den allseits befürchteten Todesschock des jähen Absturzes ins schwarze Nichts. Er hat vielmehr als erste die wahrhaft überwältigende plötzliche Erkenntnis, daß es den Tod gar nicht gibt, daß dieses von den meisten Menschen so gefürchtete Ereignis in Wirklichkeit nicht das Aufgehen im Nichts, der Absturz in die Finsternis, gar in die Hölle ist, sondern ein wunderbares Erlebnis, ein Eingehen in das Licht. Dies ist nicht nur eine Ur-Erkenntnis der alten Religionen und Mysterienweisheiten (z. B. Tibetanisches Totenbuch, keltischer Glaube), sondern auch ein Ergebnis der modernen Sterbeforschung, die besonders durch die Ärzte Dr. Ritchie, Dr. Moody[64] und Dr. Elisabeth Kübler-Roß[65] initiiert wurde. An ihren Ergebnissen kann heute vernünftigerweise nicht mehr gezweifelt werden. Neu erschienen ist über dieses Thema aus anthroposophischer Sicht das Buch von C. Roszell[66].

Der Tod ist also nichts anderes als die Pforte in die höheren Welten, die nun jeder Mensch mehr oder weniger weitgehend, je nach seiner Lebensführung, durchlebt. Ein Gefühl der Befreiung tritt zunächst ein, genau umgekehrt wie das Gefühl der Bedrückung und machmal Angst vor und bei der neuen Geburt. Der Mensch wird sogleich nach seinem Tod von der beseligenden Erkenntnis ergriffen, daß nicht „alles aus" ist, daß er nicht, wie manche Religionen lehren, nun ohne eigene Individualität in der allgemeinen Weltensubstanz oder gar nur noch als chemischer Rest in der Natur aufgeht, aber auch nicht in die „ewige Verdammnis" abstürzt. Sondern er sieht in unendlicher Befreiung, daß er sich nach wie

---

[64] Leben nach dem Tod; Hamburg 1977 (Aufl. über 300 000)
[65] 4 Taschenbücher im GTB-Taschenbuchverlag, Gütersloh
[66] Calvert Roszell: Erlebnise an der Todesschwelle; Stuttgart 1991

vor als ein einzelnes Wesen unter einzelnen Wesen fühlt, daß er nicht allein ist.

Einschub: Rudolf Steiner war viele Male gezwungen, auf folgende Schwierigkeit hinzuweisen: Unsere Sprache ist in unserer irdischen Welt entstanden zur Bezeichnung irdischer Gegenstände, Prozesse und Gedanken, mögen sie auch abstrakter oder ideeller Art sein, wie Freiheit, Glaube usw. Zur Beschreibung übersinnlicher Phänomene ist sie im Grunde ungeeignet. Man kann (wenn man es kann!) mit Analogien zur gegenständlichen Welt arbeiten, wie auch Rudolf Steiner dies vielfach tat. Im Hinblick auf dieses in der Natur der Sache liegende kaum überwindbare Problem muß man sagen: Ganz abgesehen von allem anderen ist es bemerkenswert, wie Steiner es verstanden hat, selbst subtilste Feinheiten der höheren Welten in einer uns modernen Menschen verständlichen Sprache mitzuteilen. Auch schon von Buddha wird uns berichtet, daß er das, was er an umwälzend Neuem der Menschheit zu bringen hatte, in gangbare Begriffe seiner Zeit einzukleiden wußte. Dennoch bleibt der Umstand, daß es heute vor allem für junge Menschen schwierig zu sein scheint (und auch für mich war!), die Sprache Steiners zu verstehen. Versteht man sie aber schon rein sprachlich nicht, dann kann man auch die geisteswissenschaftlichen Gedankenwege nicht nachvollziehen, dann wird der heutige Mensch leicht unlustig und gibt bald auf. Hier liegt eine große Erschwerung der Akzeptanz anthroposophischer Texte in dieser Zeit, der entgegenzuwirken eine der Aufgaben dieses Buches ist.

Als erstes, wenn man von den häufig berichteten beseligenden Licht- und Engelserscheinungen absieht, steht der jetzt körperlose Mensch überwältigt vor seinem gesamten „Lebenspanorama", einem umfassenden Erinnerungsgemälde des Lebens, das eben zu Ende ging. Es ist, als ob er vor einem gewaltigen, landschaftsähnlichen Gemälde stünde, auf dem er sein ganzes verflossenes Leben „auf einen Blick" übersieht. Was zeitlich verlaufen ist, sieht er jetzt auf diesem grandiosen Bild wie räumlich auf einmal. Ein ähnliches, wenn auch in rasender Schnelligkeit zeitlich verlaufendes Bild können Menschen haben, die z. B. während des Fallens von einer Felswand oder beim Ertrinken einen starken Schock erleiden, dann aber doch noch gerettet werden. Bei ihnen findet eine mehr oder weniger starke, plötzliche Lockerung des Lebensleibes vom physischen Leib statt, also eine Art Scheintod. Trotz dieser Schnelligkeit kann man jede Einzelheit erkennen. Der Zeitfaktor ist, wie oft im Traum, ausgeschaltet. Dies ist dadurch möglich, daß der Seele nichts verlorengeht von dem, was im Leben auf sie Eindruck macht. Alles ist im Lebens-

(Äther)leib „aufbewahrt", da das „Äthergehirn" (nicht das materielle!) der Träger des Gedächtnisses ist. Ich kenne Menschen, die dieses Erlebnis hatten; sie bleiben ihr Leben lang davon tief beeindruckt.

Nach dem endgültigen Tod dauert dieses Panorama-Erlebnis etwa drei Tage, nämlich so lange, wie der Mensch notfalls ohne Schlaf hätte auskommen können. Hieraus erklärt sich auch der früher verbreitete, heute nur noch selten anzutreffende Brauch, drei Tage Totenwache am Totenbett zu halten, den Verstorbenen mit liebenden Gedanken zu begleiten und ihm esoterische Texte oder Gebete vorzulesen. Erst danach wird der Sarg geschlossen.

Nach etwa drei Tagen lösen sich die höheren Wesensglieder vollständig aus den irdischen Zusammenhängen. Der Lebensleib beginnt, sich mehr und mehr und schließlich fast ganz im Weltenäther aufzulösen, aus dem er ja beim „Abstieg" zur neuen Geburt gebildet worden war. „Fast ganz" sage ich deshalb, weil ein „Extrakt", eine „Lebensessenz", erhalten bleibt und durch die lange Zeit zwischen Tod und neuer Geburt hindurch ins neue Leben hinübergetragen wird als das, was der Mensch für seine weitere Entwicklung braucht. Dieser „Extrakt" enthält alles, was der Mensch an Taten erlebt hat, alles, was in bezug auf das menschliche Karma wirkt, wofür er einen Ausgleich zu schaffen hat. Ich nenne es für mich etwas unscharf „das karmische Gepäck". Aus diesem heraus baut der Mensch seine nächste Verkörperung auf, den Leib seines nächsten Lebens. Diese „geniale Erfindung" der göttlichen Schöpfergeister ermöglicht die Vervollkommnung der Menschen von Inkarnation zu Inkarnation. Übrigens: Weder der natürliche noch der gewaltsame Tod eines Menschen tritt „zufällig" ein; er tritt vielmehr dann ein, wenn das jedem Menschen eigene Karma es fordert. Und das Karma fordert es, wenn – auch im Falle jugendlich Sterbender – das jeweilige Lebensschicksal mitsamt der in ihm enthaltenden Lebensaufgabe erfüllt ist.

Die frei gewordenen Kräfte des Seelen(Astral-)leibes, die zu Lebzeiten während des Schlafes die „Ausbesserung" von entstandenen Schäden des physischen Leibes und Lebensleibes bewirkt hatten, dienen jetzt als „Wahrnehmungsorgan" für die ätherisch-geistige Umgebung. Außerdem geschieht mit dem Seelenleib und durch ihn etwas Wichtiges: Während seines Erdenlebens hat das Ich, der Kapitän des Lebensschiffes, wenn er ein guter Kapitän war, viele „niedere" Neigungen, Wünsche und Taten, die den Menschen niederzogen oder an der Höherentwicklung hinderten, zu einem mehr oder weniger großen Teil (oder auch gar nicht!) läutern können. Aber dies gelingt fast nie restlos. Es bleibt in jedem Falle noch ein kleineres oder größeres Maß an „ungereinigter Astralität" übrig. Das sind all die Erlebnisse, Handlungen, Gedanken (ja, auch Gedanken!), die gegen das Gewissen doch getan oder gedacht wurden, alle unbeherrschten Trieb- und Aggressionserlebnisse, also „offengebliebene Posten" unserer Triebnatur; „Trieb" ist hier ganz allgemein aufgefaßt: von triebhafter Sexualität über die Geld- und Machtgier bis zu den subtilsten Egoismen geistiger Art.

Diese „Restposten unserer Triebnatur" bereiten dem Menschen, da er ja über keine Leiblichkeit, also keine Sinnesorgane, mehr verfügt, über kein Organ, durch das die Triebe sich ausleben könnten, den Schmerz der Nichtbefriedigung, wohl etwa analog dem, den Drogensüchtige erleiden, denen „der Stoff" fehlt. Hiervon muß er sich also im Verlaufe einer kürzeren oder längeren Zeit durch eine meist als schmerzhaft, wie Entzugserscheinungen, empfundene Läuterung freimachen. Erst dann hört die Zeit des Leidens auf, wenn der Mensch die Begierden und Süchte, die im astralischen Leib wurzeln und nur in der physischen Welt befriedigt werden können, ausgemerzt hat. Das ist das christliche „Fegefeuer", das indische „Kamaloka". Diese aus den Taten des vergangenen Lebens herrührenden mehr oder weniger qualvollen „Entzugserscheinungen" sind nötig, damit der geistige Mensch diese ihn herabziehenden, seine Würde als Mensch beeinträchtigenden Erlebnisse, Handlungen und Gedanken als würdelos, gemein, egoistisch, kurz: als seine Feinde erkennen lernt.

In dieser Läuterungszeit überwindet er alle diese „Negativposten" nach und nach, der „Gerechte" schneller, der „Sünder" langsamer, je nach der Lebensführung. Dieser Prozeß dauert so lange, bis der Mensch die Fehler und Schwächen erkannt hat, die er überwinden muß. Er hat dann in sich einen inneren Drang zum „Gutwerden" und zum „Gutmachen" gebildet, der ihn die Läuterungsqualen ertragen und ihre Notwendigkeit etwa so einsehen läßt, wie er sich auf Erden zu einer Entziehungskur oder einer Operation entschließen muß, um einen Krankheitszustand zu beseitigen.

Schließlich kommt der Zeitpunkt, an dem er sich von den letzten Schlacken des vergangenen Erdenlebens befreit hat, an dem er alles ausgeglichen hat, was mit seinem physischen Leib zusammenhängt. Ausgeglichen sind aber nur die Untaten, die er sich selbst zugefügt hat, alle Unbeherrschtheiten, alle Haß-, Neid- und Wutgefühle, alle Süchte usw. Die Taten und Unterlassungen aber, die seine Mitmenschen, im christliche Sinne seine Nächsten, die ja auch die Fernsten sein können, geschädigt haben, die Opfer des Waffen- oder Drogenhandels z. B., können so nicht ausgeglichen werden. Sie haben fortwirkende Spuren hinterlassen, die der Mensch als „Karma" mitnehmen muß ins nächste Leben, in dem er den Folgen seiner Taten, den guten wie den bösen, in Gestalt der Begünstigten oder der Geschädigten wiederbegegnet. Wenn diese Tatsache den Mafiabossen, Drogenhändlern und Waffenschiebern vor Augen stünden, würde vielleicht mancher von ihnen auf das schmutzige Geld verzichten und sich einen anständigen Beruf suchen.

Aber das ist noch nicht alles. Während dieser Läuterungszeit, die durchschnittlich ein Drittel so lange dauert, wie sein vorangegangenes Leben (je nach der Lebensführung kann diese Zeit wesentlich länger oder kürzer sein), erlebt der Mensch dieses Leben noch einmal rückwärts. Aber er erblickt es nicht nur, wie beim erwähnten Panoramaerlebnis, sondern er erlebt jetzt sein ganzes Leben noch einmal, sozusagen „negativ". Alles, was er anderen, auch Tieren und Pflanzen, Gutes oder Böses zugefügt hat, erlebt er nun selbst so, als stecke er in dem armen Kerl, den er übers Ohr gehauen hat, in dem Tier, das er gequält hat, in dem Lebenspartner, den er verlassen hat, aber auch in dem Flüchtling, dem er eine neue Heimat gegeben, oder in dem Tier, das er vor grausamen Händen gerettet hat. Er empfindet also nicht die Befriedigung über die Ohrfeige, die er einem andern gegeben hat, sondern er erleidet den Schmerz, den er verursacht hat, und die Scham des Gedemütigten.

Unter dem Eindruck dieser unmittelbaren intensiven Erlebnisse faßt der Mensch dann den Entschluß, wiedergutzumachen, womit er andere geschädigt hat, auszuführen, was er sich an Positivem vorgenommen, aber nicht durchgeführt hat; kurz: Er strebt eine selbstgewollte Wiedergutmachung für das nächste Leben an.

Wenn man das weiß, sich wirklich innerlich mit diesem Gedanken durchdrungen hat, dann versteht man plötzlich vieles, was einem sonst im Leben völlig unverständlich vorkommt: daß man Gutes und Verzeihung erfährt von Menschen, denen man übel gesonnen war, daß einem Fähigkeiten zuwachsen mit Hilfe bestimmter Menschen, die dazu eigentlich gar keinen Grund hatten, daß man öfters erstaunliches, eingestandenermaßen ganz unverdientes „Glück" gehabt hat usw.

In der geistigen Welt kann *nichts* wiedergutgemacht werden, mit dem Tode sind alle derartigen Chancen endgültig vorbei. Erst im nächsten Leben hat der Mensch wieder die Freiheit, seinen „mitgebrachten" inneren Antrieben (Gewissen, Karma) zu folgen und „offene Rechnungen" zu begleichen oder bezahlt zu bekommen, ohne daß die Beteiligten wissen, warum das geschieht.

Ist diese Zeit beendet, dann ist der Mensch zunächst von allem, was Vergangenheit ist, befreit. Wir werden noch sehen, wie sich alle Taten und Unterlassungen auswirken, die die soziale Umwelt betreffen, also „Wie Karma wirkt" (GA 34). Man kann in dieser Phase seiner „überirdischen Wanderung" alles, was man während des Erdenlebens von Mensch zu Mensch, im Verhältnis zur Gemeinschaft usw. getan, unterlassen, erlebt hat, völlig durchschauen, weiß dann, was man alles gut oder schlecht gemacht hat, aber ... man kann nichts mehr daran ändern. Man kann nur noch den Entschluß fassen, dieses alles im nächsten Leben gut oder besser zu machen, wenn sich die Gelegenheit dazu gibt. Und sie wird sich ergeben! Denn die Menschen, mit denen noch positive oder negative „karmische Rechnungen" offen sind, wird man mit Bestimmtheit im nächsten Erdenleben wiedertreffen. Und wie gesagt: Nur auf Erden ist der Ort der Freiheit, nur hier kann man ganz aus sich selbst heraus entsprechende Korrekturen herbeiführen. Der Antrieb dazu lebt als „Karma" in uns.

Der Abschluß dieser Läuterungsphase, die für den bösartigen Verbrecher, den kaltherzigen Betrüger, den blutrünstigen Diktator durchaus eine als unendlich scheinende Phase tiefsten Leides und größten seelischen Schmerzes ist, durch die aber ein gütiger, warmherziger, opferfreudiger Mensch ziemlich unbeschwert „hindurchfliegt", dieser Abschluß ist gekennzeichnet dadurch, daß der Mensch nun auch seinen Seelenleib zum größten Teil, d. h. insofern er ihn nicht „geläutert" hat, „abstößt". Der Astralleichnam löst sich auf und geht, wie der Ätherleib im Weltenäther, in der Astralwelt auf. Der geläuterte Teil ist der vom Ich während des vergangenen Erdenlebens durch eine ethisch bewußte Lebensführung und Meditation „bearbeitete", gewandelte Teil. Dieser bleibt nun für alle Zeiten mit dem Ich verbunden und stellt gewissermaßen das in den bisherigen Inkarnationen gewonnene spirituelle Wachstum dar.

Das Ich ist nun frei für ein rein geistiges Dasein „in den Himmeln". So heißt es im „Credo" und im „Vaterunser"-Text der Christengemeinschaft (s. Kap. X), denn es gibt ja nach unserer Auffassung nicht den diffusen, „ewige Seligkeit" bedeutenden Himmel der traditionellen christlichen Religionen, sondern es gibt „die Himmel", d. h. viele ineinanderfließende geistige Sphären, in die das Ich je nach dem Grad seiner Entwicklung verschieden hoch eingeborgen wird.

Durch diese Himmel hindurch trägt er, wie gesagt, als sein „karmisches Gepäck", einen Extrakt seiner irdischen Taten und Unterlassungen (auch böse Gedanken sind Taten, und eine nicht gewährte Verzeihung ist eine Unterlassung), um nach der ihm bestimmten Kulmination erneut wieder durch die Astral- und Ätherwelt „abzusteigen" zu einer neuen Inkarnation. Während dieser Zeit verwandeln sich die Bemühungen und Erlebnisse des letzten Lebens; sie werden zu Fähigkeiten oder Mängeln im künftigen Leben.

„In den Himmeln" steigt der Mensch in Gemeinschaft mit immer höheren geistigen Wesenheiten und in Abhängigkeit von seinem „karmischen Gepäck" in immer höhere Sphären des Geistes auf. Es sind die Reiche, die „bevölkert" sind von den „himmlischen Engelsscharen" aller Hierarchien, die Reiche, die traditionell die „ewige Seligkeit" genannt werden, da es die ganze Seligkeit der geistigen Menschenwesen, der „unsterblichen Seelen", ist, in diesen „Götterkreisen" eine immer höhere schöpferische Geisteskraft zu entfalten. Und hier spätestens findet man auch die Menschen wieder, mit denen man in früheren und meist auch in künftigen Erdenleben karmisch verbunden war und sein wird. Es ist also durchaus kein „mittelalterlicher Kinderglaube", daß ich die mit mir im Guten wie im Bösen karmisch verbundenen Menschen „dort" wiedertreffe und auch wiedererkenne.

Und nicht zuletzt kann der vergeistigte Mensch gerade in diesen Sphären Verbindung aufnehmen mit den noch inkarnierten Menschen, denen er in irgendeiner Weise nahestand, um ihnen gute Kräfte zuzusenden und von ihnen gute Gedanken zu empfangen. Das ist der Grundgedanke der Ahnenverehrung. Wir wissen gar nicht, wieviel wir unseren Toten zu verdanken haben! Und diese Verbindungen kann man durch gute Gedanken und Gebete noch erheblich stärken. Für diese Verbindung zwischen Lebenden und Toten gibt es im Übrigen eine Fülle von persönlichen Berichten, und mancher Leser dieses Buches wird hin und wieder bewußt, halbbewußt oder im Traum mit einem ihm teuren Verstorbenen Verbindung gehabt haben.

Die häufig gestellte Frage, ob es denn möglich ist, daß wir unsererseits mit Verstorbenen Verbindung aufnehmen, ist durchaus zu bejahen, was für viele Menschen ein großer Trost sein kann. Wie diese Verbindung zu den Gestorbenen geistgemäß geschehen kann, darüber gibt Steiner vielfältige Anregungen. Mit Nachdruck sei gesagt: Es ist für die Verstorbenen sehr wichtig, daß wir ihrer überhaupt gedenken; sie warten sehnlich darauf. Der Verfasser bereut es bitter, daß ihm eine solche Verbindung früher als lächerlich erschien, da auch für ihn „nach dem Tod ohnehin alles aus" war. Auch er beschränkte sich in heute kaum faßbarer Seelenblindheit auf die flache Anschauung von „der Toten Tatenruhm" als einzigem, was bleibt, und vielleicht noch auf die Hoffnung, daß man „in den Kindern weiterlebt". Wer aber keine Kinder und keinen „Tatenruhm" hat? Für viele Menschen beginnt bereits mit dem Herablassen des Sarges in die Grube das Vergessen.

„In den Himmeln" wirkt der Mensch mit Hilfe jeweils bestimmter geistiger Wesen daran, sich die zum Ausgleich seines Karma gefaßten Beschlüsse fest einzuprägen, damit sie im nächsten Leben wirksam werden können. Er schafft sich sozusagen ein Modell des Lebens, das er in der kommenden Inkarnation führen sollte und will. Und vor allem seine neue Leiblichkeit, Lebens- und physischer Leib, werden hier so veranlagt, daß sie das geeignete Werkzeug für die Verwirklichung dieses Modells abgeben.

Nach der Kulmination dieser „Wanderung durch die Himmel" beginnt die konkrete Vorbereitung auf das neue irdische Leben. Der Drang, sich wieder zu inkarnieren, wörtlich: „wieder Fleisch zu werden", wird immer stärker. Auch der „Rückweg" wird geleitet von je bestimmten höheren Wesen. In den (geistigen) Sternenbereichen umgibt das Menschen-Ich sich, und zwar mit vollem Bewußtsein, mit dem bereits veranlagten neuen Astral- und später mit dem Lebensleib. Das von diesen umhüllte Ich findet nun mit Hilfe der es leitenden höheren Wesenheiten in einer von uns Irdischen nicht faßbaren Weise aus den vielen möglichen Elternpaaren, die zur Zeit für eine Zeugung in Frage kommen, das heraus, mit dem besondere karmische Beziehungen bestehen und das dem neuen Menschlein einen solchen Lebens- und physischen Leib vererben und solch eine Lebensumgebung bieten kann, die seinem Karma am besten entsprechen. Selbstverständlich gehören dazu auch alle äußeren Faktoren wie Volk, Landschaft, soziale Verhältnisse, Erbgut usw., die Voraussetzung für die Verwirklichung seines Lebensplanes sind.

Auf die sich an dieser Stelle zwangläufig ergebenden Fragen der Empfängnisverhütung und vor allem der Abtreibung kann hier nicht eingegangen werden. Daß von dem hier vertretenen Standpunkt aus die Empfängnisverhütung verantwortlich vorgenommen und ein Schwangerschaftsabbruch nur in sehr seltenen und sehr begründeten Ausnahmen durchgeführt werden sollte, braucht nach dem bisher Gesagten sicher nicht betont zu werden. Die allermeisten Menschen sind sich überhaupt nicht bewußt, welche unfaßbaren Vorbereitungen nötig sind, daß ein zur

Inkarnation drängendes Menschenkind bei einem bestimmten Elternpaar geboren werden kann. Welche Verantwortung, d. h. welche verantwortliche „Güterabwägung", bedeutet es, dies zu verhindern! Wie könnte ein Zeitgenosse dies auch wissen? Wer erklärt ihm diese Zusammenhänge?

Nun erblickt das kleine Menschlein erneut das Licht der Welt, d. h., es geht durch die Pforte der Geburt, wie es einst durch die Pforte des Todes gegangen ist. Von Novalis wird ein schöner Spruch überliefert: „Sollte es nicht auch drüben einen Tod geben, dessen Resultat irdische Geburt wäre?" Aus dem Geist wird nun wieder ein Mensch. Kurz vor seiner Geburt erlebt er je nachdem etwas Wunderbares oder auch stark Belastendes: So wie er kurz nach dem Tode eine Rückschau auf das vergangene Leben hatte, hat er jetzt eine Vorschau auf all die von ihm selbst, von seinem Karma stammenden Hindernisse und Schwächen, aber natürlich auch auf seine Stärken und Vorzüge, die im neuen Leben auf ihn zukommen werden und wie er mit beiden sinnvoll umzugehen hat. Die so „eingeprägten" Impulse wirken nun ein Leben lang im Unterbewußtsein jedes Menschen, man kann sicher sagen: in seinem Gewissen.

So erscheint der Mensch mit den Früchten seiner früheren Leben, den guten und den schlechten, in einem neuen Dasein, und seine ewige Individualität erlebt weiterhin die Folge von Geburten und Toden.

Man kann also mit tiefer Überzeugung darauf hinweisen, daß das menschliche Leben weder, wie die Materialisten behaupten, durch Geburt und Tod begrenzt ist und der Tod es ein für allemal auslöscht. Noch kann man, wie die Kirche lehrt, sagen, daß der Mensch vor der Zeugung überhaupt noch nicht vorhanden war, sondern erst mit dem Augenblicke der Zeugung „aus dem Nichts" von Gott geschaffen wird und daß er nach einem einmaligen Leben mit seiner „unsterblichen Seele" in eine vage „ewige Seligkeit" eingeht ... oder aber „auf ewig" in die „ewige Verdammnis" der Hölle kommt, wenn er mit einer einzigen „Todsünde" (!!!) stirbt. Diese „christliche Hölle" (im Gegensatz etwa zur germanischen „hel" oder zum griechischen „Hades") ist – man muß das schon so deutlich sagen – der Urquell aller Ausgeburten, eine gigantische, schon seit der Antike total abgestandene Absurdität. Sie hat außerdem im Neuen Testament nur eine wackelige, indirekte, höchst umstrittene *Basis*; man hat sie aus sehr durchsichtigen Gründen auf Konzilien auf der Grundlage alten, nun nicht mehr verstandenen Mysterienwissens ausgeklügelt.

Diese spekulativ-sadistische „Religionspädagogik" scheint, was ich nie für möglich gehalten hätte, auch heute noch nicht ausgestorben zu sein. Der Paderborner Theologe Prof. Dr. Peter Eicher, der Dr. Drewermann in seinem Kampf mit der Amtskirche beigestanden hat, hat den Paderborner Bischof Degenhardt aufgefordert, den neuen (!!) Katechismus der katholischen Kirche nicht in Schulen zu verwenden, weil in ihm immer noch, und zwar schon „für höchst lächerliche Verfehlungen", mit ewigen Höllenstrafen gedroht werde.[67] „Wie soll Gott Liebe sein, wenn er zeitliches Handeln mit ewigen Qualen zu bestrafen für fähig gehalten wird?" Eicher fragt den Bischof, ob ein solcher „höllischer Angstglauben" gegenüber Schülern und Lehrern zu verantworten sei. So habe ich schon als zwölfjähriges Kind gedacht.

Diese sonderbaren, ja perversen Klimmzüge sind notwendig – und das ist eine besonders wichtige Feststellung, die man sich merken sollte –, weil man die Realität der Reinkarnation nicht wahrhaben will. Man *kann* sie nicht zugeben, denn man hat ja, wie schon erwähnt, das, was sich reinkarnieren könnte, „abgeschafft": den Geist. Ein Leben vor dem Leben, d. h. die Präexistenz, kann und darf man sich also ebensowenig vorstellen wie eine neue Inkarnation.

In dem bereits zitierten wichtigen Buch des evangelischen Theologen A. Binder: „Wie christlich ist die Anthroposophie?" kann man auch dies leicht nachlesen. Auch für ihn ist das alles entweder Mittelalter oder moderne, materialistische Verlegenheits-Unlogik. Die Aussagen der Anthroposophie über den Tod, über das Leben zwischen Tod und einer neuen Geburt und über die neue Geburt werden auch von ihm in jeder Hinsicht für einsichtig, in sich stimmig und – nicht zuletzt – für tröstlich angesehen. Wer möchte schon in die „Hölle" kommen, nur weil er mit *einer* nicht gebeichteten Todsünde stirbt? Und welchen Trost kann man daraus schöpfen, daß man entsprechend der bei einigen protestantischen Theologen gehegten „Ganztodtheorie" nach dem Tod mitsamt allen seinen „Missetaten" ins Nichts fällt, um dann plötzlich beim „Jüngsten Gericht", neu geschaffen, vor seinem „ewigen Richter" zu stehen, der ihn dann entweder endgültig ins Paradies läßt oder ins ewige Höllenfeuer schickt?

Was die Dauer des Lebens zwischen Tod und neuer Geburt angeht, so ist sie individuell sehr verschieden, da sie von sehr vielen Faktoren abhängt. Nicht zuletzt ist das eine Frage der „spirituellen Ökonomie" (GA

---

[67] Meldung der Wochenzeitung Publik-Forum vom 10. 6. 1994

109). So spricht Steiner, ganz weltlich ausgedrückt, vom Bedarf der geistigen Führungswesen an Individualitäten, die wichtig sind für die weitere Evolution der Menschheit und die deshalb u. U. sehr schnell nach ihrem Tode wieder auf Erden gebraucht werden. Außerdem ist das eine Frage des Lebensalters. Sehr früh sterbende Menschen, Kinder, Verkehrsopfer, Kriegsgefallene, kommen in der Regel recht bald wieder auf die Erde. Allgemein kann man nach den Angaben Rudolf Steiners sagen, daß die Dauer des geistigen Lebens zwischen Tod und neuer Geburt davon abhängt, ob und wann ein Mensch in einer neuen Inkarnation wesentlich Neues und Wichtiges für sein Leben erfahren kann. Das bedeutet, daß die Menschheitsentwicklung inzwischen markante Fortschritte gemacht haben muß. Diese Zeitspanne dauert im allgemeinen rund 2160 Jahre. Das ist ein Zwölftel des Tierkreises, den der „Frühlingspunkt" in dieser Zeit durchwandert. Dieser Wert wird halbiert, weil sich jede Individualität in der Regel abwechselnd als Frau und als Mann inkarniert. Das gäbe formal 1080 Jahre. Dies ist jedoch nur ein grober Anhaltspunkt, von dem es viele Ausnahmen gibt. Auch können sich die Zeitspannen nach den individuellen Erfordernissen wesentlich verlängern oder verkürzen, je nachdem, wie weit sich ein Mensch spiritualisiert oder im Gegenteil vermaterialisiert hat, und je nachdem, wann er im Rahmen einer irgendwie gearteten menschlichen Gemeinschaft, angefangen von der Ehe bis zu den Volksgemeinschaften, wieder gebraucht wird.

VII WIEDERVERKÖRPERUNG UND SCHICKSAL

Reinkarnation und Karma

Die umfassende und exakte Erkenntnis des Gesamtphänomens Reinkarnation und Karma und seine allgemeingültige Formulierung in moderner Sprache ist eine der größten und folgenreichsten Gaben Rudolf Steiners an die Menschheit. Man wird sie eines Tages weltkulturgeschichtlich nennen. Diese zusammen mit seiner Christologie, Menschenkunde Erkenntnistheorie und dem neuen Gesellschaftsmodell „Dreigliederung des sozialen Organismus" gehören zu den Grundpfeilern der Anthroposophie als Geistes-, Erkenntnis- und Zukunftswissenschaft. Steiner selbst betrachtete seine Forschungsergebnisse über Reinkarnation und Karma und die Durchdringung des praktischen Lebens mit diesen Erkenntnissen als seine wichtigste Mission. Sie wurden von ihm schon in den ersten Jahren seines öffentlichen Wirkens erstmals mitgeteilt (1903, GA 34). Seine schon mehrfach genannten Grundwerke „Theosophie" und „Die Geheimwissenschaft im Umriß" ergänzten das esoterische Wissen entscheidend durch diese bis in Einzelheiten gehende, gegenüber den alten Lehren völlig neu erforschte Idee. Sie durchzieht wie eine gemeinsame Grundmelodie das ganze Steinerwerk und bedingt viele andere Erkenntnisse Steiners.

Das ganz besonders wichtige Thema dieses Kapitels wurde bisher schon des öfteren erwähnt, weil manche Probleme ohne einen solchen Vorgriff nicht verständlich gewesen wären. Gleich zu Beginn muß wiederum betont werden: Die anthroposophische Überzeugung von Reinkarnation und Karma hat nicht das Geringste zu tun mit der indischen Seelenwanderungslehre, mit dem buddhistischen „Rad der Wiedergeburten", mit Nietzsches unglücklicher Lehre von der „ewigen Wiederkehr des Gleichen" und schon gar nichts mit dem modischen Rummel um die „Reinkarnationstherapie" durch „esoterische" Geschäftemacher und ähnlichem dekadenten Mißbrauch. Sie ist in der von ihm vorgelegten Form ungeachtet der schon seit langen Zeiten vorliegenden Traditionen ein ganz und gar ursprüngliches, alleiniges Erkenntnisgut der Geistesforschung Steiners.

Die aus dem Alten und Neuen Testament sowie dem Koran hervorgegangenen monotheistischen Religionen gehen von der Einmaligkeit des menschlichen Lebens aus, wenngleich schon bei antiken Philosophen sowie im Alten wie auch im Neuen Testament und bei den Kirchenvätern

(Origines!) durchaus Aussagen enthalten sind, die die Reinkarnations-idee voraussetzen oder die sich in diesem Sinne deuten lassen. Und noch der große schottisch-irische Mönchsphilosoph Johannes Scotus Erigena († Köln 877), bei dem das Wissen um Reinkarnation und Karma wie aus Urquellen hervorsproß, bekam Schwierigkeiten mit der Kirche, die seit Augustin auf die der Reinkarnationsidee entgegengesetzte Prädestinati-onslehre und die Unfreiheit des Willens festgelegt war. Bei der Prädesti-nationslehre handelt es sich um die Vorstellung, der Mensch sei schon vor bzw. bei seiner Geburt durch den unerforschlichen Willen Gottes zur ewigen Seligkeit („Gnadenwahl") oder zur ewigen Verdammnis vorher-bestimmt, eine Lehre, die auch von den Reformatoren übernommen wur-de und vor allem durch den Calvinismus einen erheblichen Einfluß bei-spielsweise auf die Entwicklung des Kapitalismus ausgeübt hat. Die in ihrer Bedeutung für Religion, Philosophie, Geschichte und Gesellschaft, nicht zuletzt natürlich für jeden einzelnen Menschen gar nicht zu über-schätzenden Erkenntnisse Steiners über Reinkarnation und Karma waren es ja ursprünglich, die mich intuitiv schon als ganz jungen Menschen für die (viel spätere) Hinwendung zur Anthroposophie vorbereiteten, wie ich dies in der Vorrede angedeutet habe.

Dieses *eine* Leben soll auf „ewig" entscheidend sein für Seligkeit oder Verdammnis, d. h. heute: ewige Trennung von Gott? Das weitverbreitete „Kleine theologische Wörterbuch"[68] bestätigt ausdrücklich als „vom kirchlichen Lehramt festgestellt", daß die schon aus dem Alten Testa-ment, ja aus den ihm vorangegangenen Kulturen stammende „Höllen-strafe ... sogleich nach dem Tode" beginnt und als endgültige „Ver-dammnis" *ewig* dauert. „Wo die Sünde in der vollendeten Selbstverfü-gung in Freiheit durch den Beschluß seines zeitlichen Lebens im Tod ih-re Endgültigkeit fände, wäre sie Verdammnis (Hölle)." Sozusagen im gleichen Atemzug sprechen diese Autoren, wie zum Hohn, von der „rest-losen Liebe Gottes" *und* gleichzeitig von der „wahren Möglichkeit ewi-ger Verlorenheit". Gemeint ist der Sturz in die „ewige Verdammnis" so-fort nach dem Tode mit nur *einer* „Todsünde", ohne daß dieser Mensch in einem neuen Leben oder auf andere Weise die Chance hätte, „es (sich) wiedergutzumachen". Und wenn man dazu noch berücksichtigt, was in der katholischen Kirche noch heute (!!!) als „Todsünde" gilt (z. B. „Un-zucht", wozu v. a. Onanie gehört, Empfängnisverhütung, voreheliche In-timitäten, Habsucht usw.), dann wundert einen die schnell wachsende

---

[68] Rahner/Vorgrimmler, Freiburg 1978, S. 195

Abwendung besonders der Jugend von der Kirche nicht mehr. Um es systemimmanent-primitiv auszudrücken: Dann wäre der Himmel leer und die Hölle überfüllt, denn wie viele sterben wohl „in Todsünde", wo doch die gesamte „kapitalistische Wirtschaftsordnung" auf der „Habsucht" und dem Egoismus aufgebaut ist und wo „der Sex" ein Geschäft geworden ist, in das Abermillionen Menschen aktiv oder passiv verstrickt sind? Und wird die „vollendete Selbstverfügung in Freiheit" – um nur ein Beispiel zu nennen – auch den fast analphabetischen Skins zugestanden, die, von Altnazis verführt, Asylheime anzünden und Tote in Kauf nehmen?

Den früher so beliebten Ausdruck „Todsünde" vermeidet man heute meist geflissentlich, versteckt sich lieber hinter weniger verdächtigen Umschreibungen. Die Sache aber ist seit Tausenden von Jahren dieselbe.

Es wird in diesem Zusammenhang in den Kirchen viel vom „unerforschlichen Ratschluß Gottes" und von der Gnade Christi gesprochen, der dann „im Himmel" vieles ausgleichen werde. Aber wie kann er das, wenn „die arme Seele" mit ihren „Todsünden" längst „auf ewig" in der Hölle schmort, in die er gleich nach dem Tod gestürzt ist? „Ewige Verdammnis"! Man muß sich das einmal wirklich vorstellen, muß sich konkret diese in ihrer unfaßlichen, in die Jahrtausende vor Christus vielleicht passende, aber heute völlig unmögliche Scheußlichkeit vorzustellen versuchen, um zu erkennen, was für eine Ungeheuerlichkeit solch ein Dogma ist angesichts der Allgüte Gottes und der Liebe Christi. Und auch wenn Christus (angeblich) von „Heulen und Zähneknirschen im Feuerofen" (Mt 13,42) spricht und von „Weichet von mir, ihr Verfluchten, ins ewige Feuer" (Mt 25,41), dann dürfte dies die Denk- und Ausdrucksweise des Schreibers des Matthäus-Evangeliums sein, die sich (wenn sie denn echt ist!) aus vorderasiatischer Tradition, aus der babylonischen Gefangenschaft, bis in die Zeiten der Evangelisten erhalten hat.

Wäre es nicht eine himmelschreiende, der so viel beschworenen Barmherzigkeit und Güte Gottes radikal entgegengesetzte, geradezu absurde Ungerechtigkeit, daß ein in einem Verbrechermilieu oder in unausweichlichem Elend aufgewachsener Mensch, der aus Not und Gewissensdumpfheit ein Verbrechen begeht, obwohl er sich des Verwerflichen seines Tuns dunkel bewußt ist („in Freiheit"!), der also geradezu vorherbestimmt ist für ein Leben, in dem „Todsünden" selbst der schlimmsten Art tägliche Routine sind, wäre es nicht absurd, wenn so ein Mensch unrettbar der „ewigen Höllenstrafe" verfallen würde? Er *hat* aber nach der Kirchenlehre nur dieses *eine* Leben und ist folglich nahezu unabweislich und mit praktisch nur geringem persönlichen Verschulden für die „ewige Verdammnis" prädestiniert, vorherbestimmt. Wenn die Kirche dann sagt, so etwas sei keine „in Freiheit" begangene Tat, also keine Todsünde, dann – so scheint mir – ist es nahezu unmöglich, überhaupt eine Todsünde zu begehen. Warum erhält man dann dieses Terrorinstrument aufrecht? Mir ist es unbegreiflich, daß man im Kirchen-Christentum, z. B. bei Augustinus und noch bei Johannes Paul II. und auch bei den in dieser Sicht gar nicht reformatorischen Reformatoren Luther, Calvin, Zwingli, und ebenfalls im Islam *heute noch* mit dieser absurden, der Güte und Weisheit Gottes hohnsprechenden theologischen Scheußlichkeit operiert! Man kann es doch bei aller Bemühung um Objektivität gar nicht anders nennen. „Die Güte Gottes" scheint mir dabei ebenso wie die Verlegenheitsausrede: „Das ist eben ein Geheimnis, an das man nur glauben kann" nichts zu sein als ein Joker, der wie im Kartenspiel überall einsetzbar ist.

Ich persönlich betrachte diese Tausende von Jahren alte Lehre, die bei den Babyloniern ihre Berechtigung gehabt haben mag, die sich aber noch heute als Theologie ausgibt, heutzutage als eine schwere Versündigung an den Gläubigen, ja an der Menschheit. Und dies schon deshalb, weil es absolut unnötig ist, mit solchen abgestandenen Horrordrohungen zu operieren, denn eine tiefere und zugleich logisch-konsequente Lebensbetrachtung wird letztlich zu dem Schluß kommen, daß es *kein* Verbrechen und *keine* Todsünde geben kann, die es rechtfertigen würde, eine Seele auf *ewig* in der Hölle schmoren zu lassen, auch wenn man sich diese nicht so grausam materiell vorstellt, wie es da und dort den Kindern vermutlich noch heute eingetrichtert wird. Wer hier auf Erden, und sei er ein vom Heiligen Geist inspirierter „Pontifex Maximus" und „Stellvertreter Christi" oder der „Iman von Mekka", möchte sich heute noch anmaßen, über die Ewigkeit zu befinden?

Rudolf Steiner hat nachgewiesen (schon in GA 8 und später an zahlreichen Stellen), daß schon bei Heraklit, der in der Epoche vor Sokrates gelebt und gelehrt hat (um 500 v. Chr.), „der große Gedanke der Wiederverkörperung (wie) etwas Selbstverständliches aus den heraklitischen Voraussetzungen" hervorgeht, „aber nicht allein der Gedanke, sondern die Erfahrung von dieser Wiederverkörperung". An dieser Stelle behandelt er das Problem der Wiederverkörperung in einer solchen Komprimierung, daß dieses Buch sich gut als erster Einstieg in diese Thematik eignet. Aber schon Jahrhunderte vor der griechischen Klassik beseelte ein ausgepägter Wiedergeburtsglaube die keltischen Völker in ganz Europa. Sogar die frühe Kirchengeschichte enthält erstaunliche Beispiele von sicherem Reinkarnationswissen. So wissen wir von dem neben Augustinus wohl größten Theologen der Alten Kirche, Origines (gest. 253/54), daß er sich mit Vehemenz für die Lehre von der Präexistenz der Seele und – im Gegensatz zur indischen und platonischen Seelenwanderungslehre – für die Reinkarnation einsetzte und sich schon damals, im 3. Jahrhundert, in scharfen Gegensatz zur „herrschenden" theologischen und kirchenpolitischen Autorität setzte. Daß die Beunruhigung der Kirche durch die Reinkarnationsidee aber bis heute anhält, zeigt eine im Dezember 1990 stattgefundene Konferenz hoher Kirchenführer im Vatikan, in der dieses Thema im Mittelpunkt stand und, wie schon seit mehr als anderthalb Jahrtausenden, als mit der Kirchenlehre unvereinbar befunden wurde.[69]

Die Frage nach dem Wesen des Menschen ist eng mit der Frage nach dem Sinn des Lebens verbunden. Die Anschauung, daß der Mensch ausschließlich durch die Kräfte der Vererbung und die Einflüsse der sozialen Umwelt bestimmt werde, läßt menschliche (Willens-)Freiheit nur als Vielfalt von sozusagen materiellen Kombinationsmöglichkeiten zu. Das ist keine Willenfreiheit. Diese ist nur in dem, wovon wir ein unbedingtes Bewußtsein haben. Unfreiheit ist verbunden mit Unbewußtheit: In dieser wird der Mensch planvoll gehalten, indem man ihm gerade z. B. mit der Höllendrohung – permanent ein schlechtes Gewissen einimpft. Mit der Frage nach der Freiheit des Menschen, nach seiner Würde, ist zugleich die Frage danach gestellt, ob der Mensch ein Wesen in sich trägt, das sich unabhängig von seinem physischen Dasein und seiner sozialen Verflechtung selbst in seinem Sein bestimmen kann. Die Antwort auf diese Frage weist auf das Ich des Menschen, auf seinen innersten geistigen Kern, eben das, das durch die Inkarnationen geht.

Seit der Antike sind immer wieder Menschen davon überzeugt gewesen, daß sie, d. h. ihr Ich, schon oft gelebt haben und noch oft leben werden. Sie waren dieser Überzeugung ganz aus sich heraus, fast instinktiv und nur „irgendwie", denn sie konnten ja von keiner Tradition ausgehen, es gab im Abendland niemanden, der sie das hätte lehren können. Solche Überzeugungen wurden jedoch von der frühen Kirche offenbar deshalb bewußt unterdrückt, weil Menschen, die glauben, daß dieses *eine* Leben

---

[69] in „La Documentation Catholique" v. 4. 4. 93, hier zitiert aus Krüger Manfred: Die Reinkarnationsidee im Blick der katholischen Kirche, im „Goetheanum" vom 6. 3. 94

über „ewige Seligkeit" oder „ewige Verdammnis" entscheidet, natürlich seelisch-religiös und schließlich auch weltlich viel leichter beherrschbar sind als Menschen, die wissen, daß sie zur Vervollkommnung noch viele Inkarnationen vor sich haben. Dies scheint mir auch ein Grund für das Verbot zu sein, zu versuchen, selbst in der geistigen Welt zu forschen, und das Gebot, sich mit dem von der Kirche vorgegebenen Glaubensgut zu begnügen. Man klammert das Rätsel der Reinkarnation seit 1500 Jahren aus, belegt es mit einem Tabu, obwohl es das wichtigste und eigentliche Rätsel des menschlichen Lebens ist.

Besonders deutlich wurde dieses intuitive Wissen um den Wiederverkörperungsgedanken bei Geistesgrößen der deutschen Klassik und im deutschen Idealismus. Bei Goethe z. B. gibt es viele Stellen und Gedichte, in denen er sich ganz eindeutig zur Reinkarnation bekennt. Auch Friedrich Schiller, C. F. Meyer, Peter Rosegger, J. G. Herder sowie Friedrich der Große, Benjamin Franklin, F. M. Voltaire, David Hume, Henry Ford, um nur einige berühmte Persönlichkeiten zu nennen, waren, wenn auch oft nur ahnend und tastend, durchdrungen von dieser Idee. Wegen der vielen Zeugnisse dieser Art sei auf das schöne Buch „Jenseits" von Johannes Hemleben (vgl. S. 22) hingewiesen. Es informiert hierüber mit vielen Beispielen, besonders aus der deutschen Geistesgeschichte.

Hier soll nur ein Großer aus dieser Reihe besonders erwähnt werden, Gotthold Ephraim Lessing. Als letztes und abgeklärtestes seiner Werke schrieb er 1780 ein kurzes, in hundert Paragraphen gefaßtes Traktat: „Die Erziehung des Menschengeschlechtes". Er meinte damit die Erziehung des Menschen zur Freiheit und Mündigkeit als Sinn der Geschichte. Der Gang der Darstellung führt in streng logischen Schritten im letzten Teil zur Wiederverkörperungsidee. Die Höherentwicklung des Menschen ist nur möglich, wenn er sich immer wieder in immer neuen Kulturstufen verkörpert. Und die selbstgestellte Frage, ob denn dadurch nicht zu viel Zeit verloren würde, beantwortet er lapidar:

„Verloren? Was habe ich denn zu versäumen?
Ist nicht die ganze Ewigkeit mein?"

Das, was mir mein Freund am Anfang meiner „anthroposophischen Laufbahn" sagte, als ich immer und immer noch nicht begreifen wollte: „Na dann vielleicht im nächsten Leben" (es könnte ja auch ein noch späteres sein), das war der Sinn dieses Ausrufes Lessings.

Wir haben schon gesehen, daß die Weiter- und Höherentwicklung des Menschen von seinen geistig-spirituellen Fähigkeiten in weitem Sinne abhängt, die er sich in *einem* Leben erwirbt: die Hingabe- und Opferungsfähigkeit für andere Menschen gehört ebenso dazu wie der geistige Anteil der Fähigkeiten eines Handwerkers oder Lehrers, die diese sich in diesem Leben erworben haben. In der geistigen Welt kann der Mensch sich, wie gesagt, keine neuen Fähigkeiten erwerben. In ihr kann und will er die im Erdenleben erworbenen Fähigkeiten und Erfahrungen umwandeln in Fähigkeiten, die er dann im nächsten Leben entwickeln muß. Selbstverständlich darf man sich das nicht so primitiv vorstellen, daß die Fähigkeiten im neuen Leben dieselben oder ähnlich seien wie im vergangenen, nur vielleicht auf einer höheren Stufe. Es zählt z.B. nicht die Art des Handwerkes als solches, sondern es zählen die in Ausübung dieses Handwerks erworbenen Tugenden und geistigen Fähigkeiten wie Redlichkeit, Genauigkeit, Beharrlichkeit usw.

Für vieles, was uns im Leben geschieht oder was wir beobachten, verwenden wir das Allerweltswort „Zufall". Dieses Wort sollte eigentlich fast immer in Anführungszeichen gesetzt werden, denn einen echten Zufall gibt es wohl kaum. Noch nicht einmal ein Lottogewinn und erst recht nicht ein Autounfall ist ein „Zufall" (s. Kap. II).

Und fast ebensooft verwenden wir das Wort „Schicksal", und das meist im gleichen Sinne wie „Zufall". Bei vielem, was geschieht, sagen die Menschen: „Das ist Schicksal."

Was einem „zufällt" und was „Schicksal" ist, das ist meist karmisch bedingt, d. h., es ist die Folge einer Ursache in einem früheren Leben; „meist" sage ich nur, weil es auch „neues Karma" gibt, das in diesem Leben entsteht und seine Folgen in einem der nächsten Leben haben wird. Hierbei geht es zwar auf geistige Weise gesetzmäßig zu, man sollte aber dennoch nicht vom „Gesetz von Ursache und Wirkung" sprechen. Diese Ausdrucksweise erinnert zu sehr an Naturgesetze, in denen der Ablauf zwangsläufig ist. Die Verursachung, die hier vorliegt, hat einen ganz anderen, nämlich einen rein geistigen Charakter, der sich nicht mit den mechanistischen Naturgesetzen vergleichen läßt.

Der Mensch ist tatsächlich, wie die klassischen griechischen Philosophen noch wußten, „das Maß aller Dinge": *Alles,* was geschieht, geschieht für den *Menschen* durch die die Evolution leitenden Mächte. Sie wirken in das Erdenleben so herein, daß sie die physikalischen, chemischen, biologischen Vorgänge des Irdischen, also die Naturgesetze, benutzen, um in ihnen zu wirken. „Es spielt überall die geistige und die physische Welt zusammen" (GA 236, 27. 6. 1924). Im Vortrag vom 22. 6. 1924 sagt Steiner: „Die Gestaltung des menschlichen Karma – ein Gedanke von erschütternder Klarheit: er lehrt uns, daß der ganze Kosmos im Dienste der Hierarchien steht im Verhältnis zum Menschen." Die unfaßbar weisheitsvolle Entwicklung unseres Planeten, die im folgenden Kapitel behandelt wird, ist die Vorbedingung dafür.

Das heißt doch wohl, daß nicht nur der Mensch von den Hierarchien abhängig ist, sondern diese auch vom Menschen und daß – ein wahrhaft aufrüttelnder Gedanke – der Mensch durch sein Verhalten den ganzen Kosmos und alle Hierarchien beeinflussen kann und beeinflußt, ob er das weiß und will oder nicht. Wer sich das bewußtmacht, wirklich bewußtmacht, der *kann* (eigentlich!) nicht mehr fahrlässig oder gar absichtlich die Umwelt zerstören, Angriffskriege führen, politische oder wirtschaftliche Macht mißbrauchen oder auch nur gedankenlos in den Tag hinein leben. Und er sollte (eigentlich!) die geistige Welt nicht mehr länger leugnen können. Es ist ein ungeheurer Gedanke und eine ungeheure Verantwortung, Mensch zu sein.

Die alten Inder, Griechen und selbst die frühen Christen (Paulus Gal. 6,7-8) und vor allem der Kirchenvater Origines wußten noch, daß die Seele eine Präexistenz hat und frühere Taten mit späteren Lebensereignissen zusammenhängen, und zwar über dieses eine Leben hinaus. Erst spätere Kirchenlehrer und Konzilien haben das Karma auf ein einmaliges Erdenleben reduziert, um wirkungsvoller auf die dann folgende „ewige Verdammnis" und die „ewige Seligkeit" verweisen zu können. Man konnte die Menschen, die ja bis in die Neuzeit hinein in ihrer Mehrzahl weder lesen noch schreiben konnten, viel besser dadurch leiten, daß man mit der „Himmelsseligkeit" lockte und mit dem „Höllenfeuer" drohte, die Möglichkeit, es in einem nächsten Leben wieder gut oder besser zu machen, aber unterdrückte und verketzerte.

Natürlich wußten es weder die nicht eingeweihten Priester noch konnten es die Gläubigen ahnen: Auch diese von der Kirche zur Stärkung ihrer eigenen Machtposition herbeigeführte, sich scheinbar sehr negativ auswirkende Entwicklung entsprach in Wirklichkeit doch dem göttlichen Schöpfungsplan; genau so ist es mit dem Dogma von der Schöpfung der Seele aus dem Nichts im Augenblick der Empfängnis. Die Kirche glaubte, Beweger zu sein, wo sie in Wahrheit nur Bewegte, unbewußte Gehilfin des Schöpfungsplanes war. Und das aus folgendem Grund: Es war für die menschliche Evolution unbedingt notwendig, daß die Menschen für eine ganze Reihe von Jahrhunderten das Wissen von Reinkarnation und Karma „vergaßen", daß dieses Wissen verlorengehen mußte, damit sich die Menschheit ganz auf ihre irdische Aufgabe konzentrieren konnte: „Machet euch die Erde untertan", entwickelt euer „Ich", entwickelt die Freiheit! Dieses war aber nur in der konkretesten Auseinandersetzung mit der Materie, dem „Gegenständlichen", möglich, wie sie dann zum heutigen, eben nur durch den Materialismus erreichbaren, schier unfaßbaren Stand von Naturwissenschaft und Technik geführt hat.

Die oben dargestellten abstrusen und abgestandenen, aber leider immer noch wirkungsvollen Theologenkonstruktionen mit ihrem formalen Bezug auf die Bibel konnten sich im Christentum überhaupt nur entwickeln, weil man der Menschheit das Wissen um die Tatsache von Reinkarnation und Karma fast 2000 Jahre lang vorenthalten hat. Wer sich aber von diesem Wissen ergreifen läßt, der versteht plötzlich, warum „das Schicksal" in vielen Fällen scheinbar so ungerecht ist, den einen oder ganze Völker über Gebühr begünstigt, den anderen über Gebühr leiden läßt; dann erkennt man in seinem Leben zwischen dem Tod und einer neuen Geburt, daß man das, was man im vergangenen Leben an Schlechtem und Gutem getan hat, mit Hilfe der leitenden Engel im nächsten Leben gut und noch besser zu machen muß. Und das wird man in der Regel tun, wenn nicht im nächsten Leben, dann im übernächsten. „Ist denn nicht die ganze Ewigkeit mein?"

Allerdings muß der Genauigkeit halber dieser Ausruf Lessings ein wenig eingeschränkt werden. Lessing war ja kein „Eingeweihter". Er hat die Wiederverkörperungslehre von Plato, Pythagoras und anderen antiken Autoren sowie aus manchen Stellen des Alten und Neuen Testaments übernommen und intuitiv Schlüsse daraus gezogen. Er konnte deshalb nicht wissen, was wir durch Rudolf Steiner wissen: daß die Menschen vor Ur-Ur-Zeiten, in sehr frühen Erdperioden, noch keine wiederholten Inkarnationen durchmachen konnten, weil sie noch gar nicht voll inkarniert, „im Fleische", waren, weil sie noch kein freies „Ich" hatten. Also gab es einen Anfang der Reinkarnationsfolge, und es wird ein Ende geben, dann nämlich, wenn der Sinn dieses grandiosen Evolutionsgeschehens erfüllt ist und das menschliche Ich in die geistige Daseinsform übergeht. Nur insofern „ist die ganze Ewigkeit mein".

Die positivistische, kausalmechanistische, reduktionistische Weltanschauung, die ja nicht nur die Wissenschaft, sondern bis ins Unterbewußtsein hinein auch das tägliche Leben und Denken jedes einzelnen von uns beherrscht, „erklärt" die Evolution des Menschen leztlich aus nur zwei Wirkmächten, die maßgeblich sind: Vererbung und Umwelt, in die ein Kind hineingeboren wird und aufwächst. Selbstverständlich könnte heute nur ein Narr die Tatsache und Wirkung der Vererbung und den Einfluß der Umwelt bestreiten, vom Elternhaus über alle Stationen bis zum Tod. Diese beiden Evolutionsfaktoren beziehen sich aber nur auf die „irdischen Wesensglieder" des Menschen. Aber sogar diese sind in einem großen Maße karmisch bedingt: Ob z. B. ein Kind mit einer körperlichen oder geistigen Behinderung geboren wird, ein anderes schon früh die Anlagen zu einem Genie erkennen läßt und ein drittes zu einem Kriminellen wird, das alles ist zwar auch vererbt (oder kann es sein), keine Frage. Aber es wurde ja schon betont: Jedes aus dem Vorgeburtlichen zur Inkarnation drängende Kind hat einen ewigen Wesenskern in sich, der sich mit Hilfe seines Engels „seine" Eltern schon lange, lange vor der Empfängnis nach karmischen Gesichtspunkten aussucht, mitsamt den möglicherweise so gegebenen Erbschäden oder (selbstverschuldeten) kriminellen Veranlagungen. Man muß sich also im klaren sein: Es gibt nicht nur ein nachtodliches Leben, wie es die Kirchen lehren, sondern es gibt auch ein vorgeburtliches, also die Präexistenz. Dieses Wissen, das Wissen um Reinkarnation und Karma allgemein, aber auch das dazugehörige um die Vorgeburtlichkeit des Menschen ist von einer so ungeheuren Tragweite, daß man wirklich verzweifeln könnte, wenn man miterlebt, wie unwissend die große Mehrheit der Menschen hierüber noch ist oder wie halbwissend sie gehalten wird und offenbar bleiben will. Dabei ist dieser Komplex bereits Gegenstand empirischer Forschung.[70]

Findet eine Anlage zu moralischen Eigenschaften nicht das geeignete Blut, so verkommt sie. Man müßte also, wenn man könnte, in der Tat vorsichtig sein bei der Wahl seiner Eltern. Denn nicht das Kind sieht seinen Eltern ähnlich, sondern es wird da geboren, wo ihm die Eltern am ähnlichsten sind. (GA 95, 28. 8. 1906). Wären aber Vererbung und Umwelt allein maßgeblich, dann wäre dieses Wesen Mensch tatsächlich nur der „nackte Affe", ein bloßes Produkt der biologischen Evolution, ein neodarwinistischer Komplex von naturwissenschaftlich letztlich doch „erklärbaren" Faktoren, dann wäre er tatsächlich nichts als ein Zufallsprodukt im „Kampf ums Dasein". Dann könnten sich die Menschen niemals aus den Klauen des Milieus und aus den Fesseln der Vererbung befreien. Die Mehrheit der Menschen, so scheint es mir, hat sich allerdings wohl bis in unsere Gegenwart hinein noch kaum aus diesem Gefängnis befreit, hat sich damit abgefunden. Wir haben noch längst nicht die

---

[70] Stevenson, Ian: Reinkarnation; Freiburg 1986

Hochebene erreicht, auf der man als wirklich freier, von *allen* Autoritäten unabhängiger, selbstbestimmter Mensch leben kann.

An dieser Stelle sei auf zwei Bücher hingewiesen, die in zugleich wissenschaftlich-kompetenter als auch allgemeinverständlicher Weise das Verhältnis von „Christentum und Wiederverkörperung"[71] und die Zusammenhänge von „Evolution – Reinkarnation – Christentum"[72] umfassend behandeln. Im erstgenannten Buch wird das Wesen des Christentums dargestellt, wie es mit der Wiederverkörperungslehre in ihrer anthroposophischen Gestalt zusammenklingt und wie sie sich zu den Aussagen der Bibel verhält. Das zweite Buch müßte allen Naturwissenschaftlern, die die Evolution ausschließlich als einen kausalmechanistisch erklärbaren Prozeß verstehen, zu denken geben. Möchten sie es nur lesen.

Für die anthroposophische Betrachtungsweise ist neben Vererbung und Umwelt eine dritte Wirkmacht die wichtigste: das reinkarnierte „Ich". Jeder Mensch bringt, wie es ja schon im vorigen Kapitel angedeutet wurde, aus seinem vorgeburtlichen Leben die wichtigsten Merkmale mit, die ihn erst in vollem Sinne zu einem eigenständigen Individuum werden lassen: Lebensimpulse, ununterdrückbare Lebensziele, spezielle Begabungen. Dazu zählt auch die Disposition zu bestimmten, entscheidenden Lebensbegegnungen mit Menschen, mit denen man noch aus dem letzten Leben ein gemeinsames (gutes oder schlechtes) Karma hat.

Daß auch das keine beliebigen Behauptungen sind und kein sektiererischer Selbstbetrug, hat Rudolf Steiner für jedermann einsichtig gemacht in dem wichtigen frühen Aufsatz „Reinkarnation und Karma – vom Standpunkt der Naturwissenschaft notwendige Vorstellungen" (GA 34). Man erinnere sich: Steiner hat die meisten der seinerzeit gelehrten naturwissenschaftlichen Fächer studiert und wußte, wovon er redet. „Notwendige Vorstellungen": ob irgendeiner seiner Kritiker diesen Gedanken jemals nachvollzogen hat? Man muß feststellen: Die große Mehrheit der Naturwissenschaftler, Kulturwissenschaftler und Theologen nimmt (jedenfalls nicht öffentlich) keine Kenntnis von einer derart menschheitswichtigen Problematik. Die Hauptgründe dafür sind sicherlich das schon mehrfach erwähnte, unselige, total verinnerlichte Dogma Kants von den unübersteigbaren Erkenntnisgrenzen und das „okkultistische Gmäckle", das Ausdrücken wie „Reinkarnation und Karma" anhaftet. Mancher mag sich auch nicht trauen, sich dazu zu bekennen, riskiert er doch damit sei-

---

[71] Frieling, Rudolf, 2. Aufl.; Stuttgart 1975
[72] Bubner, Rudolf; Stuttgart 1975

ne Karriere. Dabei hat ein kompetenter Naturwissenschaftler, der ehemalige Inhaber des Lehrstuhles für Allgemeine Biologie und Naturphilosophie in Graz, Otto Julius Hartmann, bereits 1947 den „strengen Beweis" der Wiederverkörperung erbracht.[73] So etwas nehmen die Vertreter der kausalmechanistisch-neopositivistischen Denkrichtung in den Naturwissenschaften, die seit mindestens 100 Jahren nicht nur die herrschende, sondern die allein gelehrte und allein publizierte Richtung, ist, nicht zur Kenntnis. Hartmann sagt in einem anderen Werk:

> „Nicht aus Gründen des Wünschens oder Glaubens nehmen wir mehrere aufeinanderfolgende Erdenleben an, sondern weil wir wissenschaftlich durch beobachtbare Tatsachen eines Erdenlebens dazu gezwungen werden ... Dies ist absolut sicheres wissenschaftliches Ergebnis für jeden, der sachgemäß zu beobachten, scharf zu urteilen und leidenschaftlos zu schließen vermag."[74]

Und Rudolf Steiner dazu in seiner „Theosophie":

> „Ich habe das Wesen des Herrn Schulze aus Krähwinkel nicht begriffen, wenn ich seinen Sohn oder seinen Vater beschrieben habe. Ich muß seine eigene Biographie kennen. Wer über das Wesen der Biographie nachdenkt, der wird gewahr, daß in geistiger Beziehung jeder seine eigene Gattung für sich ist. (Und ebenso wie) die Art oder Gattung im physischen Sinne nur verständlich (wird), wenn man sie in ihrer Bedingtheit durch die Vererbung begreift, so kann auch die geistige Wesenheit nur durch eine ähnliche geistige Vererbung entstanden sein ... Als physischer Mensch wiederhole ich die Gestalt meiner Vorfahren. Was wiederhole ich als geistiger Mensch? ... Ich kann ... diese [geistige] Gestalt von niemandem anderen haben als von mir selbst ... Ich muß als geistiger Mensch vor meiner Geburt vorhanden gewesen sein ... Wer diese Dinge durchschaut, der kommt zu der Vorstellung von Erdenleben, die dem gegenwärtigen vorangegangen sein müssen ... Man kann gegen das hier Gesagte einwenden, das seien reine Gedankenausführungen; und man kann äußere Beweise verlangen, wie man sie von der gewöhnlichen Naturwissenschaft her gewohnt ist. Dagegen muß gesagt werden, daß die Wiederverkörperung des Menschen doch ein Vorgang ist, der nicht dem Felde äußerer physischer Wahrnehmungen angehört, sondern ein solcher, der sich ganz im geistigen Felde abspielt. Und zu diesem

[73] Der Mensch im Abgrund seiner Freiheit; Stuttgart 1947
[74] Hartmann, O. J.: Der Mensch als Selbstgestalter seines Schicksals; Frankfurt, 3. Aufl. 1970

Felde hat keine andere unserer gewöhnlichen Seelenkräfte Zutritt als
allein das Denken. Wer der Kraft des Denkens nicht vertrauen will,
der kann sich über höhere geistige Tatsachen eben nicht aufklären ...
In einem Leben erscheint der menschliche Geist als Wiederholung
seiner selbst mit den Früchten seiner vorherigen Erlebnisse in vor-
hergehenden Lebenläufen."

(GA 9, S. 52 f.).

Dieses Steiner-Zitat „hat es in sich". Es ist nicht gleich beim ersten
Durchlesen voll verständlich. Man sollte sich die Mühe machen, es
mehrfach aufmerksam zu lesen und wirklich zu durchdenken, denn es ist
der Schlüssel zum – nach meiner Meinung – wichtigsten Thema unserer
Zeit.

Im Gegensatz dazu steht nicht nur die altehrwürdige Seelenwanderungslehre des Hinduismus – je nach seinem Karma kann der Mensch
auch als Tier oder sogar als Pflanze wiedergeboren werden – sondern
steht auch das buddhistische, ewig sich drehende „Rad der Wiedergeburten". Der Sinn des Lebens in allen diesen Wiedergeburten ist es, sich
durch Meditation und Nächstenliebe aus dem mit allem irdischen Leben
notwendig verbundenen Leid zu befreien, das „Rad der Wiedergeburten"
möglichst bald zu verlassen und für ewig ins Nirvana einzugehen, d. h.,
als Individualität zu verlöschen. Diese beiden Wiedergeburtslehren ent-
sprachen früheren Bewußtseinsstadien der Menschheit, als sich die eigentliche menschliche Persönlichkeit, die „ichtragende Bewußtseinsseele", noch nicht herausgebildet hatte. Bei der Karma-Lehre Steiners handelt es sich hingegen nach Meinung des schon mehrfach zitierten evangelischen Theologen Binder um ein „zutiefst chistliche Umprägung des
Karmagedankens" und der Reinkarnation.

Die bisherigen Ausführungen betrafen vor allem die „Wiederverkörperung" (nicht „Wiedergeburt"), die Reinkarnation. Was nun das Schick-
salsgesetz, das Karma, anbetrifft (Steiner übernimmt auch hier den Sanskrit-Ausdruck), so wurde ja schon gesagt, daß die seelischen Grunder-
lebnisse nicht nur innerhalb der Grenzen von Geburt und Tod, sondern
darüber hinaus bewahrt werden. Der äußeren Welt prägen sich die Erlebnisse ein durch die Tat. Ein Bild des Zusammenhangs von Ursache
und Wirkung in dieser Richtung gibt das Gleichnis von Schlaf und Tod.
Beim Aufwachen muß ich an meine Erlebnisse von gestern anknüpfen.
Meine Taten von gestern sind die Vorbedingungen derer von heute. Ich
habe mir mit dem, was ich gestern vollbracht habe, mein Schicksal von
heute geschaffen. Steiner spricht davon, daß dem Menschen „etwas wie

zufällig" zustößt. In dem aber, was ihm zustößt, wird er einmal das eigene Ich erkennen, wird erkennen, daß die Schicksalserlebnisse des einen Erdenlebens mit den Taten vorangegangener Erdenleben zusammenhängen. Mein Vorleben bestimmt auch meine äußere Umgebung; auch in diese bin ich nicht „zufällig" hineingeraten. Wer karmisch schlechte Bedingungen mitbringt, bereitet sich eine schlechte Umgebung vor und umgekehrt. Die Taten in einem vorhergehenden Leben bedingen das äußere Schicksal.

Jeder kann einsehen: Der Schlaf ist ein brauchbares Bild für den Tod, weil der Mensch während des Schlafes eine Zeitlang dem Leben entzogen ist, in dem sein Schicksal ihn erwartet. Genauso ist es mit den Taten der früheren Inkarnationen. Sie sind mit ihm als Schicksal verbunden. Menschen, mit denen eine Individualität in einem Leben verbunden war, wird sie in einem folgenden wiederfinden müssen, weil die Taten, die zwischen ihnen gewesen sind, ihre Folgen haben müssen. Sie werden zusammen mit den ihr karmisch verbundenen Menschen in etwa derselben Zeit ihre Wiederverkörperung anstreben (GA 9, S. 59 f.).

Gerade diesen letzteren Gedanken habe ich persönlich immer als sehr tröstlich empfunden. Aber es mag natürlich Menschen geben, die er erschauern macht. Rudolf Steiner faßt diese großen Gedanken mit folgenden wuchtigen Worten zusammen:

„Dreierlei bedingt den Lebenslauf eines Menschen innerhalb von Geburt und Tod. Und dreifach ist er dadurch abhängig von Faktoren, die jenseits von Geburt und Tod liegen. Der Leib unterliegt dem Gesetz der Vererbung; die Seele unterliegt dem selbstgeschaffenen Schicksal ... Und der Geist steht unter dem Gesetz der Wiederverkörperung ... Unvergänglich ist der Geist; Geburt und Tod walten nach den Gesetzen der physischen Welt in der Körperlichkeit. Das Seelenleben, das dem Schicksal unterliegt, vermittelt den Zusammenhang zwischen beiden während eines irdischen Lebenslaufes."

(GA 9, S. 64)

Ich habe diese für jedes Verständnis, auch für das des Zusammenhangs von Körper, Seele und Geist, besonders wichtigen Sätze wieder als Originalzitat übernommen, um keine unbeabsichtigte subjektive Verfälschung hineinzubringen. Der Leser wird nun imstande sein, einzusehen, daß es durchaus keiner „okkulten" Fähigkeiten bedarf, um die Richtigkeit und die innere logische Stimmigkeit dieser Aussagen einzusehen. Sie beschreiben Tatsachen, und über Tatsachen kann man bekanntlich nicht streiten.

Diese Tatsachen beschreiben nicht weniger als die Gesetze der geistigen Evolution. Denn was sollten wiederholte Erdenleben für einen Sinn haben, wenn sie nicht, auch im Sinne Lessings, der geistigen Weiterentwicklung der Menschen dienen, „damit auch wir einst Götter werden" (Morgenstern)?

Gleichzeitig ist die von den Menschen schon seit Hiob gestellte Frage beantwortet: „Warum trifft gerade mich dieses große Unglück, der ich doch ein Gerechter bin, und nicht meinen Nachbarn, der doch, wie wir alle wissen, ein schlechter Mensch und dennoch gesund ist und sein Leben genießt?" Auf solche Fragen geht Steiner schon in seinem erwähnten frühen Aufsatz „Wie Karma wirkt" und später in vielen Vorträgen ein. In manchen Fällen kann sich in einem Menschenleben, z. B. durch angeborenen Schwachsinn, ein scheinbarer Rückschritt, in einem anderen ein scheinbar unverdienter Fortschritt ergeben. Es gilt hier, Geduld „über den Tod hinaus" zu haben; das Karma *ist* die „ausgleichende Gerechtigkeit". Wer überzeugt ist von der Wahrheit des Reinkarnationsgedankens, der hat diese Geduld. Denn immer geringer wird der Zwang der Umwelt; immer mehr wird der Mensch fähig, sich selbst zu bestimmen, ein freier Geist zu werden. Dabei muß er sich im klaren sein, daß das Karma nicht etwa ein Eingriff in die postulierte Willensfreiheit des Menschen ist, wie immer wieder behauptet wird. Denn nicht das Schicksal handelt, sondern wir handeln in Gemäßheit unseres Schicksals. Wer Karma mißversteht, fragt sich: „Was kann ich dafür? Es ist doch alles karmisch festgelegt." Wer sich aber Mühe gibt, es richtig zu verstehen, muß doch darauf kommen, daß Karma auch ein Appell an sein Verantwortungsgefühl ist und an die Geduld mit sich selbst und mit dem Nächsten.

Wenngleich dies ja nur vage Andeutungen sind: Kann man nicht schon daraus die Ahnung bekommen, daß so die uralte und in Theologie und Philosophie weiter offene Kardinalfrage nach der Willensfreiheit abschließend, befriedigend und unwiderlegbar beantwortet ist? Man kommt zu dieser Antwort aber nur über die Erkenntnis von Reinkarnation und Karma. Und dagegen sträuben sich die offiziellen Naturwissenschaften genauso wie die traditionellen Konfessionen. Dabei ist dies eine Frage von höchster menschheitlicher Bedeutung: Man denke nur an den ganzen Bereich „Schuld und Sühne" und davon abgeleitet an die Strafgesetze, an alle Fragen der Geburtenkontrolle und der Abtreibung, an die öffentliche Moral, das Erziehungswesen, die Kriegsführung usw. usw.

> *„[Der Wiedergeburtgedanke steht] an Wichtigkeit und revolutionärer, alles verwandelnder Kraft heute wohl einzig da [und gehört] zum Ungeheuersten, was Menschen denken können. Er ist wahrer und gewisser, wie mathematische Wahrheiten ... [Es] liegt gerade im Durchschauen dieses Ineinanderwirkens der Schlüssel zum Geheimnis des Menschen und der Geschichte."*[75]

Wäre dies nicht eine ungeheure, wahnwitzige Behauptung, wenn sie nicht eine objektiv gesicherte Tatsache ausdrückte? Professor Hartmann betont zum Abschluß dieses bedeutenden Buches zum einen, daß heute alle, aber auch wirklich alle wichtigen Menschheitsfragen hindrängen auf die Erweckung des menschlichen Geistwesens und seiner wiederholten Erdenleben, zum andern, daß sich alles, was er schrieb, ihm nicht durch Spekulation oder auf die Autorität von Steiner hin ergeben hätte, sondern durch naturwissenschaftlich einwandfreie Beobachtung. Mögen dies seine naturwissenschaftlichen Kollegen doch nachprüfen und zur Kenntnis nehmen!

Einem Einwand gegen Reinkarnation und Karma begegnet man oft: der Bevölkerungsexplosion. Von der Zeitenwende bis heute hat sich die Weltbevölkerung verzwanzigfacht. Der Grund liegt darin, daß sich bei der immer schnelleren Weltentwicklung viele Menschen-Iche früher inkarnieren, als ihnen dies eigentlich bestimmt war. Doch ist die Angst vor einer unbeschränkten Bevölkerungsvermehrung unbegründet, da von der göttlichen Weltenlenkung nur eine begrenzte Anzahl von Menschen-Ichen, von Individualitäten, geschaffen wurde. Ob diese Endzahl schon bald erreicht ist? Keiner weiß es.

Ein letzter Einwand: Wenn ich schon oft gelebt habe, warum erinnere ich mich dann nicht daran? Wohl gibt es in seltenen Fällen Menschen, die sich mehr oder weniger vage an eine frühere Inkarnation erinnern. Die „Reinkarnationstherapie" aber, mit der Menschen in dubioser und

---

[75] Hartmann, O. J.: Der Mensch als Selbstgestalter seines Schicksals; Frankfurt 1970, S. 210

gefährlicher Weise innerhalb kurzer Zeit angeblich dazu gebracht werden, sich an ihre früheren Erdenleben zu erinnern, ist wohl meist nicht mehr als Scharlatanerie. Es wird aber in ferner Zukunft wieder zu den Fähigkeiten aller Menschen gehören, sich ihrer früheren Erdenleben zu erinnern. Lessing sagt dazu in seinem bereits zitierten Traktat, diese Frage von einem anderen Gesichtspunkt aus beantwortend:

> *„Bringe ich auf einmal soviel (von meinen Fehlern) weg, daß es der Mühe, wiederzukommen, etwa nicht lohnt? Darum nicht? Oder weil ich des vergesse? Die Erinnerung meiner vorigen Zustände würde mir nur einen schlechten Gebrauch des gegenwärtigen erlauben. Und was ich auf itzt vergessen muß, habe ich denn das auf ewig vergessen?"*[76]

Was gewinnt nun der Mensch, der tief von der Wahrheit des Wiederverkörperungsgedankens überzeugt ist? Er läßt sich nicht mehr so sehr in die banalen oder lockenden Erlebnisse dieses vermeintlich einzigen Lebens verstricken, nicht so sehr von den noch so bedrohlichen Zeiterscheinungen beeindrucken. Die so verbreitete und schreckliche Todesfurcht schwindet (und mit ihr ein Drittel der ganzen Philosophie und Theologie). Die „Brüderlichkeit", besser: „Geschwisterlichkeit", die mitmenschliche Hingabe- und Hilfsbereitschaft, steigert sich, die Aggressionen nehmen ab. Die umgekehrte Haltung: „Dieser Mensch, der sich das selbst eingebrockt hat, soll es auch selbst auslöffeln, denn das ist ja sein Karma" ist oberflächlich, blind und egoistisch-kurzsichtig. Und nebenbei: Wenn sich diese Idee einmal mehr und mehr durchgesetzt haben wird, wird auch die Selbstmordrate sinken, denn die Menschen werden dann wissen, daß sie ihrem Schicksal auf keinen Fall entfliehen können und daß sie sich durch Selbstmord nur noch größere Seelenqualen im Läuterungsgebiet schaffen.

Insgesamt wird nach dem Durchbruch dieser Idee in heute noch kaum annehmbarem Maß eine neue Ethik entstehen, die nicht nur für die Gentechnik und den Umweltschutz dringendst gebraucht wird. Dieser Durchbruch wird vielmehr das gesamte private und öffentliche Leben in einer noch nicht vorstellbaren Weise revolutionieren. Dabei werden die Menschen alles andere als fatalistisch, denn man wird dann wissen: „Jeder ist seines Glückes Schmied." Niemand ist jedoch so naiv, anzunehmen, eine

---

[76] Lessing, G. E.: Die Erziehung des Menschengeschlechtes; § 99

solche Entwicklung stünde unmittelbar bevor. Aber der Anfang ist gemacht.

Zum Abschluß dieses wichtigen Kapitels sei noch auf eine kleine Schrift hingewiesen, die in sehr schöner und eindrucksvoller Weise Erlebnisberichte von Eltern krebskranker Kinder enthält.[77] Gleichgültig, ob ein Kind sterben mußte oder am Leben blieb, im Erleben dieses schweren Geschehens kamen den Eltern oft „wie von selbst" Gedanken über die Wiederverkörperung. Und der Sinn, den dieser Gedanke dem gelebten oder noch zu lebendem Leben gibt, wurde bei ihnen zur Grundlage, aus verschwommener Spekulation zu klarer Sicherheit zu kommen: Es gibt ein neues Leben auf dieser Erde. Wer diese Berichte liest, wird erschüttert feststellen, wie nahe dieser Gedanke inzwischen an die Menschheit herangekommen ist. Solche Menschen haben die schlichte Gemüter quälende Frage: „Wie kann Gott so etwas zulassen?" überwunden. Sie wissen: Alles hat seinen Sinn.

---

[77] Die Gegenwart des Todes könnte unsere Zukunft sein; Hrsg. Chr. Tautz, Manfred Grüttgen, Stuttgart 1990

VIII DIE WELTENTWICKLUNG UND DER MENSCH

Diese Überschrift trägt auch das umfangreichste und wichtigste Kapitel des schon mehrfach zitierten Grundlagenwerkes Steiners „Die Geheimwissenschaft im Umriß" (GA 13).

Die einschlägigen Wissenschaften lehren, daß der Kosmos und schließlich auch die Erde von den Uranfängen, vom „Urknall", an, durch den die ersten Quarks und danach Atome erzeugt wurden, aus denen sich zunächst ein glühender Feuerball entwickelte, der im Verlaufe von vielen Jahrmilliarden durch Selbstorganisation den lebentragenden Planeten hervorbrachte, den unsere heutige Erde darstellt. Ist es wirklich so einfach?

Die Geschichte zeigt, daß sich Mensch und Menschheit aus ganz einfachen Kulturzuständen in sehr langen Zeiträumen langsam, seit ca. 500 Jahren aber immer rasanter bis zu den heutigen Verhältnissen entwickelt haben. Der geisteswissenschaftliche Forscher (nicht nur Steiner, sondern z. B. auch der schon erwähnte Martinus) ist nun durch das Lesen in der „Akasha-Chronik" in der Lage, noch viel weiter hinter die Zeit zurückzugehen, über die uns archäologische oder geologische Zeugnisse vorliegen, und viel weiter hinter den Punkt, an dem nach Meinung der Naturwissenschaft Erde und Mensch entstanden sind. Er kommt dabei zu dem Ergebnis, daß auch die Erde verschiedene vorhergehende Erdverkörperungen durchgemacht hat. Das muß deshalb in einem Buch, das vom Menschen, vom Anthropos, handelt, besprochen werden, weil die Reihe der Erdverkörperungen und der Erd- und Kulturzeitalter für die Entwicklung der Menschheit und des Menschen von größter Bedeutung ist. In Steiners „Geheimwissenschaft" werden sie auf das genaueste und allgemein verständlich beschrieben und begründet. Das kann hier nur in allergröbsten Umrissen angedeutet werden, denn es geht mir ja wirklich nur um ein Erwecken des Interesses, um ein Anregen zum Weiterstudium. Dies gilt besonders für die hier behandelte, recht schwierige und komplexe Problematik.

Es handelt sich, wie gesagt, zunächst um die Erdverkörperungen, die dem jetzigen Erdenzustand vorausgegangen sind und die ihm noch folgen werden, sowie um die verschiedenen Erd- und Kulturzeitalter, die Erde und Menschheit schon hinter sich bzw. noch vor sich haben. Diese ganze unfaßlich-ungeheure Entwicklung hat nur einen Grund und ein Ziel: den Menschen!

Das Menschen-Ich hat drei unterscheidbare „Hüllen" oder Wesensglieder. Woher kommen sie? Wann und wie sind sie entstanden? Der jetzigen Erde sind drei Verkörperungen vorausgegangen, drei weitere werden ihr folgen. Sie ist also die Mitte dieses ganzen kosmischen Zyklus der Erdentwicklung. Nur auf ihr, nur auf dieser jetzigen Erde, konnten sich die Bedingungen entwickeln, die Leben überhaupt und menschliches Leben im besonderen nicht nur möglich machten, sondern planvoll hervorbrachten.

Die vorangegangenen und künftigen Erdverkörperungen sind, wie oben angedeutet, nicht nur aus kosmologischen Gründen wichtig, sondern vor allem, weil sich in ihnen die einzelnen Wesensglieder des Menschen bzw. die Wesensglieder, die ihm noch zuwachsen werden, entwickelt haben und noch entwickeln werden. So sind auf der Urstufe der Erde die ersten Keime des physischen Leibes, auf der darauf folgenden die des Lebensleibes, auf der der jetzigen vorangehenden die des Seelenleibes veranlagt worden und erst auf dieser gegenwärtigen Erde haben die „Hüllen" sich von einem allerersten, noch rein geistigen Zustand an über verschiedene Verdichtungsstufen zu dem späteren Menschen, wie wir ihn heute verkörpern, entwickelt und dabei langsam das „Ich", die sich seiner selbst bewußte Individualität, in sich aufgenommen. In den vorangegangenen Erdverkörperungen gab es also noch keine Menschen mit allen vier Wesensgliedern, und in den drei folgenden wird es sie so nicht mehr geben, weil die Menschen dann, wie heute schon die Engel, keinen physischen Leib mehr haben werden.

Oben hieß es „veranlagt worden". Dies wurde deshalb so formuliert, weil diese Entwicklung ja nicht „von selbst" vor sich gegangen ist, also keine „Selbstorganisation" aus den dem materiellen Geschehen „von selbst" innewohnenden physikalischen Gesetzen heraus war, wie es heute viele Naturwissenschaftler „glauben". In diesem Zusammenhang ist noch einmal daran zu erinnern, daß die von vielen Menschen, auch von Naturwissenschaftlern, häufig gebrauchte Redewendung, „die Natur" habe dies und jenes gemacht oder hervorgebracht, falsch ist. Was heißt denn „die Natur"? Handelt es sich dabei nicht um eine schier unglaubliche, schon von Laien durchschaubare Ungenauigkeit des Denkens, zu sagen, die Natur könne irgend etwas machen, als ob sie selbst Person wäre? „Die Natur" hat niemals etwas gemacht und wird niemals etwas machen. Sie wurde gemacht, sie wurde von Schöpferwesen geschaffen, durch die „Tätigkeit" geistiger Wesenheiten der unterschiedlichsten Art in Ausführung des göttlichen Schöpfungsplanes.

Diese Natur, jetzt im allergrößten Sinne gesehen, mit allen Galaxien, soll nach den Hypothesen von „Urknall" und „Selbstorganisation" des Universums über Gase, Wasser, Mineralien, Pflanzen und Tieren bis zum Menschen mit seinem unauslotbar weise „konstruierten" Gehirn und Nervensystem, mit den Wundern des Blutkreislaufes, der Verdauung, des Stoffwechsels und nicht zuletzt mit dem Wunder der menschlichen Hände, der menschlichen Vernunft, um nicht von Seele und Geist zu reden, durch „Zufall", „von selbst" entstanden sein? Aus dem Nichts heraus? „Von Natur aus"?

Die Biologie verwendet als Erklärung für die Entstehung der Lebewesen in der Evolution die Prinzipien von „Selektion" (Auslese, Kampf ums Dasein, natürliche Zuchtwahl, Überleben des Tüchtigsten) und Mutation („zufällige", sprunghafte Änderung der Erbanlagen). Diese Prinzipien sind heute mit Ausnahme einiger verbohrter Fundamentalisten allgemein akzeptiert, auch natürlich von den anthroposophischen Wissenschaftlern, jedoch mit Ausnahme des (allerdings entscheidenden, wenn auch scheinbar bescheidenen) Wortes „zufällig". Deshalb ist der Darwinismus zwar wahr, aber er ist nicht die ganze Wahrheit. Die ganze Wahrheit ist, daß all das, was angeblich durch „Zufall" und „von selbst" abgelaufen ist und noch abläuft, das Werk geistiger Wesen, das Werk sehr hoher Intelligenzen ist, die hinter allen materiellen, also physikalischen, chemischen, elektrischen, magnetischen, atomaren Prozessen stehen, um Gottes Schöpfungsplan zu erfüllen. Noch einmal muß ich es betonen: Es ist genauso, wie es einer der hervorragendsten Naturwissenschaftler unserer Zeit, Max Planck, ganz unmißverständlich formuliert hat (s. Vorrede). Ich vermute, daß selbst er von den Neodarwinisten insofern heute belächelt und nicht ernst genommen würde.

Die Alten nannten diese Intelligenzen „Götter". Die Mystiker und Weisen des Mittelalters wußten noch davon. Nur uns ist – mußte! – dieses Wissen ebenso wie das um Reinkarnation und Karma abhanden kommen, damit wir die Menschheitsaufgabe unseres Zeitalters, nämlich am Widerstand des Materiellen unser „Ich" zu entwickeln, erfüllen können.

Kurz muß über die sieben „Kulturepochen" unseres derzeitigen Erdzeitalters gesprochen werden. Sie sind die Untergliederung der ebenfalls aus sieben „Zeitaltern" bestehenden Großeinteilung unserer Erdverkörperung, die ja, wie angedeutet, eine von sieben ist. Steiner unterscheidet folgende je 2160 Jahre dauernden Kulturepochen (der „Frühlingspunkt" wandert durch den Tierkreis in 25.920 Jahren; das ist ein „platonisches Weltenjahr"; ein Zwölftel davon ist ein Weltenmonat = 2160 Jahre):

1. Urindische Kulturepoche	7227 bis 5055 v. Chr.
2. Urpersische Kulturepoche	5067 bis 2907 v. Chr.
3. Ägyptisch-chaldäische Kulturepoche	2907 bis 747 v. Chr.
4. Griechisch-lateinische Kulturepoche	747 v. bis 1413 n. Chr.
5. Germanisch dominierte Kulturepoche	1413 bis 3573 n. Chr.
6. Slawische Kulturepoche	3573 bis 5733 n. Chr.
7. Amerikanische Kulturepoche	5733 bis 7893 n. Chr.

Selbstverständlich sind diese Jahreszahlen nicht zu verstehen wie der Wechsel von Silvester auf Neujahr. Die Epochen überlappen sich und sind auch für die verschiedenen Völker und Rassen unterschiedlich anzusetzen. Es handelt sich um Mittelwerte. Die Bezeichnung der Epochen ergeben sich aus den in ihnen jeweils dominanten Kulturen.

Um einen Anhalt aus der Archäologie bzw. Vorgeschichte zu geben: Die Mittelsteinzeit, in der erstmals Rinder und später Pferde domestiziert werden, fällt in die 1. Kulturepoche, ebenso die Megalithkultur mit ihren riesigen Steinsetzungen (Stonehenge, Hünengräber usw.) Wir leben in der 5. Kulturepoche. In dieser Epoche entwickelt sich die „Bewußtseinsseele", nämlich die Seelenfähigkeit, die es dem Menschen schließlich erlaubt, sich aus den Bluts-, Rassen-, Volks- und Staatszusammenhängen zu lösen und zu einem freien Individuum zu werden (wenn es zum Ausgang unseres Jahrhunderts auch scheint, als sei eine gegenteilige Entwicklung im Gange). Geschichtlich zeigte sich diese Entwicklung in den Völkern, die für die Bewußtseinsseele reif waren,   z. B. in der Reformation, der Renaissance, den Entdeckerfahrten, den Bauernkriegen, der Französischen Revolution, der Arbeiterbewegung, dem Übergang zur demokratischen Staatsform. Alle diese geschichtlichen Epochen bzw. Großereignisse beruhen auf der zunehmenden Autonomie des in der Bewußtseinsseele verankerten Ich-Bewußtseins.

Obwohl es schon angedeutet wurde, soll abschließend der Wichtigkeit halber noch einmal die naheliegende Frage gestreift werden, wieso das Wissen um diese wahrhaft weltentiefen Probleme, das doch in der jeweiligen Sprache der Zeit in sehr alten Zeiten überall auf der Erde in Mysterienstätten vorhanden war, wieso dieses Wissen der heutigen Menschheit so vollständig abhanden kommen konnte. Deshalb wird es ja auch von fast allen naturwissenschaftlich-technisch Bewußten, und das sind wir heute mehr oder weniger alle, als „mittelalterlicher Aberglauben" abgetan. Dies betrifft ebenso das Wissen um Reinkarnation und Karma, das doch in alten Zeiten in den verschiedensten Formen ebenfalls Allgemeingut war. Diese Frage ist relativ einfach zu beantworten:

Seit den Zeiten von Kopernikus und Kepler, Galilei und Giordano Bruno, Descartes und Kant und vielen anderen großen Geistern ist eine immer spürbarer werdende geistige „Abnabelung" der Menschheit von der göttlich-geistigen Führung und auch von den weltlichen und kirchlichen Autoritäten entstanden. Man nennt diesen Prozeß „Aufklärung". Dieser zweite „Sündenfall" war, wie natürlich auch der erste, im wahrsten Sinne des Wortes nach der anthroposophischen Evolutionslehre *not*-wendig, da ohne diese „Abnabelung" der Mensch kein selbständiges, selbstverantwortliches, zur Freiheit strebendes und der Freiheit fähiges Wesen hätte werden können. Durch die Aufklärung ist zwangsläufig in alle Gebiete der Naturwissenschaft und Technik und praktisch in jeden Menschen das materialistische Denken hineingekommen, das schließlich zu den großartigen Einblicken in die Naturprozesse und zu den schier unfaßbaren Errungenschaften der Technik, aber auch zu der seelischen Not und den umweltzerstörenden Prozessen der heutigen Zeit geführt hat. Diese ganze Evolution ist eine vom göttlichen Weltenplan gewollte, denn nur so und schließlich wohl auch nur durch Katastrophen („Sündflut"!) können die Menschen aus der Führung entlassen und auf sich selbst gestellt werden, um zu selbstverantwortlichen Individualitäten, zu immer freieren Geistern zu werden. Diese Entwicklung ist nach einem Ausdruck von Kant „das Abenteuer der Vernunft", ein für die Erlangung der inneren und äußeren Freiheit notwendiger Prozeß, eine Emanzipation sowohl von den geistigen Führungsmächten als auch von den weltlichen und konfessionellen Autoritäten. Denn das Ziel dieser Erdverkörperung, die der Mensch als Einheit von Körper, Seele und Geist erlebt und nur hier auf der Erde erleben kann, ist der freie Mensch in einem „Kosmos der Liebe". Der Mensch kann dieses Ziel nur hier auf Erden erreichen und nur in dieser Erdverkörperung erleben, denn weder im Leben zwischen Tod und neuer Geburt noch in einer zukünftigen Erdverkörperung gibt es Materie als ‚Gegenstand' im wörtlichen Sinne: also das, was uns entgegensteht, damit wir daran unsere Freiheit entwickeln. Ist es erreicht, dann wird es folglich auch keine Höherentwicklung durch Reinkarnation und Karma mehr geben können und zu geben brauchen.

IX GEISTIGE WESEN

Engelshierarchien – Elementarwesen

Es war bisher schon oft die Rede von geistigen Wesen, von Engeln, von Engelshierarchien, von „himmlischen Heerscharen". Obwohl Engel in jüngster Zeit in meist völlig verkitschter Weise wieder „in Mode" kommen, darf man die meisten Menschen „mit so etwas" noch nicht behelligen. Wer es doch tut, wird bestenfalls mitleidig belächelt oder gleich als nicht ernst zu nehmender Spinner abgetan.

Für den „normalen" Katholiken, weniger für den Protestanten, gibt es zwar Engel. Aber die offizielle Pastoraltheologie scheint diesem im Neuen Testament als selbstverständlich vorausgesetzten Relikt aus vergangenen Zeiten keine sehr große Bedeutung mehr beizumessen. Die Engellehre (Angelologie) gehört jedenfalls nicht zu den zentralen und verplichtenden Glaubensaussagen, ist kein absolut zu glaubendes Dogma. In vergangenen Zeiten, z. B. bei dem mit Augustinus wichtigsten Kirchenlehrer Thomas von Aquin, galten Engel noch als durchaus real und die Menschheit als unterste der Engelshierarchien. Doch über die besondere und differenzierte Rolle der Engel bei der Weltentstehung, Weltentwicklung und Weltenzukunft weiß man schon lange nichts mehr. Sie galten lediglich als helfende und strafende Boten Gottes, die mit dem Menschen – und nur mit ihm, nicht mit der Erde und ihrer Evolution! – in einem heilsgeschichtlichen Zusammenhang stehen. Heute sind es wohl meist nur noch die einfachen Gläubigen, die sich mit „ihrem Schutzengel" verbunden fühlen. In manchen Zusammenhängen (z. B. bei OPUS DEI) werden einige Erzengel für bestimmte Funktionen in Anspruch genommen. Eine fundierte Engellehre fehlt auch da.

Dabei gibt es für alle, die die Existenz einer geistigen, einer übersinnlichen Welt nicht ganz leugnen und die an die, wie man sagt, „Unsterblichkeit der Seele" „irgendwie" glauben, eine ganz logische, leicht einsehbare Gedankenkette, die nach dem eigenen Erleben des Verfassers mit Denknotwendigkeit dazu führt, mit Max Planck die Wahrscheinlichkeit geistiger Wesen anzunehmen, sogar von ihrer Existenz überzeugt zu sein. Dieser Gedankengang war für den Verfasser einer der wesentlichsten Gründe, sich ernsthaft mit der Anthroposophie zu befassen.

Vorausgesetzt, man akzeptiert, daß der Mensch eine „unsterbliche Seele" hat und sich nicht nach dem Tod ins Nichts auflöst, dann muß doch diese „unsterbliche Seele" irgendwie und irgendwo weiterexistieren. In diesem „Irgendwo" muß es also Geistwesen geben, nämlich die „Seelen" verstorbener Menschen. Liegt es dann nicht nahe, anzunehmen, daß es „dort", wo die „unsterblichen Menschenseelen" sind, auch andere Geistwesen geben könnte? Dies gilt zumal für Christen, denen die Bibel noch etwas bedeutet. Denn sie spricht an vielen Stellen von Engeln. Und es gilt auch für andere Weltreligionen und erst recht für die Naturreligionen.

In der Anthroposophie sind, wie gesagt, „die Himmel" nicht ein diffuses, irgendwie mehr oder weniger gottnahes Reich. Sie bestehen vielmehr aus vielen ineinanderverwobenen Himmelssphären und sind „belebt" von ungezählten und unzählbaren Scharen von Geistwesen unterschiedlichen Ranges, die in der christlichen Tradition „Engel" oder „himmlische Heerscharen" genannt werden, und auch von den Geistwesen verstorbener Menschen sowie im erdnahen Elementarbereich noch zusätzlich von „Elementarwesen" der verschiedensten Art. Wie jede Engelshierarchie haben auch sie jeweils bestimmte Aufgaben in der Elementarwelt über und unter der Erde, für die Erdevolution und für den Menschen. Und außerdem walten hier die Mächte, die wir hier zunächst einmal die „teuflischen" nennen wollen.

Zunächst eine Betrachtung über die Elementarwesen: Es gibt auch heute noch Menschen, denen die Fähigkeit bewahrt wurde, mit ihnen kommunizieren zu können, eine Fähigkeit, die früher, sehr viel früher, alle Menschen hatten. Man nannte diese Wesen Gnome, Undinen, Sylphen, Zwerge, Riesen o. ä. Ein Abbild davon findet sich heute noch in vielen echten Volksmärchen, in Mythen und Sagen, die aber leider unter dem Schutt von schlechten Comics und anderem Zivilisationsmüll mehr und mehr und immer rascher verschwinden.

Zu den Menschen, die Elementarwesen sehen und mit ihnen kommunizieren können, gehörte eine Frau in dem durch sie bekannt gewordenen Ort Findhorn/Schottland, wo mit Hilfe von Elementarwesen aus einer unfruchtbaren Sand- und Steingegend ein blühendes, reiche Früchte tragendes Paradies geschaffen wurde. Über eigene Erlebnisse mit Elementarwesen berichtet z. B. in geradezu intimer und poetischer Weise sowie mit vielen andeutenden Abbildungen der Jurist Ernst-Martin Krauss. Dieses Buch erscheint mir als ein subtiler Führer in die Geheimnisse der Elementarwelt, die im Leser Ehrfurcht vor diesem ihn ständig umgebenden Reich zu erzeugen vermögen.[78] In einem ausführlichen Beitrag im „Goetheanum"[79] schildert der Verfasser außerdem, wie er sich selbst durch den Umgang mit diesen Wesen und durch das Abfassen dieses Buches verändert hat und wie er sich auf solche Begegnungen vorbereitet. Sein zentrales Anliegen, sich „auf so etwas" einzulassen, ist die Not der Welt und die Umweltkatastrophen, die keine Naturkatastrophen, sondern unsere, die der Menschen sind. „Die kaputten Wälder sind doch nur der äußere Ausdruck dafür, in welcher Beziehung der Mensch ... zu all den Wesen steht, die ihn überall umgeben ... [und] dafür, wie stark sie am Zustand der Erde leiden." Er ist seit dem Erscheinen seines Buches immer mehr Menschen mit ähnlichen Erlebnissen begegnet.

Bei den Elementarwesen, auch Naturgeister genannt, handelt es sich um Geistwesen, die kein Ich und keinen physischen Leib, also nur Äther- und Astralleib haben. Sie entstanden im Verlaufe der vorausgegangenen Erdverkörperungen sozusagen als „Ausgeburten" von Engelwesen der verschiedenen Hierarchiestufen, wurden aber aus der eigentlichen geistigen Welt ins „erdnahe" Elementarreich gewissermaßen verbannt. Sie erfüllen dort jedoch eine segensreiche, ja existentiell notwendige Funktion, wenn sie nicht durch das Unverständnis und den Egoismus der Menschen daran gehindert oder gar „umgedreht", d. h. zu schädlichen Wesen gemacht werden. Ackerböden, die jahrelang durch Chemie vergiftet wurden, verseuchte Gewässer, Meere und Lüfte und jetzt sogar die lebenserhaltende Ozonschicht werden von ihnen weitgehend gemieden, weil sie keine Lebensmöglichkeit mehr finden. Ihre Rolle wird dann von anderen Elementarwesen übernommen, die der „Widersacherwelt" entstammen. Auch das „Waldsterben" hat hier seine tiefere Ursache. Auch „schlechte Astralität", d. h. Haß, Neid und andere negative Gefühle, vertreiben die Elementarwesen, nicht nur Gift. Und nur der Mensch kann sie durch geistiges Erkennen, durch das Wahrnehmen ihres segensreichen Wirkens und durch seine moralische Entwicklung aus ihrer „Verbannung" erlösen. Die elementarische Welt und das menschliche Erkennen bilden einen engen Zusammenhang. Vielleicht sollte man versuchen, während der Gartenarbeit oder des nächsten Waldspaziergangs einmal darüber nachzudenken.

---

[78] Krauss, E. M.: Holzwege, Steinwege. Erlebnisse mit Elementarwesen; Flensburger Hefte Verlag 1992
[79] Das Goetheanum vom 30. 10. 1994

Diese Wesen haben keine „Moral", sie können keine haben ohne „Ich". Sie sind deswegen aber nicht „unmoralisch", sondern amoralisch. Sie tun, wie Tiere, was sie müssen, solange man sie läßt. Die Gründerin der genannten „Findhorn-Community" konnte mit ihnen verkehren, fast wie mit Menschen, sozusagen von Ätherleib zu Ätherleib. Steiner erkennt ihnen sogar im höchstem Maße „Witz" zu. Ein Freund, der von der Anthroposophie nicht mehr als das Wort kennt und der aller „Spökenkiekerei" durchaus abhold ist, hat mir kürzlich von einer ihn sehr beeindruckenden Begegnung mit einem Wesen erzählt, das man in den Märchen Zwerg oder Gnom nennt. Das geschah an einem norwegischen Fjord, einer Gegend also, die noch weitgehend frei ist von den schädigenden Einflüssen unserer „Wegwerfgesellschaft", die wir bei uns hier schon als unvermeidlich hinnehmen. Er „unterhielt" sich lange wortlos mit dem witzigen Kerlchen, bis es plötzlich verschwand.

Es gibt ungezählte solcher Berichte. Man denke auch an Mörikes Gedicht „Die Geister am Mummelsee", an Shakespears „Sommernachtstraum" oder an Goethes „Faust", z. B. die Szene mit „Ariel". Oder man denke an die gut bezeugten magischen Handlungen begabter „Zauberer" in Naturvölkern. Auch im Neuen Testament wird an mehreren Stellen davon gesprochen, z. B. Mk. 4,16 u. 28 und im Römerbrief.

Besonders eindrucksvoll ist der Bericht einer von Kindheit an blinden Frau, die jedoch ätherisch sehend war und für die Erlebnisse mit Elementarwesen eine stärkere Wirklichkeit waren als alles, was sie anfassen konnte. Das einfühlende, imaginative Denken dieser Frau schuf eine Brücke zu diesen Wesen, die dadurch an ihrem Leben real teilnehmen. Sie stellt fest, daß man diese Wesen nicht durch irgendwie ersonnene Veranstaltungen erreichen kann, sondern dadurch, daß wir sie einbeziehen in unseren Tagesablauf. So wird die Verbindung zu ihnen nicht ein außergewöhnlicher Zustand, sondern eine Lebensgewohnheit. Und so wird man sich in die Lage versetzen, zu erkennen, wie das Geistige im Stofflichen wirkt. Und schließlich können wir dadurch, daß wir uns selbst erkennen und selbst erziehen, daß wir unsere Arbeit, wie sie auch sein mag, liebevoll verrichten, zu Helfern der Elementarwesen werden und selbst ihre Hilfe bekommen.[80]

Ob Naturgeister hilfreich oder hindernd tätig werden, hängt also von der inneren Einstellung der Menschen zu ihnen ab; das braucht ihnen nicht bewußt zu sein; auch Gartenliebhaber, die nichts von ihnen wissen,

---

[80] Burghard, Ursula: Karlik. Hrsg. v. d. Werkgemeinschaft Weißenseifen 1986

profitieren von ihrer „Sympathie". Wer kennt nicht Menschen, die „ein goldenes Händchen" für das Gedeihen von Blumen und anderen Pflanzen haben? Steiner wies darauf hin, daß es einen Unterschied macht, ob ein Bauer mit einer materialistischen Einstellung über den Acker geht oder geistige Inhalte pflegt, betet, meditiert. Vom Menschen gehen also sehr wohl Einflüsse aus, die von den Naturwesen wahrgenommen werden können. Durch die materialistische Weltanschauung besteht, so sagt Steiner, die Gefahr, daß ein verhängnisvoller Riß zu den Naturgeistern entsteht. Man kann sicher vermuten: Diese Gefahr ist inzwischen real geworden: Umweltvergiftung. Bereits diese Tatsache ist das Verhängnisvolle am modernen Materialismus (nicht erst Tschernobyl und das Ozonloch!). Die eigentliche Gefährdung besteht in der inneren Haltung, die in unseren Gedanken und Gesinnungen wirksam ist. Dadurch vor allem werden die „guten" oder die „bösen" Elementargeister vertrieben oder angezogen, je nachdem.

Einen generellen Überblick über diese Thematik verschafft das verdienstvolle Werk von Hagemann[81], in dem Texte von Rudolf Steiner darüber zusammengestellt sind.

Wenn immer mehr Menschen – mögen sie nun Anthroposophen sein oder nicht – beginnen, ihre negative innere Einstellung zum Geistigen zu ändern und damit ihre „schlechte Astralität" abzubauen, hat die Menschheit noch Hoffnung. Es ist gut, Gesetze zum Schutz der Umwelt zu erlassen. Noch besser ist, sich wieder mehr auf den Sinn unseres Daseins und dessen Grundlagen zu besinnen. Das wird dann auch seine Wirkung auf die Naturgeister und damit auf die Natur selbst nicht verfehlen. Die Menschen müssen wieder lernen, sich natürlich zu freuen, mit maßvoll genossenem Alkohol und ohne krank machende Brutal-„Musik". Sie müssen wieder lernen, die Jahresfeste geistgemäß zu feiern und in Gottesdienst, Gebet und Meditation gewiß zu sein, daß sich dies nicht nur für sie und die Teilnehmenden selbst, sondern ebenso für Mensch und Welt, für die Verstorbenen und Ungeborenen, für die mit den Menschen verbundenen Engelwesen und nicht zuletzt für die Naturgeister segensreich auswirkt. So kann man sagen: „Da, wo Kultus ausgeübt wird, geht eine

---

[81] Hagemann, E.: Weltenäther – Elementarwesen – Naturreiche. Texte aus der Geisteswissenschaft Rudolf Steiners; Freiburg o. J.

heilende, harmonisierende Wirkung in die Elementarwelt über. Sie wird auch von den teilnehmenden Menschen in ihren Alltag eingebracht."[82]

Schließlich sei angedeutet, daß jeder Mensch täglich schon insofern in Verbindung mit Elementarwesen tritt, als er Nahrung zu sich nimmt. Das wirkliche Wunder der Ernährung besteht nicht darin, daß wir Stoffe in uns aufnehmen und verdauen, sondern „Leben"; und dieses ist durchseelt von den Naturgeistern. Schon deshalb ist es wichtig, möglichst naturbelassene Nahrungsmittel zu sich zu nehmen, und deshalb hat auch das Tischgebet eine so große Bedeutung. Es zu beten oder nicht ist vergleichbar mit den beiden Bauern, von denen oben gesprochen wurde. Es gibt einen sehr schönen und wahren Vers von Angelus Silesius:

Das Brot ernährt dich nicht.
Was dich im Brote speist,
ist Gottes heil'ges Wort,
ist Leben und ist Geist.

Die Elementarwelt hungert geradezu nach der rechten Zuwendung durch den Menschen. Die Tisch- und anderen Tagesgebete sowie die geistbewußten Arbeiten und Tätigkeiten an und in der Natur sind geeignet, auch diesen Hunger zu stillen. Denn dann spüren diese Wesen, von deren Wirken wir doch abhängen, daß wir ihnen dankbar sind. Solche Perspektiven sind zutiefst urchristlich und bringen Hoffnung für Menschheit und Erde, wenn wir sie wiederentdecken.

In der Rezension eines Buches von zwei Amerikanern über „Die Geheimnisse der guten Erde"[83] in der basis-katholischen Zeitschrift „publik forum" 1/92 stellt der Rezensent verblüfft fest, daß sich diese Amerikaner sogar auf die biologisch-dynamische Landwirtschaft Rudolf Steiners berufen hätten. Diese ist nämlich sehr wesentlich aus Steiners intimer Kenntnis des Wesens der Naturgeister heraus entstanden. Hier haben wir eines der zahlreichen Beispiele dafür, die einen veranlassen sollten, den Menschen zuzurufen: Warum sucht ihr denn noch? Das, was ihr sucht, ist doch längst in der Welt! Und außerdem ist dies ein Beispiel dafür, wie Anthroposophie konkret für die Lebenspraxis wirksam wird.

Nun zu den Engelwesen. Bedeutende Erkenntnisse über das Wesen der Engel verdanken wir mittelalterlichen Philosophen, denen die Existenz

---

[82] Schröder, H. W.: Das Christentum und die Naturwesen; in: „Christengemeinschaft" Nr. 5/1987
[83] Tompkins, P.; Christopher, B.: Die Geheimnisse der guten Erde; Basel 1994

von Engeln noch erlebbare Wirklichkeit war, so z. B. Duns Scotus Erigena (9. Jh.), Alanus ab Insulis (12. Jh.), Thomas von Aquin (13. Jh.). Dem modernen Bewußtsein hat neben anderen Rudolf Steiner wieder einen Zugang zur Wirklichkeit der Engel eröffnet, diesen Begleitern des Menschen und diesen Wirkkräften in der Entwicklung der Menschheit und des Kosmos. Er hat aber, wie dies auch bei allen anderen Forschungsbereichen Steiners der Fall ist, gegenüber der antiken, mittelalterlichen und auch modernen Engellehre einen bedeutenden Bewußtseinsschritt vollzogen, diese Lehre auf eine dialektisch höhere Stufe gehoben. Dies vor allem dadurch, daß er gezeigt hat, wie die Individualisierung des menschlichen Geistes als Ziel der Menschheitsentwicklung auch für die Engelwesen eine existentiell notwendige war. Da Engel keinen physischen Leib haben, sind sie nämlich in gewisser Weise auf die Erkenntniskräfte des Menschen angewiesen.

Die Bezeichnungen der Engelwesen und -hierarchien hat Steiner aus der Tradition, die auf den Paulus-Schüler Dionysos Areopagita zurückgeht, übernommen, jedoch wesentlich andere Akzente gesetzt. Seit dem Areopagiten spricht man von neun Hierarchiestufen. Steiner bestätigt diese Einteilung, erweitert das Wissen von ihnen aber entscheidend. Die einzelnen Rangstufen bezeichnet er nach der Tradition und mit eigenen Ausdrücken als:

1. Seraphime	Geister der Liebe
2. Cherubime	Geister der Harmonien
3. Throne	Geister des Willens
4. Kyriotetes	Geister der Weisheit, Herrschaften
5. Dynamis	Geister der Bewegung, Mächte
6. Exusiai	Geister der Form, Elohim, Gewalten
7. Archai	Geister des Willens, Urkräfte
8. Archangeloi	Erzengel, Feuergeister
9. Angeloi	Engel, Boten, Söhne des Lebens

Bei den drei Gruppen spricht man von erster, zweiter und dritter Hierarchie. „Über" den Hierarchien und sie allumfassend steht die Trinität. Ihr dienen alle geschaffenen Wesen, also auch die höchsten Hierarchien, oft auch „Götter" genannt. Wie die menschlichen Wesensglieder sich im Verlaufe der Evolution entwickelt haben, so entwickeln sich auch die der Hierarchien. Sie steigen in der Regel mit jeder neuen Verkörperung der Erde, in der sie die unterschiedlichsten Aufgaben hatten, eine Stufe höher und erwerben, ganz ähnlich wie die Menschen, jeweils ein neues Wesensglied dazu.

Aber, und das ist wichtig, es gibt auch hierarchische Wesen jeder Stufe, die die normale Evolution nicht mitmachen, die sich gemäß dem göttlichen Schöpfungsplan opfern müssen und „zurückbleiben". Sie beginnen, eigene Ziele zu verfolgen, und versuchen, das Wirken der voranschreitenden Engel zu durchkreuzen. In der traditionellen Theologie ist das der selbstherrlich von Gott abgefallene „Teufel" oder „Satan". In der wesentlich differenzierteren anthroposophischen Engellehre sind sie nicht einfach „der Teufel" oder „das Böse", sondern „die Widersachermächte".

Auch die Engel machen eine Menschheitsstufe durch, d. h., sie gewinnen in einer bestimmten Evolutionsphase das „Ich". Am Urbeginn *unserer* Erdevolution haben z. B. die Archai ihre Menschheitsstufe durchgelebt. Daraus kann man schließen, daß unserem siebenstufigen jetzigen Zyklus andere „Welten" vorausgegangen sein müssen, denn jede Hierarchie hat einmal ihre Menschheitsstufe durchgemacht. Also müssen die den Archai „übergeordneten" Engelshierarchien in vorangegangenen Welten ihre Menschheitsstufe durchgemacht haben. Und man kann außerdem daraus schließen, daß auch die Menschen „einst Engel werden" (Morgenstern), wenn sie das Ziel ihrer Entwicklung auf der letzten Erd-„Verkörperung" erreicht haben und als „Geister der Freiheit" zur zehnten Hierarchie werden. Selbstverständlich haben sie dann keinen physischen Leib mehr. Übrigens wird den Menschen auch in der Bibel nicht weniger versprochen als die Gleichheit mit den Engeln (Matthäus 22,30).

Jede Hierarchie hat im Weltenplane eine besondere Aufgabe, die sich natürlich auch mit ihrer Entwicklung ändert. So üben die *Engel* (9. Hierarchie) in der Hauptsache die Funktion von Schutzgeistern für die Menschen aus. Daß jeder Mensch seinen „Schutzengel" hat, ist durchaus kein mittelalterlicher Aberglaube und kein Ammenmärchen. Er begleitet die Menschen durch die Inkarnationen und durch jedes Leben, ist immer bei uns, Tag und Nacht und über den Tod hinaus. Bis ins 19. Jahrhundert, ja bis heute gab und gibt es Menschen, die z. B. angesichts einer wunderbaren Rettung unmittelbar das Eingreifen des Schutzengels erlebt haben.

Die *Erzengel* üben v. a. die Funktion von Volksgeistern aus. Jedes Volk hat seinen Volksgeist. Das ist der eigentliche Grund dafür, daß Völker nicht einfach eine Summe von Individuen gleicher Sprache sind, sondern daß sie einen Gesamtorganismus bilden, also gewissermaßen eine eigene Individualität haben. Dies führt in der Übersteigerung zu Nationalismus, Chauvinismus und Rassenhaß. Allein von Volksgeistern könnte ein ganzes Kapitel handeln. Um hier nur eine Einzelheit als Beispiel zu nennen: Die Götter Prometheus aus der griechischen und Odin aus der germanischen Mythologie waren in Wirklichkeit „Volksgeister", Erzengel.

Die *Archai* sind Zeitgeister, sind also für die Gestaltung einer ganzen Epoche „zuständig". Noch höhere Hierarchien sind Sprachgeister. Die oberen Hierarchien haben keine auf den Menschen während seines Erdenlebens bezogene Aufgabe. Wohl aber sind sie z. B. Helfer und Führer der Menschengeister, die sich auf dem langen Weg vom Tod bis zu einer neuen Geburt befinden.

Engelwesen auf ein und derselben Hierarchiestufe sind dennoch nicht immer gleichen Ranges. Wie es auch unter Menschen große Unterschiede gibt im Hinblick auf ihre Persönlichkeitswerte (und keine falsch verstandene Gleichheit), so ist dies auch bei den Engeln. So hat z. B. der „Erzengel Michael" eine gegenüber den anderen Erzengeln herausgehobene, ganz besondere, für die derzeitige Menschheit sehr bedeutende Funktion. Er ist der „Zeitgeist" für unsere Epoche.

Über Engel, und besonders über den Erzengel Michael, hat Rudolf Steiner in einer großen Zahl von Büchern und Vorträgen umfangreiche und detaillierte Mitteilungen gemacht. Hierauf gestützt gibt es eine reichhaltige anthroposophische Literatur.

X Das Gute und das Böse – Widersachermächte

Es wurde bereits erwähnt, daß auch alle geistigen Wesen eine Entwicklung durchzumachen haben. Bei jeder Evolutionsstufe, jeder Erdverkörperung, gibt es nun geistige Wesen, die in ihrer Entwicklung zurückbleiben, die die planvolle Entwicklung der anderen geistigen Wesen jeder Hierarchiestufe nicht mitmachen (dürfen!), die sich opfern (müssen). Dadurch werden sie zu Widersachern der planmäßig aufgestiegenen Geistwesen. In der anthroposophischen Terminologie werden sie deshalb „Widersachermächte" genannt, weil sie sich der normalen Entwicklung hemmend in den Weg stellen. Diese Widersachermächte empfindet der Mensch als das durch den „Sündenfall" in die Menschheit gekommene „**Böse**". Sie sind im Grunde jedoch ebensowenig „böse" wie die Kante, an der ich mich stoße. Man kann also schon sagen, sie seien „das sogenannte Böse" (Konrad Lorenz). Sie sind es aber in einem völlig entgegengesetzten Sinne, als Lorenz es meint. Dieser „Sündenfall" ist keine von der Menschheit selbst verschuldete Verfehlung, sondern ein (gottgewollter) Eingriff der höheren „luziferischen" Mächte in jedes menschliche Leben. Durch dieses „Ereignis" wurde der Mensch anfällig für persönliche Verfehlungen, für die „Sünde". Sünde kommt von ab-,,sondern", sich absondern von der geistigen Welt. Die auf der einen Seite scheinbare, auf der anderen tatsächliche Ursünde des Menschen ist der Egoismus. Denn er ist, wie das Böse überhaupt, nicht von sich aus schlecht; er hat vielmehr seine guten und schlechten Seiten: Einerseits kann der Mensch so persönliches Erkenntnisvermögen, Freiheit und Selbständigkeit erwerben, andererseits ist er gerade deshalb die Grundlage für *alles* Böse und Schlechte. Eine Sittenlehre würde sich also, wenn sie alles Böse auzurotten, schon in seiner Idee zu zerstören vermöchte, damit selbst ausrotten, da sie ja nur aus dem Kampf gegen das Böse ihren Sinn und ihre Hoheit gewinnt.

Das Problem des Bösen und sein Verhältnis zum Guten hat von jeher in der Menschheit, besonders in der Theologie und fast noch mehr in der Literatur, eine bedeutende Rolle gespielt. Viele andere Daseinsrätsel hängen damit zusammen, vor allem das Problem der Willensfreiheit bzw. der Determination (Vorherbestimmtheit), und viele Bücher wurden zu allen Zeiten darüber geschrieben. Für den, der durch Rudolf Steiner die esoterischen Hintergründe dieses Problems kennengelernt hat, ist dieses Menschheitsrätsel – ich weiß, auch das klingt arrogant, aber es ist so –

kein Rätsel mehr. Dies aus der Anthroposophie heraus in einer beeindruckenden, umfangreichen und besonders anschaulichen Weise dargestellt zu haben, ist das große Verdienst von Hans Werner Schroeder.[84]

Alles dies ist eine uralte Erkenntnis, die in den Mythen der vorantiken und antiken Völker und noch in der mittelalterlichen Menschheit durchaus lebendig war. Die Kirche hat diesen Teufel jedoch mit schrecklichen Folgen zu einer Karikatur verkommen lassen. Sie ließ immer mehr die Widersachermächte nur als „*den* Teufel" oder „*den* Satan" gelten, als den „Erzfeind Gottes und der Menschen", gewissermaßen als das personifizierte Böse.

Nach der Lehre der katholische Kirche verführt der Teufel mit seinen raffinierten „teuflischen" Künsten die Menschen zum Verlassen des Weges, wie er im Katechismus vorgeschrieben ist, d. h. zum Bösen. Zugegeben, das dürfte wohl so nicht mehr ganz der modernen Theologie entsprechen, auch nicht der katholischen; auch sie hat sich wohl in ihren moderneren Richtungen von diesem kindlich-primitiven Teufelsglauben gelöst. Aber Teufel, Hölle und Exorzismus, mit dem der Teufel ausgetrieben wird, existieren nach wie vor, und die Angst davor wird vom jetzigen Papst und vom konservativen Teil des Episkopats wohlweislich wachgehalten. Mag sein, daß die pädagogische Vermittlung dieses Teufelsglaubens heute vielleicht (aber sicher nicht überall!) auf subtilere Weise geschieht als in meiner Schulzeit. Mir wurde dieser perverse Teufels- und Höllenglauben vor etlichen Jahrzehnten noch mit schlimmen Folgen für meine sich entwickelnde Seele eingetrichtert.

Die Frage nach dem Wesen des Bösen gehört in der heutigen Zeit, vor allem „nach Auschwitz", nicht nur zu den die Dichter und uns alle am meisten bewegenden Fragen, sie ist zugleich auch eine der Grundfragen der anthroposophischen Geisteswissenschaft. Dabei wird das Böse aber nicht als ein absolut Seiendes behandelt, sondern als ein Phänomen, das sich aus der Bestimmung des Menschen, ein freies Wesen zu sein, mit Notwendigkeit ergibt. In der Dämonologie des traditionellen Christentums wird, so meine ich, etwas Richtiges und Berechtigtes, nämlich die Existenz des Bösen, in einer degenerierten Art gesehen. Diese wurde erst von Rudolf Steiner in seiner ganzen ungeheuren Differenziertheit und Konsequenz für das Leben des einzelnen, der Gruppen wie der Menschheit neu erforscht, richtiggestellt und mitgeteilt. Das große, tragische

---

[84] Der Mensch und das Böse. Ursprung, Wesen und Sinn der Widersachermächte; Stuttgart 1984

Verhängnis der christlichen, der islamischen und eines großen Teils der philosophischen Vorstellungen war, daß nicht erkannt wurde, daß „das Böse" nicht eindimensional als „*der* Teufel" oder „*der* Satan" gesehen werden darf, sondern daß es sich um *zwei* gegen das Gute streitende, polar entgegengesetzte Mächte handelt. Auch diese Tatsache war in der Mysteriengeschichte immer schon bekannt, ist dann aber in der christlich-konfessionellen *und* islamischen Teufelslehre abhanden gekommen.

Rudolf Steiner hat erforscht, daß es nicht „*das* Böse", nicht das *eine* Böse, sondern *zwei* „böse" Mächte, zwei gegensätzliche Widersachermächte gibt, für die Steiner Bezeichnungen verwendet, die ebenfalls aus der esoterischen Tradition stammen: „Luzifer" *und* „Ahriman". (Aber das sind, wie auch die anderen Ausdrücke, nur Namen. Man könnte sie auch ganz anders bezeichnen). Das „Böse" wurde in dieser Schrift meistens in Anführungszeichen gesetzt, weil es – noch einmal sei es gesagt – in Wirklichkeit eigentlich nicht „böse" im menschlichen Sinne ist, sondern weil es die im Weltenplane vorgesehenen und im Hinblick auf die Evolution des Menschen zur Freiheit unerläßlichen und auch denknotwendigen Mächte sind, an deren Widerstand der Mensch erstarken soll. Nur in der Auseinandersetzung mit diesen Mächten kann er seiner Bestimmung gerecht werden, kann er zur Freiheit und zur Liebe gelangen; ohne dieses „Böse" bliebe er ein willenloses Werkzeug der ihn führenden geistigen Mächte. Es ist eben „ein Teil von jener Kraft, die stets das Böse will, und stets das Gute schafft" (Goethe, „Faust" I, Studierzimmer).

Luzifer und Ahriman, d. h. den Widersachermächten, ist die rein geistige Wirksamkeit versagt, so daß sie sich der Menschen bedienen müssen, um ihre Ziele zu erreichen. Die erreichen sie aber nur, d. h., gefährlich werden sie dem Menschen nur, wenn er ihnen erlaubt, die ihnen gesetzte Grenze zu überschreiten.

Luzifer, d. h. „Lichtträger", in der Bibel die Schlange, wurde nach der biblischen Tradition von Gott wegen seiner stolzen Hoffärtigkeit, wegen seines Strebens, sich an seine Stelle zu setzen, in die Tiefe der Hölle gestürzt. Mit dem Namen „Luzifer" faßt Steiner die luziferischen Mächte zusammen, unzählbar wie die Engel und mit den unterschiedlichsten Aufgaben wie die Engel. Sie sind die Geister des im Seelischen wirkenden Auftriebs und wirken vor allem befeuernd, antreibend, begeisternd. Luzifer hat das Licht, das Feuer (Prometheus) und den Egoismus auf die Erde gebracht. Dadurch erhält der Mensch seine Fähigkeit, selbständig zu denken und zu handeln. Aber er verwehrt ihm gerade dadurch den Blick in die geistige Welt. Statt dessen führt er ihn in eine Scheinwelt, vernebelt sein Denken, bietet Glut statt Wärme, Frömmelei statt Frommheit, Rausch statt Klarheit, Phrasen statt Inhalt, hohlen Pathos statt echtes Gefühl (wer denkt dabei nicht an Hollywood, Disneyland und an die amerikanischen Fernsehprediger?). Er verweist den Menschen „hinterlistig" zwar auf Geistiges, versucht aber, ihm den Blick in die wirkliche geistige Welt zu verwehren. Sein doppeldeutiges „Geschenk" ist die Freiheit, die ja immer ihre zwei Seiten hat.

Ahriman, der Antagonist Luzifers, ist mit seinen Scharen die Widersachermacht in der alten persischen Zarathustra-Religion; in der Bibel heißt sie „Satan". Rudolf Steiner benutzt die obigen Bezeichnungen zur Differenzierung gegenüber der verflachten kirchlichen Teufelsvorstellung. Ahrimans Reich ist nicht „die Hölle", sondern die Materie, der Materialismus jeder Prägung, das Erstarrte, das Tote. Seinem Wirken ist die menschliche Blindheit zuzuschreiben, durch die er in seiner Umwelt, sogar im Lebendigen, nur Materie, nur physische Kräfte sieht, nicht den Geist, durch den diese erst existieren. Er ist es, der im Menschen den Eindruck erweckt, Materie sei etwas Absolutes und selbst das Denken sei nur dazu da, materielle Fakten zu erkennen und abzubilden. Sein Wirken ist der Grund für den fundamentalen Irrtum, Geist und Seele könnten ohne den physischen Körper nicht existieren, und deshalb seien eine Existenz nach dem Tode und eine geistige Welt unmöglich. Ahrimanisch sind auch Geld- und Machtgier, Gewalt und Haß, Verabsolutierung von Staat, Partei, Obrigkeit und Bürokratie, gewisse Aspekte der amerikanisierten und bolschewisierten Zivilisation, die Macht des Nützlichkeitsstandpunktes (auch z. B. beim Problem der Abtreibung, der Gentechnik usw.), und ahrimanisch sind bestimmte Aspekte der Massenmedien, der Nationalismus, der Chauvinismus und der Rassenwahn. Ahriman wirkt auf das Denken! Schon diese kurze Aufzählung zeigt, wie sehr unser modernes Leben luziferisiert und ahrimanisiert ist, wie sehr die Freiheit mißbraucht wird, wie sehr in unserer Lebenshaltung die materiellen Dinge zum Maß des Daseins geworden sind, denn: Der Materialismus jeder Färbung ist ahrimanisch. Deshalb sind es auch die modernen Wissenschaften (was nicht heißt, sie seien zu „verteufeln"!).

Diese Widersachermächte sind zwar Antagonisten, aber sie wirken gewöhnlich zusammen. Ahriman wird durch Luzifer angelockt, Luzifer durch Ahriman. Beide sind Kraftströmungen unserer Seele. Sie sind, noch einmal sei es gesagt, nicht von sich aus „gut" oder „böse", denn es kommt ganz darauf an, welches Verhältnis der einzelne Mensch zu ihnen gewinnt, und zwar in jeder Lebenslage, in jeder Entscheidung, mit jedem Gedanken. Der *Weg* des Menschen ist eine Gratwanderung zwischen Luzifer und Ahriman, in ständiger Gefahr des Absturzes. Dem entgeht mehr und mehr, wer sein inneres Gleichgewicht durch ein verantwortliches Leben, durch Besinnung auf das Wesentliche und durch klares, in sich ruhendes Denken schafft und aufrechterhält.

Das Verhängnisvolle in unserer Zeit ist es nun, daß der Mensch die Schädigung und Verführung durch die Widersachermächte gar nicht mehr als solche zur Kenntnis nimmt und deshalb unfähig ist, das Wesen dieser Schädigung und Verführung zu erkennen. Er schiebt es auf die „Zufälle" der Vererbung, auf die Umwelt, auf die Mitmenschen, auf alles Mögliche. DAS ist der wahre Urgrund *aller* sozialen Verwerfungen und der Unfähigkeit, eine Gesellschafts- und Wirtschaftsordnung zu errichten, die in vollem Maße menschengemäß ist. Der Egoismus als Gabe Luzifers ist, wie gesagt, durchaus nicht von sich aus das „böse" Prinzip der Menschheit, wie es soziale Schwärmer oft darstellen. Er hat seine guten und seine schlimmen Seiten. Einerseits verdanken wir ihm unser Erkenntnisvermögen und die Möglichkeit der Freiheit, der Wahl zwischen Gut und Böse, andererseits ist er die Verführung zu allem Bösen und Schlechten. Der „Sündenfall", der den Menschen in diese Lage gebracht hat, ist nicht, wie uns die traditionelle Theologie lehrt, ein einmaliges, abgeschlossenes Geschehen, sondern ein fortwirkendes Ereignis. So wurde die schlimme Seite des Egoismus, den man hier mit Materialismus gleichsetzen kann, zur Grundlage allen sozialen Geschehens, ihm entstammen im Letzten alle sozialen Übel. Aus dieser Erkenntnis heraus hat Rudolf Steiner das „soziale Hauptgesetz" formuliert, das Gesetz des Anti-Egoismus, das ich ob seiner nicht zu überschätzenden Bedeutung für das kommende Zeitalter wörtlich zitieren möchte:

> *„Das Heil einer Gesamtheit von zusammenarbeitenden Menschen ist um so größer, je weniger der einzelne die Erträgnisse seiner Leistungen für sich beansprucht, das heißt, je mehr er von diesen Erträgnissen seinen Mitarbeitern abgibt, und je mehr seine eigenen Bedürfnisse nicht aus seinen Leistungen, sondern aus den Leistungen der anderen befriedigt werden."* (GA 34)

Wie würde die Menschheit dastehen, wenn diesem Gesetz auch nur annähernd entsprochen würde?

Anthroposophische Ethik

Angesichts der die ganze Menschheit erfassenden ethischen Orientierungslosigkeit und der Ausweglosigkeit, in die uns die Starrheit der Großkirchen und die moderne Wissenschaft gerade wegen ihrer phantastischen Leistungen gebracht haben, wird wieder und wieder „eine für alle Menschen verbindliche Ethik", ein „Weltethos" (Küng), gefordert. Angesichts der Lage im ausgehenden Jahrtausend scheint mir aber eine allgemeinverbindliche Ethik weder möglich noch hilfreich. Nicht alte Verhaltensmuster, starre Gesetze, allgemeine Moralappelle und vatikanische Enzykliken helfen weiter, sondern nur die steigende, dem Bewußtseinszustand der modernen Menschheit angemessene *individuelle* Einsicht und „Geistesgegenwart". Steiner nennt diese Qualitäten „moralische Intuition". Diese ist eine Erkenntnisleistung des einzelnen, nicht eines Kollektivs. Individuell ethisch handeln aus der Bewußtheit des Gesamten heraus: darauf kommt es an. Ein „Weltethos" gibt es nicht.

In den meisten seiner Grundwerke, besonders in seiner „Philosophie der Freiheit" (hieraus alle folgenden Zitate) hat Steiner eine radikal neue Ethik entwickelt. In Zukunft muß echte Ethik vom Menschen ausgehen, nicht mehr von „göttlichen Geboten", kirchlichen Katechismen, der „proletarischen Moral" oder vom abstrakten „kategorischen Imperativ" Kants. Sie kann dann aber nur aus dem Denken heraus begründet werden, d. h., der freie Geist handelt nach seinen eigenen ethischen Intuitionen, die er aus dem Ganzen der Ideenwelt heraus auswählt; er richtet sich nicht mehr nach Geboten und Vorbildern. Nur dem noch nicht freien Geist müssen feste Regeln vorgegeben werden. Beim freien Geist — und den will die Anthroposophie als den Menschen der Zukunft, ich wiederhole: der Zukunft! – ist kein Vorbild und keine Furcht vor Strafe oder Hoffnung auf Belohnung mehr nötig als Antrieb zu einem ethisch hochwertigen oder wenigstens moralisch einwandfreien Leben. Für ihn ist „moralische Phantasie" der Antrieb des Handelns. Um diese wirksam werden zu lassen, bedarf es der „moralischen Technik". „Sie ist in gleichem Sinne lernbar, wie Wissenschaft lernbar ist."

„Eine Ethik als Normwissenschaft kann es daneben nicht geben, denn die moralischen Gesetze werden nicht von irgendeiner Offenbarung oder irgendeinem Gesetzgeber geschaffen, sondern von uns selbst. Als sittliches Wesen bin ich Individuum und habe meine eigenen Gesetze."

Dies sind bewegende Worte, die wohl von vielen Menschen zunächst (bevor sie sich intensiv genug mit der „Philosophie der Freiheit" auseinandergesetzt haben) als anmaßende Übertragung göttlicher Befugnisse auf den Menschen angesehen werden dürften. Weil aber erst der sich zu wahrem Denken hinaufentwickelte Mensch zu einem wirklichen „Ich", zu einer freien Individualität geworden ist, nennt Steiner seine Ethik „ethischen Individualismus". Wer nur nach einem Moralkodex handelt,

> *„ist bloß ein Vollstrecker ... Der freie Geist aber erkennt kein äußeres Prinzip seines Handelns an, weil er in sich selbst den Grund des Handelns, die Liebe zur Handlung gefunden hat ... Ich prüfe nicht verstandesmäßig, ob meine Handlung gut oder böse ist, ich vollziehe sie, weil ich sie liebe. Sie wird ‚gut', wenn sie im rechten Zusammenhang mit dem Weltganzen steht, ‚böse', wenn das nicht der Fall ist ... Die Handlung aus Freiheit schließt die sittlichen Gesetze nicht etwa aus, sondern ein ... Warum ist meine Handlung weniger wert, wenn ich sie aus Liebe statt aus Pflichtgefühl getan habe? ... Mitten aus der Zwangsordnung heraus erheben sich ... die freien Geister, die sich selbst finden in dem Wust von Sitte, Gesetzeszwang, Religionsübung usw. ... Frei sind sie nur, insofern sie sich selber folgen, unfrei, insofern sie sich unterwerfen."*

Man hört hier förmlich aus allen Ecken entsetzt rufen: „Aber das ist ja Anarchie und unverantwortliche Utopie! Jeder soll machen können, was er will? Das ist ja Nietzsche in Reinkultur!"

An-Archie, also Herrschaftslosigkeit im Hinblick auf die überlieferten moralischen Instanzen, ist es schon! Soll es sein! Das heißt aber noch lange nicht, daß jeder machen kann, was er will. Dies wird nur der freie Geist können, zu dem sich in Zukunft immer mehr Menschen emporentwickeln sollen und werden. Solche kühn, ja utopisch klingenden Behauptungen hat es in der Vergangenheit schon öfters gegeben. Dessen war sich natürlich Steiner wohl bewußt. Daß er diese Ethik dennoch als Ethik der Zukunft entwickelt hat, deutet nicht auf utopistische Illusionen, sondern auf seine hellseherischen Fähigkeiten hin (die ihm selbst viele Gegner nicht abgesprochen haben). Und Utopie ist diese Ethik auch nur in dem Maße, wie etwa der Wille eines Bergsteigers utopisch ist, den unersteigbar scheinenden Gipfel doch zu erreichen.

Um das Maß des Anarchie-Verdachts voll zu machen, seien noch zwei Sätze aus dem Schluß des Kapitels „Die Idee der Freiheit" zitiert:

> *„Das menschliche Individuum ist die Quelle der Sittlichkeit und der Mittelpunkt des Erdenlebens. Der Staat, die Gesellschaft sind nur da, weil sie sich als notwendige Folge des Individuallebens ergeben."*

Wie würden die Staatsvergötzer, die Autoritätsgläubigen, die Reaktionäre aller Farben zetern und höhnisch lachen, wenn sie diese Ungeheuerlichkeiten läsen. Aber das nützt ihnen nichts: Wer Ohren hat zu hören, der höre genau hin auf die noch leisen Töne der Zeit. Sie tendieren, wenn auch langsamer, als Steiner wohl geglaubt und gehofft hat, unaufhaltsam in diese von ihm schon vor der Jahrhundertwende gewiesene Richtung. Denn

> *„der ethische Individualismus ist somit die Krönung des Gebäudes, das Darwin und Haeckel für die Naturwissenschaft erstrebt haben. Es ist vergeistigte Entwicklungslehre, auf das sittliche Leben übertragen."*

Dies aber widerspricht diametral dem, was Kirche, Staat und andere Institutionen erzeugen: Unfreiheit. Und dies geschieht dann, „wenn ihre Priester oder Lehrer sich zu Gewissensgebietern machen, das ist, wenn die Gläubigen sich von ihnen (aus dem Beichtstuhl) die Beweggründe ihres Handelns holen müssen." Die derzeitige Anti-Empfängnisverhütungs- und Abtreibungspolitik des Vatikans scheint mir dafür ein gutes Beispiel zu sein, wenn man auch der Tendenz und Neigung, die Abtreibung zu erschweren und nicht ganz der Willkür von oft noch wenig lebenserfahrenen jungen Frauen zu überlassen, aus der Sicht von Reinkarnation und Karma zustimmen muß. Das gleiche gilt für eine verantwortungsbewußte Haltung im Hinblick auf die Zulassung oder Verhütung neuer Menschenkinder, die zur Inkarnation drängen. Doch lassen sich die Probleme nicht mit dem Strafgesetz und Todsündendrohungen aus der Welt schaffen. Deutlicher als mit den oben zitierten Worten aus der „Philosophie der Freiheit" kann man das Anliegen einer neuen Ethik nicht ausdrücken. Dieses Kapitel soll mit einem Zitat abgeschlossen werden, das zeigt, daß Steiner auch in dieser entscheidenden Frage Vorläufer hatte. Es stammt von dem in der Geistesgeschichte wegen seiner „Essays" bekannten französischen Moralphilosophen Michel de Montaigne (1533-1592).

> *„Ich habe selbst meine Gesetze und meinen eigenen Gerichtshof, von dem ich Recht und Urteil zu nehmen habe ... Einschränken kann ich mein Handeln wohl mit Rücksicht auf andere, aber gestalten kann ich es nur nach meinem eigenen Sinn."* [85]

---

[85] Stuttgart 1932, S. 185

XI ANTHROPOSOPHIE UND CHRISTENTUM

Die anthroposophische Christologie unterscheidet sich erheblich von der der christlichen Großkirchen. Für Katholiken ist Jesus mit Christus identisch. Für viele Nichtkatholiken ist Christus nur noch „Jesus, der gute Mensch aus Nazareth", eine Mischung aus Sozialrevolutionär und Heiligem, also aller göttlichen Eigenschaften entkleidet. Von beiden Auffassungen ist die anthroposophische Christologie meilenweit entfernt. Sie ist deshalb wohl das Thema mit der größten Differenz zur traditionellen Theologie. Das lassen auch die seit 80 Jahren mehr oder minder heftigen, bis zur Verteufelung gehenden Angriffe gegen die anthroposophische Christologie und die Tatsache erkennen, daß es trotz wohlmeinender Versuche von beiden Seiten auch mit den evangelischen Kirchen noch keine nennenswerte Annäherung gegeben hat, von wenigen erstaunlichen Ausnahmen abgesehen. Zu diesen Ausnahmen zählt der evangelische Theologe David Jordahl, der im Hinblick auf die Eröffnung des Anthroposophischen Zentrums Kassel von der „ängstlichen Mißtrauensstrategie" der evangelischen Kirche gesprochen und ihr empfohlen hat, endlich in einen Dialog mit der Anthroposophie einzutreten.[86] Mit der katholischen Kirche gibt es meines Wissens keinen Dialog; es würde auch wohl jeder Versuch einer Annäherung sofort drastisch unterbunden.

Die anthroposophische Christologie, wie sie in den zahlreichen von Rudolf Steiner über Christus und die Evangelien gehaltenen Vorträgen zum Ausdruck kommt, gibt zu diesem zentralsten Problem des Christentums so plausible, nirgendwo der Vernunft, der Logik, echter Spiritualität oder tiefinnigstem Glaubensbedürfnis widersprechende, auf Anhieb einsehbare Antworten, daß man die Weigerung, diese zur Kenntnis zu nehmen und wenigstens zu diskutieren, nur auf offenbar unüberwindliche Vorurteile oder auf Angst zurückführen kann. Niemand wäre ja gezwungen, sie anzunehmen. Aber wer sie angreift, sollte sie doch vorher angemessen geprüft haben, angemessen, d. h. unvoreingenommen. Das aber scheinen sich die beiden Großkirchen nicht zumuten zu können oder zu wollen. Man kann allerdings auf der anderen Seite für die Heftigkeit der Ablehnung und sogar der Angriffe ein gewisses Verständnis haben. Die Kirche weiß aus mindestens fünfzehn Jahrhunderten Erfahrung: „Wehret den Anfängen!" Ketzer, die das reinere, wahrere, „gewalt-

---

[86] Das Goetheanum vom 23. 10. 1994

freiere" Evangelium verkündet und die vor allem im Gegensatz zu den Päpsten und zum Klerus danach gelebt, die sich gegen die Erstarrung des Glaubens in Dogmen und die Verweltlichung der Kirche gewehrt haben, wurden ja von jeher mit großer Brutalität und Effektivität bekämpft und samt ihrer schriftlichen Zeugnisse ausgerottet (Gnosis, Katharer usw.).

Es wird wahrlich niemandem vorgehalten, daß er geistig-spirituell, intellektuell und existentiell keinen Zugang zur Anthroposophie bekommen kann oder will. Auch daß jemand sie mit fairen Mitteln bekämpft, ist sein gutes Recht. Vorgeworfen wird aber mit allem Nachdruck die Voreingenommenheit und die Nachlässigkeit, mit der dieser Kampf oft geführt wird, ja die bewußte Verfälschung beim Umgang mit anthroposophischen Texten, letztlich der *Wille*, mißzuverstehen, die Anthroposophie zu verleumden und ihr zu schaden.

Was ist denn der Hauptgrund dafür, daß die Zahl der Kirchgänger ständig sinkt, während die der Kirchenaustritte steil nach oben geht, daß der Pfarrermangel bedrohlich wird, ja daß eine wachsende Gleichgültigkeit gegenüber den Kirchen festzustellen ist? Nach einer „Spiegel"-Umfrage vom 15. 6. 1992 fühlt sich nur noch jeder vierte der Befragten als Christ, und nur jeder zehnte folgt dem Papst in seinen mittelalterlichen Moralvorstellungen. Die Oberkirchenräte und Domkapitulare, in Talkshows danach befragt, machen es sich zu leicht, wenn sie meinen, die Leute seien vom Fernsehen verdorben, wollten sich den Vorschriften über die Empfängnisverhütung nicht beugen und vor allem keine Kirchensteuer mehr bezahlen. Das sind durchaus nicht die Hauptgründe. Der Hauptgrund scheint mir vielmehr die Tatsache zu sein, daß die Kirchen mitsamt der sie tragenden Theologie und Christologie auf einer längst von der Geistesentwicklung überholten Stufe stehengeblieben sind. Sie klammern sich an ein erstarrtes, großenteils unzeitgemäßes Dogmengerüst, das sich keineswegs immer aus der Bibel ableiten läßt, sondern nicht selten aus kirchen- und machtpolitischen Gründen auf Konzilien unter manchmal sehr dubiosen Umständen entstanden, dann aber (spätestens seit 1870) „unfehlbar" geworden ist. Auch nur an eines dieser Dogmen nicht zu glauben ist für Katholiken eine „Todsünde" und führt, wenn sie nicht gebeichtet wird, zwangsläufig zur „ewigen Verdammnis". Welcher denkende, um seinen Gott ringende Mensch läßt sich heute noch von solchen mittelalterlichen Zumutungen der „geistlichen Führer" beeindrucken?

Natürlich, mit *solch* einem Glauben sind die anthroposophische Christologie und der Glaube der Mitglieder der „Christengemeinschaft" nicht vereinbar! Der evangelische Geistliche Binder sagt mit Recht: Selbst wenn die Kirchen das von der Anthroposophie zurechtgerückte Bild von den wahren Glaubensinhalten akzeptierten und die ungerechtfertigten Mißdeutungen unterließen, selbst dann gäbe es noch einen scheinbar unüberbrückbaren Gegensatz. Wenn der aber nicht überbrückt würde, stünde das Christentum insgesamt auf dem Spiel.

Der Anfang des von Binder gewünschten Brückenbaues wäre, daß die Kirchen ihre Angriffe gegen die Anthroposophie einstellen und endlich beginnen würden, sie unbefangen und unvoreingenommen wahrzunehmen. Vielleicht würden sie bald erkennen, daß es in ihrem eigenen Interesse läge, in Anthroposophie und „Christengemeinschaft" christliche Brüder zu sehen, die ihnen einiges zu sagen hätten.

Eine solche Erkenntnis aber geht nun einmal zwangsläufig über die Steinersche Erkenntnistheorie, wie es Binder auf so vorbildliche Weise gezeigt hat. Vom Verständnis dieser Erkenntnistheorie hängt es nämlich ab, ob man überhaupt die *Möglichkeit* der Forschung in der geistigen Welt prinzipiell anerkennen kann oder nicht. Der katholischen Theologie ist allerdings selbst die Möglichkeit hierzu seit Pius X. und dem „Modernismusstreit" genommen. Dieser Papst hatte „unfehlbar" und „verbindlich für alle Zeiten" ex cathedra verkündet, daß ein Erforschen der geistigen Welt für den Katholiken streng verboten ist. Indirekt gesteht die Kirche damit ein, daß dieses möglich ist. Unmögliches braucht man ja nicht zu verbieten. Die Katholiken, die gleichzeitig Mitglieder der Anthroposophischen Gesellschaft sind oder sich als Anthroposophen fühlen, werden diesen Bannfluch kaum für realistisch halten.

Es geht vielmehr um ein durch die geistigen Forschungsergebnisse Rudolf Steiners möglich gewordenes völlig neues Verständnis Jesu Christi und des Neuen Testaments. Es geht um eine „neue Offenbarung", aber um eine mit den vorliegenden Texten übereinstimmende, nicht um irgendeine sektiererische, von Schreibmedien oder angeblichen Prophetinnen vorgelegte. Bei diesem aus der geistigen Schau Steiners heraus völlig neu interpretierten Neuen Testament handelt es sich um eine derart einleuchtende Exegese dieser Texte im Gesamten und im Einzelnen, daß sie für solche Menschen wie eine plötzliche Erleuchtung wirken, die vorurteilslos an sie herangehen und die sich mit dem verlegenen „Das muß man halt glauben" nicht zufriedengeben wollen. Die traditionellen Evangelien „sind geschrieben vom Standpunkte des alten Weisheitsgutes aus ... In die Sprache jener Vorstellungen kleidete man dasjenige, was sich auf Golgatha abgespielt hatte ... Daher muß, wenn den Forderungen der Zeit Rechung getragen werden soll, über das Mysterium von Golgatha als *einer* Tatsache auch in einer neuen Sprache ... geredet werden ... Sonst würde das Christentum eine Summe von althergebrachten Vorstellungen bleiben" (GA 186, Vortrag vom 20. 12. 1918). Unter dieser „neuen Sprache" darf aber nicht etwa lediglich ein modernerer Sprachstil verstanden werden, wie ihn beispielsweise Walter Jens so beeindruckend versucht,[87] sondern sie stellt an vielen ausgewählten Beispielen eine völlig neue Schöpfung der Evangelien aus der Akasha-Chronik heraus dar, wobei der Text im wesentlichen erhalten bleibt, aber oft völlig anders und frappierend neu interpretiert wird.

Der häufig gemachte Gnosis- oder gar Gnostizismus-Vorwurf meint vor allem, daß dadurch die persönlichen Glaubensbeziehungen zu Christus und mit ihnen die Rechtfertigung der menschlichen Existenz aus Christus, die Sündenvergebung aus Gnade und noch viele andere Heilstaten Christi verlorengingen. Sie hätten wohl recht, wenn dieser Vorwurf zuträfe. Daß das Gegenteil zutrifft, kann hier nur postuliert, nicht näher ausgeführt werden. Mit dem Autor kann jeder echte Anthroposoph das aus tiefstem Herzen bezeugen. Waren es doch gerade diese Evangeliendarstellungen und diese Christologie, die mich zum „Gottgläubigen" und Christus-Leugner herabgesunkenen Agnostiker wieder zu Christus zurückgebracht haben. Je tiefer jemand in die Anthroposophie eindringt, desto intensiver, inniger und persönlicher wird seine Beziehung zu Christus. Ihnen geht es dann nicht mehr um den mehr oder weniger egoistischen Wunsch nach Sündenvergebung, der eine Folge davon ist, daß man Reinkarnation und Karma nicht kennt und daß man, wie die evangelische Theologie aller Richtungen noch immer, befangen ist in dem alttestamentarischen Unterwerfungswillen, der dann gewissermaßen „zur Erlösung berechtigt". Nichts davon in der Anthroposophie.

Aus eigener Erfahrung kann nur in tiefem Ernst bekannt werden, daß die Anthroposophie das Christus-Erleben, die Geborgenheit in der Trinität in ungeahnter Weise intensiviert. Steiner spricht nicht häufig vom „Vatergott". Dies hat seinen Grund im Gegenteil dessen, was in traditionell kirchlichen Kreisen noch immer im Schwange ist: vom „lieben Gott" zu sprechen, vom anthropomorph vorgestellten „Herrgott, der es schon richten wird". Steiners Scheu, von Gott zu sprechen, rührt daher, daß es dem Menschen prinzipiell nicht möglich ist, über Gott konkrete

---

[87] Z. B.: Am Anfang der Stall, am Ende der Galgen. Das Matthäus-Evangelium; Freiburg: Herderbücherei Nr. 4042

Aussagen zu machen. Alle Bemühungen der Theologie und Philosophie aller Zeiten haben es nicht vermocht, ein über das gewöhnliche Vorstellungsvermögen hinausgehendes Gottesbild zu zeichnen. Auch das vorzügliche Buch von Hans Küng „Existiert Gott?"[88] konnte und wollte nur eine Annäherung sein. Niemals wird irgendeine menschliche Deutung an die wahre Größe Gottes heranreichen. Der Philosoph Ludwig Wittgenstein hat prägnant ausgedrückt, warum das so ist: „Von was man nicht reden kann, davon soll man schweigen." Deshalb hat Steiner sich in dieser Beziehung zurückgehalten, aus Demut und Scheu, nicht aus „Unglauben" und „Überheblichkeit", wie ihm oft unterstellt wird.

„Die Leute merken nicht, warum man nicht von Gott redet; weil kein menschlicher Begriff wirklich umfassen kann dasjenige, in dem wir leben, weben und sind." *(GA 152, 20. 5. 1913)*

Eine ganz kurze, aber dennoch umfassende und lesenswerte Einführung in das anthroposophische Christus-Verständnis besonders im Hinblick auf unsere derzeitige Umbruchzeit gibt Georg Blattmann in „Das 20. Jahrhundert im Aufbruch zu Christus"[89]. Da die vorliegende Schrift sich auf das Nötigste beschränken muß, sei im Hinblick auf das Christus-Bild der Anthroposophie in Anlehnung an das wichtige Buch von Hans-Werner Schroeder „Dreieinigkeit und Dreifaltigkeit. Vom Geheimnis der Trinität"[90] nur das Folgende zusammenfassend gesagt:

Zur christlichen Grundtatsache des Vater-Sohn-Verhältnisses: Der „Sohn" ist nicht ohne den „Vater" zu denken und der „Vater nicht ohne den „Sohn". Wäre der Vatergott „nur" der Allmächtige, der Herr, der Gebieter, könnte sein Verhältnis zur Schöpfung nicht väterlich sein, ja mehr noch: dann gäbe es keine Schöpfung. Gott will, das geht ganz eindeutig aus Christi Worten hervor, nicht „für sich" bleiben; er gießt sich durch seinen Sohn in die Schöpfung aus. Er ist nicht, wie im Islam, der „jenseitige" Gott, fern von seiner Schöpfung, sondern er übernimmt für uns als „Vater" Verpflichtung und Verantwortung. So kann in uns die Empfindung einer tiefen Verbundenheit mit ihm entstehen. Dadurch, daß er den „Sohn" aus sich als etwas Selbständiges hervorgehen läßt, opfert er uns etwas von seinem göttlichen Sein. Dadurch ermöglicht er uns als seinen „Ebenbildern", daß wir nicht „Marionetten in Gottes Hand" sind

---

[88] München 1978
[89] Stuttgart 1980
[90] Schroeder, Hans-Werner: Dreieinigkeit und Dreifaltigkeit. Vom Geheimnis der Trinität; Stuttgart 1986, S. 91 f.

und, wie gesagt, eben nicht „nackte Affen" oder „Bioroboter", sondern zur „Sohnschaft" (Paulus) berufen sind. „Diese Tatsache hat ihr Urbild in dem ‚Sohn Gottes'. Was in ihm schon Wirklichkeit ist, daß der Sohn dem Vater ‚gegenüber'steht und trotzdem die tiefste Verbundenheit zwischen ihnen bestehen bleibt, das soll den Menschen Schritt für Schritt zuwachsen."[91]

Zunächst aber bedeutet die „Sohnschaft", eben *weil* der Mensch zu sich selbst kommen muß, weil er ein eigenständiges „Ich" werden soll, *weil* er einen freien Willen entwickeln soll, daß er das Schicksal der Gottesferne auf sich nehmen muß („Sündenfall"). Hier sind die Angriffspunkte der „Widersachermächte". Würde die Gottheit hier eingreifen, wäre der ganze Sinn der Schöpfung, die Möglichkeit des Selbständigwerdens des Menschen in Frage gestellt. „Die Gottheit wählt einen anderen Weg, um den Menschen Hilfe zu bringen – sie wird Mensch ... nur durch die Menschwerdung Christi konnte das Göttliche dem Menschen auf der Erde unmittelbar nahe kommen ... Christus wird uns in seiner Menschlichkeit zum Bruder ... In Christus, im göttlichen Sohn, kommt uns die Gottheit ganz nahe."[92]

Die „mystische Tatsache", daß Gott Mensch geworden ist, erscheint heute vielen (und erschien auch mir!) als eine völlig unsinnige, altertümliche, überholte Vorstellung: „Daran muß man halt glauben." Doch dieses „Hinnehmen um des Glaubens willen", dieses „credo quia absurdum est" (ich glaube es, gerade weil es widersinnig ist), bleibt an der Oberfläche. Vielmehr sollte man sich mit H. W. Schroeder sagen: „In der Gottheit ist das Menschenbild bereits seiner ewigen, urgestalteten Art nach enthalten, und der Erdenmensch muß gedacht werden wie herauskristallisiert aus dem Wesen Gottes .. Wenn eine solche Urbeziehung zwischen Gott und Mensch da ist, dann wird uns die Menschwerdung Gottes zwar nicht weniger groß, aber doch nicht mehr ganz unfaßlich erscheinen ... Mit der Menschwerdung Christi lebte das gefallene, entstellte Urbild des Menschen in der Menschheit wieder auf ... Durch die Erscheinung Christi auf Erden wurde das Menschliche in seiner Urbeziehung zum Ewigen und Göttlichen wiederhergestellt ... So wie der Christus ‚Wohnung' genommen hat in dem Menschen Jesus [bei der Jordantaufe], so will er heute in jedem Menschen ‚wohnen' – nicht um unser Eigenwesen auszulöschen, sondern um es gerade zum wahren Menschentum zu erheben.

---

[91] Ebenda, S. 64
[92] Ebenda, S. 64 f.

Aber trotz dieser intimen Nähe zwischen dem Menschen und Christus darf nie dessen kosmische Dimension vergessen werden."[93]

Die kindisch-verniedlichende Rede vom „lieben Gott" und vom „lieben Jesulein" hat diese Dimension lange verdrängt. „‚Mir ist gegeben alle Gewalt im Himmel und auf Erden' – dieses Christuswort am Schluß des Matthäusevangeliums weist auf die weltumspannende Seite seines Wesens hin ... Wir erleben: Dieser Christus, der uns so unendlich nahe ist, ist zugleich unendlich groß ... wenn wir mit Blick auf den Vatergott von dem *Sein* gesprochen haben, das allem Dasein zugrunde liegt, so tritt uns im Blick auf den Sohnesgott die schöpferische Kraft des Weltalls vor Augen, der Urquell des Welten*werdens*. Im Sohn haben wir den eigentlichen Schöpfer und Beweger der Welt vor uns"[94], wie es im Prolog des Johannesevangeliums ausgedrückt ist.

Dieses höchste Wesen wurde unter vielen Namen schon in den frühen Hochkulturen und in den Mysterienstätten des Altertums als der „hohe Sonnengeist" und im Alten Testament als „der Gesalbte" verehrt und sein „Kommen" als „Menschensohn" und „Messias" vorausgesagt. Diese Erwartungen waren nach christlicher Auffassung, nicht nach jüdischer, mit der Geburt Jesu erfüllt. Das war der Beginn unserer Zeitrechnung, es war zusammen mit dem „Mysterium von Golgatha" das Mittelpunktereignis der Erd- und Menschheitsgeschichte. Nach Rudolf Steiners Erkenntnis wurde in Bethlehem jedoch noch nicht der Christus geboren, sondern Jesus von Nazareth, ein in Äonen von Äonen vorbereiteter, ganz außerordentlicher Mensch, in dem der Christus sich bei der Jordantaufe inkorporiert hat. Erst in dieser ist der Gottessohn auf die Welt gekommen, ist Mensch geworden. Als Teil der Trinität „lebte" er ja schon ewig.

Das Leben Jesu Christi braucht hier nicht referiert zu werden, es wird als bekannt vorausgesetzt. Steiner schildert es und alle mit Jesus Christus zusammenhängenden Erkenntnisse, v. a. in seinen Evangelienzyklen, in einer so verständlichen und widerspruchsfreien Weise, daß denjenigen, die sie vorurteilsfrei lesen, die bisher als unerklärbar, rätselhaft oder gar widersprüchlich erscheinenden Bibelstellen plötzlich im wahrsten Sinne des Wortes „einleuchten". Nun gibt es keine Notwendigkeit mehr, z. B. bei den von Christus gewirkten Wundern verlegen mit den Schultern zu zucken und wie der Paderborner Bischof Degenhardt im Fernseh-

---

[93] Ebenda, S. 69 f.
[94] Ebenda, S. 83 f.

Gespräch mit Eugen Drewermann (Anfang 1992) immer wieder zu sagen, dafür gäbe es keine rationale Erklärung, das müsse man halt glauben, oder sie wie Drewermann aus psychoanalytischer Sicht nur als „Bilder" zu werten, d. h. abzuwerten.

Steiner schöpfte, wie gesagt, seine Erkenntnisse über das Leben Jesu und sein Wirken aus eigener, unmittelbarer Schau, als echte neue Offenbarung aus der erwähnten „Akasha-Chronik". Dies geht schon daraus hervor, daß er in seinen Mitteilungen z. T. über diejenigen der Evangelien hinausgeht. Diese erscheinen nun in ganz neuem Lichte. Nun erst erhält die Gestalt Christi ihre unergründliche Tiefe und weltgeschichtliche Bedeutung. Was bisher von der Theologie, von den Kirchenvätern an bis heute, lediglich als zu glaubende, dem Denken nicht zugängliche Mysterien vorgelegt wurde, erklärt Steiner in einer den heutigen Menschen zugänglichen und verständlichen, jedoch keinesfalls rationalistischen Auslegung und Sprache. Dabei betont er, daß er durchaus keine neuen Glaubenssätze, sondern nur Tatsachen verkünde; er vertraut auf die Keimkraft der seine Mitteilungen tragenden Wahrheit; sie würden in jedem, der sie vorurteilsfrei in sich *aufnimmt*, früher oder später ihren Wahrheitsgehalt aus sich selbst offenbaren.

Erst durch die Steinersche Christologie wurde mir auch klar, daß man sich das Verhältnis des Vatergottes zur Welt nur vorstellen kann, wenn man weiß, daß dieses durch den Sohn erst entsteht. „Gegenüber dem Sein des Vatergottes offenbart sich der Sohn im weltschöpferischen Werden." In Christus wird offenbar, daß „Gott den Menschen nicht als Marionette, sondern als Eigenwesen will", das seine Kraftquelle in Christus hat. „Das Drama der Menschheitsentwicklung ist ohne Christus nicht zu denken."[95]

So wäre noch zu fragen, warum man von der nachreformatorischen Theologie beider Konfessionen keine Antwort auf die vorne gestellten Fragen erhält, Fragen, die z. B. auch Dr. Drewermann stellt und selbst beantwortet, allerdings, wenn man das so sagen darf, nach meiner Meinung in gewisser Weise noch falscher, noch diesseitiger als die traditionelle Theologie. Sogar ein so berühmter Theologe wie Emil Brunner, Zürich, bekannte, er müsse sich zwingen, z. B. an das Wandeln Jesu über den See Genezareth zu glauben;[96] ein ebenso erschreckendes wie bezeichnendes Beispiel für den Stand der modernen Theologie, ihres spiri-

---

95   Ebenda, S. 91 ff
96   Martin, Maurice: Anthroposophie - Was ist das?; Schaffhausen 1987, S. 85

tuellen Tiefstands. Als ob man sich zum Glauben zwingen könnte! Als ob es sich dabei um einen naturalistischen Vorgang handelte! Jedenfalls bringt diese Aussage die anscheind unüberbrückbare Kluft zwischen dem herkömmlichen Wissen und dem traditionellen Glauben zum Ausdruck. Diese Kluft wird von den Menschen immer schmerzlicher empfunden und dürfte mit der (allerdings meist nicht voll bewußte) wesentlichste Grund für die Kirchenaustritte und gar die Abwendung vom Christentum sein. Ich las kürzlich, daß ein sich als Christ fühlender, naturwissenschaftlich eingestellter Arzt, gefragt, wie er denn mit dieser Kluft fertig werde, antwortete: „Überhaupt nicht! Ich mache die Augen zu und versuche, nicht daran zu denken." Diese im Grunde agnostische Antwort ist sicher typisch für einen großen Teil der Natur- und sonstigen Wissenschaftler, sofern sie nicht ohnehin Atheisten oder „irgendwie gottgläubig" sind.

Steiner betont an vielen Stellen, daß die Anthroposophie keine Religion und auch kein Religionsersatz ist, daß sie aber – man beachte das wohl – als einzige „Weltanschauung" überhaupt religiöse Wahrheiten bietet, die sowohl mit den alten religiösen Urkunden, insbesondere dem Neuen Testament, als auch mit dem modernen wissenschaftlichen Denken im Einklang steht. So sind z. B. die von Atheisten wie von Gläubigen stets verkannten „Wunder" unter den esoterischen Gesichtspunkten, die für die Anthroposophie grundlegend sind, immer noch Wunder im gewöhnlichen Bewußtsein. Aber sie erhalten durch Rudolf Steiner eine so einleuchtende, aus dem Übersinnlichen hereinleuchtende und mit aller Moderne im Einklang stehende Erklärung, daß dem Leser nach dem Studium dieser Vortragsbände immer wieder im wörtlichen Sinne „ein Licht aufgeht". Steiner befindet sich dabei insofern auch im Einklang mit dem teilweise verketzerten Kirchenvater Origines (185-254), der tief von der Tatsache durchdrungen war, daß die sich im Neuen Testament abspielenden Ereignisse und ereignenden Wunder nicht historisch und naturalistisch, sondern übersinnlich zu deuten sind.

Nachdem mir dies schon früher beim Studium der Ketzergeschichte aufgefallen war, ist mir inzwischen endgültig klargeworden – und diese Feststellung halte ich für besonders wichtig –, daß das wirkliche Christentum keineswegs mit dem Kirchen-Christentum identisch ist, daß ich also vor meinem Bekanntwerden mit der Anthroposophie etwas verworfen hatte, was ich noch gar nicht kannte. Denn mit meinem Glauben an Christus war – man ist ja konsequent – gleich der Glaube an die Existenz einer geistigen Welt, eines Weiterlebens nach dem Tode und schließlich sogar an Gott obsolet geworden. Es gibt ja genug atheistische oder „gottgläubige" Schriften, die die dadurch aufklaffende abgrundtiefe Kluft so wunderbar logisch füllen können.

Es soll nicht verschwiegen werden, daß auch Steiner vor der Jahrhundertwende dem Christentum und dem „Christengott" skeptisch oder gar ablehnend gegenüberstand. Dies war aber vor allem durch die seit dem Mittelalter offensichtliche Erstarrung und Verweltlichung der Kirchen bedingt. Auch er hatte wohl das Christentum als solches mit dem Kirchenchristentum identifiziert. Doch diese Phase wurde durch sein oben erwähntes „Damaskus-Erlebnis" radikal beendet. Das der Öffentlichkeit bekannt gewordene erste Ergebnis dieser totalen Wende in Steiners Leben war sein Buch „Das Christentum als mystische Tatsache und die Mysterien des Altertums" (GA 8).

Es kann also gesagt werden: Die traditionellen Theologen haben recht, wenn sie behaupten, das Christusverständnis Steiners sei mit dem katholischen und evangelischen Christusbild weitgehend nicht vereinbar. Es sei jedoch noch einmal nachdrücklich auf das schon mehrfach zitierte Buch von Binder hingewiesen, der sich im Gegensatz zu den anderen theologischen Autoren jahrelang intensiv mit Steiner und der Anthroposophie befaßt hat. Es enthält einen so kenntnisreichen, von tiefem Verständnis getragenen und umfassenden Einblick in die Anthroposophie, besonders natürlich in deren religiöse Aspekte, daß es v. a. als Lektüre für Menschen geeignet ist, die bewußt in ihrer Kirche bleiben und sich doch mit der Anthroposophie befassen wollen. Der Schwede Fränkl-Lundborg, dessen schon in der „Danksagung" genanntes Büchlein ein sehr schönes Kapitel über „Die Menschheit und Christus", also über die anthroposophische Christologie, enthält, sagt ganz einfach und klar: „Das Ganze der Anthroposophie ist zugleich die Christologie Rudolf Steiners."

Christus, die zweite Person der Trinität, ist nicht nur der Mittelpunkt des Christentums, er ist in einem ganz konkreten Sinne der Mittelpunkt der ganzen Erd- und Menschheitsentwicklung. Das Wissen um diese „mystische Tatsache" ist in den traditionellen Kirchen wohl ganz verlorengegangen. Es ist zu einem beachtlichen Teil aus dem vorchristlichen Mysterienwesen hervorgegangen, von dem uns, was das vorchristliche Judentum anbelangt, das Alte Testament und die berühmten „Schriftrollen vom Toten Meer" (Qumram) einen umfassenden und faszinierenden Einblick geben. Daraus die von jüdischen Religionswissenschaftlern vertretene These abzuleiten, das Neue Testament sei im Grunde nur eine

Ansammlung von im Judentum schon viele Jahrhunderte vorher bekannten Glaubensaussagen, also ursprünglich lediglich eine Art jüdischer Sekte gewesen und erst der Jude Paulus habe daraus eine Religion gemacht, verkennt jedoch vollkommen das Wesen Christi und des wahren Christentums. Dieses vorchristliche Mysterienwesen lebte nach Christus im esoterischen Nebenstrom der Kirche, in esoterischen jüdischen und christlichen Gemeinschaften weiter, wurde von Anfang an bekämpft und war ständig von Ausrottung bedroht (Gnosis, Montanismus, Marcion, Bogumilen, Katharer, Brüder und Schwestern vom Freien Geiste, Jakob Böhme usw.). Dieses esoterische Christentum ist in unserer Zeit neu erstanden: durch die Anthroposophie.[97] Wer sich mit diesen Problemen befaßt, dem wird zumindest eine *Ahnung* aufgehen, daß Anthroposophie und Christengemeinschaft zu Recht als die fällige Erneuerung des esoterischen, ja des ganzen Christentums angesehen werden können. Und daß dieses eine Erneuerung, eine neue Reformation dringend nötig hätte, und zwar beide Konfessionen, das würden, wenn sie es ehrlich sagen könnten, wahrscheinlich noch nicht einmal alle Kleriker bestreiten.

Die Christengemeinschaft – Bewegung für religiöse Erneuerung

Die Trägerin dieses erneuerten Christentums in unmittelbar religiöskultureller Erscheinungsform ist „die Christengemeinschaft"[98]. Sie dient satzungsgemäß der religiösen Erneuerung, der Verkündigung des Christentums, dem Vollzug der erneuerten Sakramente, der Pflege der religiösen Gemeinschaft, der Seelsorge und karitativen Zwecken. In der vorliegenden Einführungsschrift können auch hierüber nur ganz wenige kurze Andeutungen gemacht werden. Es kann z. B. nichts gesagt werden über den religiösen Gehalt und über die spirituelle Theologie dieser von der Anthroposophischen Gesellschaft ganz unabhängigen Religionsgemeinschaft. Lediglich einige Angaben zur Geschichte und Organisation sind möglich und ganz wenige Andeutungen zum Kultus und zu den Sakramenten.

---

[97] Wehr, Gerhard: Esoterisches Christentum; Stuttgart 1975
[98] Schroeder, H.-W.: Die Christengemeinschaft. Entstehung – Entwicklung – Zielsetzung; Stuttgart 1990, und Lenz, Joh.: Die Christengemeinschaft. Eine Einführung; Stuttgart 1989 (der ganze zweite Teil dieses Kapitels fußt auf der vorgenannten Schrift.)

Auch diese spirituelle Theologie, dieser Kultus und diese Sakramente beruhen ihren Formen und Texten nach zum größten Teil auf den geistigen Forschungsergebnissen Rudolf Steiners. Wer solche Forschungen für möglich hält und wer in Steiner einen hohen Eingeweihten zu sehen vermag, dem solche Forschungen in einem unvergleichbar größeren Maße möglich waren, als den meisten Eingeweihten seit den Aposteln, der wird in dieser Tatsache nichts sehen, was den religiösen Wert und den spirituellen Gehalt der Theologie dieser „Christengemeinschaft" auch nur im geringsten beeinträchtigen könnte. Die kleine Schrift von Rudolf Frieling: „Vom Wesen des Christentums"[99] ermöglicht hierzu einen ersten Einstieg.

Eine von der Anthroposophischen Gesellschaft vollkommen getrennte religiöse Gemeinschaft war notwendig geworden, weil Steiner die Anthroposophie ausdrücklich nicht als Religion und nicht als religiösen Weg, sondern als Erkenntnisweg aufgefaßt wissen wollte. Im Vorwort einer 1980 schon in 3. Auflage erschienenen Einführungsschrift der Christengemeinschaft der ehemaligen DDR[100], die dort, anders als die Anthroposophische Gesellschaft, nicht verboten war, wird betont (und begründet), daß Christus, so wie er über die Verkörperung im Leib des Jesus von Nazareth seit der Jordantaufe und seit Golgotha hinausgegangen ist, auch über die traditionelle Gestalt der Kirche hinausgeht, die sich als „der mystische Leib Christi" fühlt. Nachdem diese sich jedoch im Laufe der Jahrhunderte und nicht zuletzt in den letzten 12 Jahrzehnten mehr und mehr in allzu weltliche Machthändel verstrickte und den Glauben immer mehr in ein starres Dogmengebäude zwängte, ist heute eine massenhafte, immer stärker anschwellende Abkehr von den Kirchen und – von den Kirchen selbst verschuldet – vom Christentum überhaupt festzustellen. „Gott ist tot", formulierte Nietzsche, und nicht wenige moderne Philosophen stimmen ihm zu. Aber nicht Gott ist tot, sondern nur der Gott der Dogmen ist tot, und das traditionelle Christentum siecht folglich dahin. Die irdische Form des Christusglaubens, die Kirche, die traditionell im Auftrag Christi „den Glauben verwaltet", und zwar mit „Alleinvertretungsanspruch", kann und will dies jedoch noch nicht wahrhaben. Was sie dadurch aber verursacht, ist schlimm. Dabei ist das Schlimmste noch

---

[99] Stuttgart 1979
[100] Die Christengemeinschaft. Von ihrer Begründung und ihren Aufgaben. Verantwortlich W. Gädeke; Halle o. J.

nicht einmal, daß so viele Menschen nicht mehr an Gott glauben. Viel schlimmer ist: Viele glauben dann nicht an nichts, sondern an alles.

Die „Christengemeinschaft" als „Bewegung für religiöse Erneuerung" könnte schon prinzipiell keinen „Alleinvertretungsanspruch" erheben, wie es die römische Kirche zum Schaden der Ökumene immer noch tut, weil sie weiß, daß Christus, von dem sie ganz und gar erfüllt ist, der in ihr in einer unerhörten Weise lebt, zugleich in der ganzen Menschheit und in allen echten Religionen lebt. Dies kommt besonders in ihren Sakramenten zum Ausdruck, in denen der verborgene Geist der Menschheit, der Christus, sich offenbart.

Am Anfang der „Christengemeinschaft", die man trotz ihres Ursprungs aus der Anthroposophie wegen ihrer völligen Selbständigkeit keinesfalls als „Tochterbewegung" der Anthroposophischen Gesellschaft betrachten darf, stand, wie bei fast allen von Rudolf Steiner ausgehenden Bewegungen, eine Frage bzw. Bitte an Rudolf Steiner. Ein kleiner Kreis erfahrener und angehender evangelischer Theologen hatte sich am Anfang der zwanziger Jahre zusammengefunden und in mehreren Treffen das Problem erörtert, wie unter den damaligen Bedingungen die Möglichkeit eines erneuerten religiösen Lebens zustande kommen kann, das den Anforderungen der Gegenwart und Zukunft gerecht wird. Zu ihnen gehörte v. a. der ja schon mehrfach zitierte Dr. Friedrich Rittelmeyer, der nach der Jahrhundertwende in Berlin schon ein berühmter Kanzelredner, Seelsorger und Schriftsteller war, einer der namhaftesten liberalen Theologen seiner Zeit und zugleich einer der seltenen, nicht von ostasiatischen Praktiken beeinflußter Meditationsmeister. Er hatte mit Steiner schon seit 1911 Kontakt und konnte durch ihn den Weg vom „Menschen Jesus" des theologischen Liberalismus zum kosmischen Christus finden.

Die Tatsache dieser Bemühungen, die auf so etwas wie eine Reformation der Reformation hinausliefen, zeigt schon, daß diese Persönlichkeiten den existierenden Kirchen die Möglichkeit einer Erneuerung nicht mehr zutrauten. Damit verbunden war die Frage nach einem zeitgemäßen Priestertum, einem erneuerten, d. h. besser: in seiner wahren Gestalt wiederhergestellten Kultus, nach einem neuen Verständnis der Trinität, besonders des Sohnes Jesus Christus, und nach erneuerten Sakramenten. Es war etwas Ungeheuerliches, was die Fragenden da von Rudolf Steiner erwarteten. Denn: „Ein Kultus entsteht nicht dadurch, daß man ihn ausdenkt. Ein Kultus entsteht dadurch, daß er das Abbild ist von demjenigen, was in der geistigen Welt vorgeht" (GA 235, 27. 5. 1924).

Dieser Kreis von Theologen legte solche Fragen und Bitten Rudolf Steiner vor, weil sie in ihm den „Großen Eingeweihten" spürten, der er ja in der Tat war. Schon kurz danach gab Rudolf Steiner Mitte Juni 1921 in Stuttgart einen ersten „Theologenkurs". Es war wie bei den Medizinern, Landwirten usw.: Er, der Nicht-Theologe, der Nicht-Mediziner, der Nicht-Landwirt, gab studierten und erfahrenen Theologen, Medizinern, Landwirten Kurse über ihre ureigenen Gebiete. Trotz dieser Hilfe durch Steiner konnten diese Gründerpersönlichkeiten mit K. v. Wistinghausen sagen: „Die Christengemeinschaft gründet in sich selbst. Sie hat von keinem Menschen, von keiner Gruppe, einen Auftrag enthalten, auch von Rudolf Steiner nicht, der in vollendeter Selbstlosigkeit nur Rater und Helfer sein wollte ...“

Diese Theologen wurden wenig später die Gründer der „Christengemeinschaft". Ganz aus seiner geistigen Schau heraus gab Steiner ihnen die Texte für den noch zu gestaltenden Gottesdienst, der dann „Menschenweihehandlung" genannt wurde, sowie für die Ausübung der Sakramente. Schon am 16. 9. 1922, ein gutes Jahr nach den ersten Fragen, konnte die „Christengemeinschaft" mit der ersten „Menschenweihehandlung" feierlich begründet werden. An ihrem Anfang stand so das erneuerte Altarsakrament. Dieser Kultus ist nicht etwa eine von Steiner dem katholischen Kultus „nachempfundene" Heilige Messe, wie unbedarfte Kritiker behauptet hatten. Die zweifellos vorhandenen Ähnlichkeiten zwischen der Liturgie der „heiligen Messe" und der der „Menschenweihehandlung" entspringen vielmehr der Tatsache, daß beide der gleichen geistigen Welt entstammen, beide auf die gleichen übersinnlichen Quellen zurückgehen. Die Rituale sind inzwischen in die 15 Sprachen übersetzt worden, in denen die „Menschenweihehandlung" gefeiert wird.

Fünfundvierzig Persönlichkeiten, darunter drei Frauen, bildeten die „Urgemeinde". Die Schilderung der Lebensschicksale dieser Menschen würde einen interessanten Einblick in den Zustand der modernen Theologie und des Kirchenlebens ergeben.[101] Immer stand Rudolf Steiner bei der Begründung und Entwicklung dieser jungen Bewegung helfend mit Rat und Tat zur Seite. Die äußeren Bedingungen für eine Ausbreitung der Bewegung waren allerdings denkbar schwierig in einer Zeit der Inflation, der Arbeitslosigkeit und des Hungers. Alles, von den Priestergewändern über die Altargeräte bis zu den Gemeinderäumen, mußte ohne nennenswerte finanzielle Mittel aus dem Nichts geschaffen werden. Es

---

[101] Gaedeke, Rud. F.: Die Gründer der Christengemeinschaft; Dornach 1992

war auch die Zeit des erstarkenden Nationalismus und des daraus erwachsenden Nazismus, der schon jetzt seinen instinktiven Haß auf alles Geistgemäße deutlich spüren ließ, das Schicksalsjahr, in dem Lenin die Sowjetunion gründete, Mussolini seine Faschisten auf Rom führte und Nils Bohr den Nobelpreis für seine Atomforschungen erhielt. Diese drei – Bolschewismus, Faschismus und die Atomforschung – prägten in diesem Jahr die Signatur unseres Jahrhunderts.

Aber die Bewegung wuchs. Eine eigene Kirchenmusik, Altarbilder, sogar erste eigene Kirchen wurden geschaffen. In Stuttgart wurde ein Priesterseminar aufgebaut. Ein ständig drohendes Verbot durch die Behörden des „Dritten Reiches" nach 1933 belastete alle sehr und konnte nur durch die überragende, auch vor den Nazis nicht kuschende Persönlichkeit des ersten Leiters der Bewegung, Dr. F. Rittelmeyer, vorläufig verhindert werden. Dieser starb 1938.

Am 9. 4. 1941 wurden schlagartig im ganzen Reich fast die gesamte Priesterschaft und nahezu alle führenden Persönlichkeiten verhaftet und ins Gefängnis bzw. Konzentrationslager gebracht. Die Bewegung war zerschlagen! Zwar gelang es mutigen Mitgliedern, die einen gewissen Einfluß hatten, die Inhaftierten bald wieder zu befreien, aber erst mit der Kapitulation im Mai 1945 und der Beseitigung des Terrorregimes war die Möglichkeit des Neubeginns gegeben, wiederum vom Nullpunkte an. Von großer Bedeutung für das Durchtragen der Bewegung, für die nicht unterbrochene Folge von „Menschenweihehandlungen", waren die inzwischen in England, Schweden und in der Schweiz gegründeten Gemeinden. Heute bestehen Gemeinden in fast jeder größeren deutschen Stadt, in nahezu allen europäischen und in vielen außereuropäischen Ländern.

Sakramente und Kultus, die einen eminent esoterischen Hintergrund haben, bestehen aus dem in der „Menschenweihehandung" gefeierten Altarsakrament mit Kommunion (für Kinder wird die „Kinderweihehandlung" gefeiert), aus der Taufe, der Konfirmation, der Trauung, der „Schicksalsberatung" (eine Bezeichnung, die den sakramentalen Charakter nur ungenügend zum Ausdruck bringt; in der katholischen Kirche entspricht ihr die Beichte), den Sterbesakramenten und der Priesterweihe. Alle sieben Sakramente unterscheiden sich inhaltlich, in ihren Texten sowie in ihrem Vollzuge grundsätzlich von gleich oder ähnlich lautenden der traditionellen Kirchen. Sie knüpfen vielmehr an uralte christliche Bräuche an, die in der Christengemeinschaft erneuert wurden. Dies kann am leichtesten an den Beispielen „Beichte" und „Sterbesakramente" dargestellt werden. Erstere ist natürlich nicht die altbekannte, viel angegriffene, von den Reformatoren abgeschaffte und heute von immer weniger Menschen praktizierte „Ohrenbeichte", sondern eine Art sakramentales Lebens- und Schicksalsberatungsgespräch mit dem Priester, der dazu durchaus seine priesterlichen Gewänder anlegt und so den sakramentalen Charakter dieser Handlung zum Ausdruck bringt. Es zu praktizieren oder nicht ist, wie bei den anderen Sakramenten, völlig der Entscheidungsfreiheit des einzelnen Mitgliedes überlassen. Beichtvorschriften, bis in kleinste und intimste Einzelheiten gehende Reglementierungen und bohrende Fragen, wie sie in der katholischen Kirche weithin noch immer üblich sind, wären in der „Christengemeinschaft" undenkbar. Die Sterbesakramente (man beachte den Plural) werden in sechs Stufen vollzogen, drei vor dem Tode: die „letzte Beichte", d. h. eine Bewußtseinsklärung, eine Gelegenheit, angesichts des bevorstehenden Übergangs in die geistige Welt auf sein Leben zurückzublicken, die Kommunion und die heilige Ölung; drei nach dem Tode: die Aussegnung, die Bestattung und die Totenweihehandung.

Was die Orientierung am Neuen Testament anbetrifft, so entspricht diese durchaus der in den anderen Konfessionen. Die Bibel ist Grundlage ihrer Verkündigung. Diese wird aber geistig ausgelegt. In jeder Menschenweihehandlung wird eine Perikope (Bibelabschnitt) aus einem Evangelienkapitel feierlich verkündet. Die, wenn man das so sagen darf, spirituelle Theologie der „Christengemeinschaft" ist zusammengefaßt im „Credo". Dieses umfaßt in zwölf Sätzen die Grundtatsachen des Christentums in einer unserer Zeit angemessenen Form. Dieses „Credo" (Bekenntnis) wird jedem Erwachsenen, der Mitglied wird, persönlich anvertraut. Die Konfirmanden erhalten es ausgehändigt, wenn sie es durch Hören in der Weihehandlung kennengelernt und zu ihrem inneren Eigentum gemacht haben und wenn sich der einzelne gewiß ist, daß sich seine religiöse Orientierung gefestigt hat.

Ein spirituell-religiös anspruchsvoller Mensch erlebt manchmal fassungslos die Bestattung eines nach traditionellem Ritus beerdigten nahestehenden Menschen mit. Dieser oft völlig herzlos wirkende Formalismus, diese immer gleichen Stereotypen, diese mit Bibelsprüchen gespickten Phrasen! (Entschuldigung: Aber das war oft und oft meine Empfindung.) Die versammelte Trauergemeinde läßt dies offensichtlich meist wie warmen Regen über sich ergehen und denkt womöglich an alles andere, nur nicht an den Verstorbenen und den Beginn seines neuen Lebens jenseits der Schwelle. Das Verhalten der Beteiligten, manchmal sogar der Pfarrer, läßt erkennen, daß der Tote nun für sie tatsächlich tot ist, ein für allemal oder wenigstens bis zum „Jüngsten Gericht". Das ändern auch alle litaneihaft vorgetragenen Vertröstungen auf das „Jenseits", die „ewige Seligkeit" und die ja so ungeheuer trostreiche Verheißung auf die „Auferstehung von den Toten" nicht: Kaum jemand glaubt noch daran. Glauben die Priester daran?

Wie anders erlebt man die Bestattungsfeiern der „Christengemeinschaft". Hier spürt man wirklich, wie der Verstorbene noch unter den Trauernden lebt, wie die Würde des Toten respektiert wird, wie die Gemeindemitglieder, insbesondere die Angehörigen und engsten Freunde, die Seele des Toten begleiten durch die Zeit der „Rückschau" und wie sie sich bewußt sind, daß der Tote seine Totenfeier und alle ihm geltenden Gedanken und Gebete real und hilfreich miterlebt. Wer hatte je einen solchen Eindruck bei einer konfessionellen Bestattungsfeier? Völker, die noch den Ahnen- und Totenkult kennen, und deren schriftliche Zeugnisse zeigen noch, wie man jahrtausendelang aus altem Mysterienwissen mit den Verstorbenen umgegangen ist. Der moderne Mensch und die „modernen" Kirchen wissen davon nichts mehr. Der sinnentleerte Formalismus einer „christlichen Beerdigung" ist ein ebenso typisches wie erschreckendes Beispiel für die Geistferne dieser heutigen Kirchen. Wer nicht ausgesprochen fromm ist im kirchlichen Sinne, wer nicht an das „Weiterleben der Seele nach dem Tode" glaubt, für den ist der Tote bald nur noch eine schnell verblassende Erinnerung.

Besonderer Erwähnung bedürfen die Feste im Jahreskreislauf. Passionszeit mit Ostern, Pfingsten, Johanni, Michaeli, Weihnachten, die dreizehn heiligen Nächte mit Silvester im Mittelpunkt. Sie haben noch eine große Bedeutung in der „Christengemeinschaft" und im persönlichen Erleben ihrer Mitglieder und sind nicht bloß Namen für Feiertage, die Gelegenheit bieten für langes Schlafen, gutes Essen und Ausflüge.[102]

Ein kurzes Wort zum Priestertum, dem Aufbau und der Organisation der „Christengemeinschaft": Die Priesterschaft ist auf eine neue Art hierarchisch formiert: Der Weihevollmacht nach sind alle Priester gleichgestellt, gibt es keine Hierarchie. Aber es gibt besondere Ämter, die der Effektivität und der Koordinierung der Arbeit dienen: so in regionaler Hinsicht die „Lenker", im Hinblick auf die Gesamtbewegung die „Oberlenker". Der „Erzoberlenker", der in Stuttgart residiert, ist das geistliche Oberhaupt der „Christengemeinschaft". Es muß sicher nicht besonders

---

[102] Bock, Emil: Der Kreis der Jahresfeste; Stuttgart, 5. Aufl. 1992

erwähnt werden, daß auf allen Stufen auch Frauen das Priesteramt ausüben. Die Priester haben absolute Lehrfreiheit; ebenso haben die Mitglieder absolute Glaubensfreiheit. Es gibt keine Dogmen, an die sie gebunden wären. Zum ersten Mal in der Geschichte des Christentums besteht die volle Freiheit und Selbstverantwortung in der Verkündigung und Lehre.

Die Gemeinden verwalten sich (auch finanziell) selbst im Rahmen der gemeinsamen Ordnung. Staatsgelder oder Kirchensteuer gibt es selbstverständlich nicht, obwohl die Erhebung der letzteren theoretisch möglich wäre. Die Gemeinschaft bleibt dadurch unabhängig. Sie finanziert sich ausschließlich aus den freiwilligen Beiträgen ihrer Mitglieder und durch Spenden. In den Bundesländern ist die „Christengemeinschaft" eine Körperschaft des öffentlichen Rechts. Die Landeskörperschaften haben sich zu einem Körperschaftsverband zusammengeschlossen, der die rechtliche Repräsentanz der Gemeinschaft in Deutschland ist. Sein Sitz ist Stuttgart.

Mitglied kann jeder werden, der sich ausreichend mit dem Glaubensgut der Gemeinschaft vertraut gemacht hat und der die Menschenweihehandlung als geistig-religiöse Heimat empfindet. Durch das Leben mit dem „Credo" und dem „Vaterunser" wird er Mitvollzieher des sakramentalen Geschehens.

Ein geistiger Pate der Bewegung war, obwohl er schon acht Jahre vor der Gründung verstorben war, der heute jedem Gebildeten bekannte Dichter Christian Morgenstern. Eine Anzahl wunderschöner Gedichte widmete er Rudolf Steiner und der Anthroposophie. Seine die Ziele und Bestrebungen der „Christengemeinschaft" vorwegnehmenden Anschauungen bewogen ihn zu der Aussage, das eigentliche Christentum befände sich trotz seiner fast 2000jährigen Vorgeschichte erst am Anfang seiner Entwicklung. Diese Anschauung entspricht durchaus dem Selbstverständnis der neuen Bewegung und jedes ihrer Mitglieder.

XII Die Allgemeine Anthroposophische Gesellschaft

Anthroposophische Gemeinschaftsbildung

Es gibt „Wahrheiten", die nur den Anschein von Wahrheiten haben, die sich aber bei genauerer Prüfung als unbewußter Irrtum, manchmal auch als bewußte Täuschung erweisen. Ein Beispiel ist die von gegnerischer Seite immer wieder ausgestreute Behauptung, die Anthroposophische Gesellschaft sei nichts anderes als eine Abspaltung von der Theosophischen Gesellschaft, analog etwa der „Altkatholischen Kirche". Und die „Lehre" Steiners sei kaum mehr als die ins Deutsche übersetzte und ein wenig umformulierte Lehre der Begründerin der „Theosophie" indisch-amerikanischen Ursprungs, Helena Blavatzky, dazu ein wenig Gnosis und ein wenig von diesem und jenem, kurz: reiner Eklektizismus, auf keinen Fall eigene Forschungsergebnisse Steiners.

Wahr ist: Wie das ja schon dargelegt wurde, war Rudolf Steiner aus bestimmten Gründen tatsächlich Generalsekretär der Theosophischen Gesellschaft. Er entschloß sich, Einladungen zu Vorträgen anzunehmen, da er die durch sein Sehertum gewonnenen Einblicke in die geistige Welt in den anderen Kreisen, in denen er verkehrte, in keiner Weise zur Geltung bringen konnte. Hier bei den Theosophen fand er zum ersten Mal einen Zuhörerkreis, zu dem er „auf esoterische Art" hat sprechen können. Die führenden Persönlichkeiten hatten schnell erkannt, welche esoterische und wissenschaftliche Kapazität in Rudolf Steiner vereinigt waren, weshalb sie ihn baten, der Generalsekretär der deutschen Sektion zu werden. Daß er dieses Amt annahm, hat viele seiner Freunde irritiert, ja abgestoßen und gibt noch heute Anlaß, ihn und die Anthroposophie als Ableger dieser indisch-amerikanischen Theosophie zu verunglimpfen.

Am 20. Oktober 1902 wurde die „Deutsche Sektion der Theosophischen Gesellschaft" gegründet. Dieser Tag ist also eigentlich der Geburtstag der Anthroposophischen Gesellschaft, denn so war die Arbeit ja von Anfang an gemeint. Die Ablehnung, ja Bestürzung seiner bisherigen Freunde wegen dieses Schrittes schmerzte Steiner tief, aber er mußte seinen Weg gehen. Sie wollten, ja sie konnten wahrscheinlich nicht verstehen, was ihn wirklich zu diesem Schritt bewog.

Ein Grund, warum Steiner und seine deutschen und viele ausländische Anhänger in der Theosophischen Gesellschaft ausharrten, war, daß sie lange Zeit hofften, bei der Nachfolgerin von H. P. Blavatzky, Mrs. Annie Besant, ein besseres Verständnis für sein europäisch-christliches Anliegen zu finden. Aber das Gegenteil war der Fall. Dennoch blieb, trotz wachsender Schwierigkeiten, bis 1912 der äußere Zusammenhang bestehen, weil Mrs. Besant Steiner und seine völlig unabhängige Arbeit zunächst respektierte. Im Jahre 1912 wurde die Situation jedoch unhaltbar. Mrs. Besant hatte, wohl um die Mitteilungen Steiners über „das Ereignis der Christus-Erscheinung in der ätherischen Welt" (ausdrücklich nicht in der irdischen!) zu konterkarieren, den indischen Knaben Krishnamurti als den irdischen Leib des wiedergekommenen Christus bezeichnet und weltweit propagiert; ein ganz und gar unwürdiges Schauspiel. Nachdem Krishnamurti erwachsen geworden war, distanzierte er sich selbst in aller Deutlichkeit von diesen dunklen Machenschaften. Die Deutsche Sektion verlangte den Rücktritt von Mrs. Besant. Diese forderte im Gegenzug die Stiftungsurkunde zurück und schloß die Deutsche Sektion aus der Gesellschaft aus. Dadurch war der Bruch vollzogen.

Diese „theosophische Vorgeschichte" der Anthroposophischen Gesellschaft mußte mit einiger Ausführlichkeit dargestellt werden, um auch dem noch nicht mit der Anthroposophie Vertrauten, dem verleumderische Angriffe aus irgendeiner Ecke zu Ohren kommen, Maßstäbe zur Beurteilung des wahren Ablaufs dieses Geschehens zu geben.

Kurz nach der Trennung bildete sich 1912 in Köln zunächst informell, dann am 2./3. 2. 1913 in Berlin offiziell die „Anthroposophische Gesellschaft", der sich die meisten deutschen und viele ausländische „Logen" anschlossen. Letztere sind inzwischen natürlich längst eigene Landesgesellschaften geworden. Es folgte nun bis etwa 1916 eine Phase, die der Konsolidierung diente und daneben vor allem der Kunst gewidmet war. Besonders unter dem Einfluß von Frau Marie Steiner, geb. von Sivers, die bei bedeutenden Bühnenkünstlern St. Petersburgs eine gründliche Schauspielausbildung erhalten hatte, entstand zunächst die neue Kunst der „Sprachgestaltung" (Deklamation und Rezitation), die zuerst in den von Steiner geschaffenen vier „Mysteriendramen" zur Aufführung kam. In ihr ist der ganze Gehalt der Anthroposophie auf dramatische Weise verarbeitet. Deren Stoff hatte er bereits seit langer Zeit in seiner Seele vorgeformt.

Das „erste Goetheanum" sollte nicht nur geeignet sein, eine brauchbare Bühne für die Mysteriendramen abzugeben, sondern war von vornherein als Zentrum der sich bald in alle Kontinente ausbreitenden Anthroposophie geplant. Es sollte zunächst in München entstehen. Dort gab es jedoch Schwierigkeiten mit der Baugenehmigung, weshalb der Bau dann – eine glückliche Fügung! -- auf dem Dornacher Hügel bei Basel auf einem von einem Anhänger zur Verfügung gestellten Bauplatz erstellt werden konnte, wie man ihn sich schöner und geeigneter nicht vorstellen kann. Er war in jeder Hinsicht, auch geschichtlich und „äthergeographisch", der ideale Bauplatz. Der Bau, von Steiner selbst entworfen und bis ins Detail geplant, sollte in allen Einzelheiten dem entsprechen, was im Innern des berechtigterweise „Sakralbau" zu nennenden „Goetheanum" vorgehen sollte. Der entstehende Doppelkuppelbau, von einer riesigen, komplizierten Holzkonstruktion getragen, sollte insbesondere die Polarität „sinnlich – übersinnlich" darstellen.

Ein knappes halbes Jahr vor Ausbruch des Weltkrieges konnte Richtfest gefeiert werden. Anwesend waren vor allem die vielen freiwilligen Helfer aus aller Welt, die ohne Bezahlung jahrelang in einem Gemeinschaftswerk größten Stiles geholfen hatten, sowie die professionellen Facharbeiter. Selbst noch während des Krieges, als man vom Elsaß her die Kanonen donnern hörte, arbeiteten Menschen aus 17 Nationen einträchtig zusammen, auch Angehörige von Völkern, die sich als Feinde gegenüberstanden.

Die Dimensionen des Baues waren in Anbetracht der relativ kleinen Gesellschaft gewaltig: Der umbaute Raum betrug 66.000 cbm, der Zuschauerraum hatte ca. 1.000 Plätze, die Baukosten betrugen über 7 Millionen Schweizer Franken, eine für die damalige Zeit unerhörte Summe, die ausschließlich durch Schenkungen zusammenkam. Innen waren alle Säulen, Kapitelle und Treppen von Hand geschnitzt. Jede Einzelheit hatte eine bestimmte, von Steiner vorgegebene esoterische Bedeutung.

1917 begann die Zeit der „Tochterbewegungen", die von Mitgliedern der anthroposophischen Bewegung gegründet und getragen waren. Sie vor allem und ihre auch für die erbittertsten Gegner heute unbestreitbaren Erfolge waren es denn auch, die die Anthroposophie in weiteren Kreisen des In- und Auslandes bekannt machten.

Zum Jahreswechsel 1922/23 hatte sich eine große Zahl von Mitgliedern in Dornach versammelt. Rudolf Steiner hatte soeben eine bewegende Ansprache gehalten, als einer der Wächter meldete, daß es im ganzen, ja noch gar nicht ganz fertigen, außer dem Sockel ganz aus Holz errichteten Bau nach Feuer rieche. Die Wächter waren angestellt worden, da, wie sich jetzt bestätigte, die Gefahr gegnerischer Angriffe bestand. Alsbald sahen alle mit Entsetzen: Der ganze Bau stand in hellen Flammen. Er fiel bis auf die Grundmauern einem Brandanschlag zum Opfer.

Dieser Brand fiel zusammen mit einer erheblichen, Rudolf Steiner große Sorgen bereitenden und gesundheitlich enorm belastenden Krise innerhalb der Gesellschaft, die u. a. auch hier den Generationenkonflikt als Ursache hatte. Steiners größtes Leid war es, daß es ihm nicht gelungen war, im Verlaufe von zwei Jahrzehnten eine genügend große Anzahl von fähigen Mitarbeitern um sich zu scharen. Die Mitglieder hatten trotz ihrer z. T. jahrelangen engen Verbundenheit mit Steiner es nicht vermocht, einem Maßstabe zu entsprechen, der für jede religiös-spirituelle Gemeinschaft gilt: Sie kann nach außen nur in dem Maße erfolgreich sein, in dem jedes ihrer Mitglieder an seiner inneren Vervollkommnung arbeitet. So reifte in ihm der Entschluß, die alte Gesellschaft total abzuschließen und eine neue „Allgemeine Anthroposophische Gesellschaft" zu gründen, deren Vorsitz er nun (gegen großes inneres Widerstreben) selbst zu übernehmen gedachte. Er wollte ja esoterisch arbeiten und sich nicht mit dem organisatorischen und personellen Kleinkram einer Gesellschaft belasten müssen. Aber er war der Meinung, er müsse das große Opfer bringen. Dieser Entschluß war einer der wesentlichsten Gründe, weshalb sich seine körperlichen Kräfte von da an mehr und mehr und immer schneller verbrauchten, was etwa zwei Jahre später zu seinem Tod führte.

Im Frühjahr 1923 wurde die „Freie Hochschule für Geisteswissenschaft" gegründet, die aus drei esoterischen „Klassen" bestehen sollte, wovon jedoch bis zu Steiners Tod nur die erste Klasse verwirklicht war, die bis heute die einzige blieb. In dieser Zeit bewältigte der gesundheitlich schon stark angeschlagene Rudolf Steiner neben den leicht verständlichen „Arbeitervorträgen", die gerade auch „Anfängern" empfohlen werden können, noch eine schier unbegreifliche Arbeitsfülle, besonders Vortragsreisen, die ihn sogar noch nach Norwegen, England und Holland führten. Daneben versuchte er noch einmal, durch eine Reihe von direkt der Anthroposophischen Gesellschaft gewidmeten Vorträgen die ihn beunruhigenden Mängel aufzuzeigen und Wege zu ihrer Beseitigung zu weisen. Diese Bemühungen gipfelten in der heute noch unter Anthroposophen wegweisenden „Weihnachtstagung" 1923.

Am 28. September 1924 hielt Rudolf Steiner unter ergreifenden Umständen seine „letzte Ansprache", die er aber wegen vollständiger Erschöpfung abbrechen mußte. In letzten halben Jahr seines Lebens war er an das Bett gefesselt, ständig betreut von seiner persönlichen Ärztin, der Holländerin Dr. Ita Wegman, Gründerin der in Arlesheim bei Dornach gelegenen „Lukasklinik". Mit den Mitgliedern verbunden blieb er durch die bis zum Tag vor seinem Tod in der offiziellen Zeitschrift der Gesellschaft „Das Goetheanum" veröffentlichen „Mitgliederbriefe" (GA 260a). Nach seinem Tod am 30. März 1925 hinterließ er eine ratlose, seltsamerweise auf diesen Tod nicht vorbereitete Gesellschaft, die sich dennoch nach mancherlei internen Schwierigkeiten und sogar einer Spaltung bis heute zu einer Weltgesellschaft entwickelt hat. Die Nazi-Machthaber erließen während des „Dritten Reiches" ein Verbot der Gesellschaft mit der absurden Begründung, daß sie im Bunde stehe mit Juden, Freimaurern und Pazifisten. Und diese Begründung wird auch heute wieder ausgerechnet von sich als antinazistisch, alternativ und pazifistisch verstehenden Kreisen gegen die Anthroposophie benutzt.

Die Gesellschaft gibt den Rahmen ab für die Weiterarbeit in seinem Sinne. Das größte Geschenk wurde ihr durch den Zusammenbruch der Staaten hinter dem Eisernen Vorhang zuteil. In Rußland gab es schon zu Steiners Zeiten rege anthroposophische Aktivitäten. In kleinen, im Verborgenen wirkenden Zirkeln ist das anthroposophische Geistesgut weitergetragen worden, ohne Literatur, ohne Hilfe aus dem Westen. Inzwischen gibt es dort wieder in vielen Ländern Landesgesellschaften und anthroposophische Verlage, z. B. auch in Georgien, Armenien, Rumänien.

Das „Goetheanum" ist der Sitz der anthroposophischen Weltgesellschaft und der „Freien Hochschule für Geisteswissenschaft". An der gleichen Stelle entstand nach Modellen und Entwürfen Steiners 1925-1928 das zweite „Goetheanum". In fast allen Ländern der „ersten Welt" und in vielen Ländern der „zweiten" und „dritten Welt" gibt es heute Landesgesellschaften. Sind diese entsprechend groß, werden sie in „Arbeitszentren" unterteilt. In Deutschland ist die Gesellschaft eine Körperschaft des öffentlichen Rechts. Die „Arbeitszentren" umfassen hier jeweils ein oder zwei Bundesländer. Die unterste selbständige Einheit bilden die „Zweige", in denen wie auch natürlich im „Goetheanum" und in einigen sehr regen Institutionen, wie z. B. dem Friedrich-von-Hardenberg-Institut für Kulturwissenschaften in Heidelberg oder dem Institut für Gegenwartsfragen in Freiburg, die eigentliche anthroposophische Arbeit geleistet wird. Es gibt in Deutschland Zweige in nahezu jeder größeren Stadt. Daneben arbeitet eine größere Anzahl von Gruppen, die entweder noch keinen Zweigcharakter haben oder sich bestimmten Themen widmen.

Die Allgemeine Anthroposophische Gesellschaft fühlt sich noch ganz am Anfang ihrer Entwicklung, da sie aus dem „Nischendasein im allgemeinen Kulturleben" noch nicht herausgefunden hat. Man muß wohl leider Ingo Krampen zustimmen: „Anthroposophie ist noch weit davon entfernt, ein der Vorstellung ihres Gründers entsprechender Kulturfaktor zu werden."[103] Gründe dafür kamen im Vorangegangenen schon zur Sprache.

Wie die Gesellschaft selbst ihr Wesen versteht, kann am klarsten durch folgende noch von Rudolf Steiner selbst formulierte Einleitung zu den „Prinzipien" und durch die Selbstdarstellung der Gesellschaft gezeigt werden:

> *„Die Anthroposophische Gesellschaft soll eine Vereinigung von Menschen sein, die das seelische Leben im einzelnen Menschen und in der menschlichen Gesellschaft auf der Grundlage einer wahren Erkenntnis der geistigen Welt pflegen wollen ... [Sie] ist keine Geheimgesellschaft, sondern eine durchaus öffentliche. Ihr Mitglied kann jedermann ohne Unterschied der Nation, des Standes, der Religion, der wissenschaftlichen oder künstlerischen Überzeugung werden, der in dem Bestand ... [des] Goetheanum ... etwas Berechtigtes sieht. Die Gesellschaft lehnt jedes sektiererische Bestreben ab. Die Politik betrachtet sie nicht als in ihrer Aufgabe liegend. "*

Aus der Informationsschrift „Zur Orientierung über die Arbeit der Anthroposophischen Gesellschaft, Stuttgart 3/88:

> Sie *„ hat die Aufgabe, die von Rudolf Steiner begründete anthroposophisch orientierte Geisteswissenschaft zu pflegen und für alle Bereiche des wissenschaftlichen, künstlerischen und sozialen Lebens fruchtbar zu machen ... In der Anthroposophischen Gesellschaft gründet das geistige Leben auf dem individuellen Erkenntnisansatz des einzelnen Menschen. Daher vertritt [sie] keinerlei ‚Lehrmeinung' oder Dogmatik auf irgendeinem Erkenntnisgebiet, die etwa von den Mitgliedern ‚anzunehmen' wäre ... Fixierte Meinungsbildungen und daraus etwa entspringende sektiererische oder politische Gruppenaktivitäten entsprechen nicht dem Wesensauftrag der Anthroposophischen Gesellschaft. "*

---

[103] Mitteilungen aus der anthroposophischen Arbeit, Nr. II/1992

XIII ANTHROPOSOPHISCHE PRAXIS

Tochterbewegungen

Die „Tochterbewegungen" entstanden sämtlich nicht auf Anregung oder gar Anordnung Steiners, sondern durchweg auf Grund von Wünschen und Fragen, die von Mitgliedern an ihn herangetragen wurden. Ihr Erfolg zeigt, wie sehr Anthroposophie nicht nur eine große Idee, sondern in e-minentem Maße Lebenspraxis ist. Es ist schon merkwürdig, daß manchmal dieselben Menschen, die die anthroposophischen „Demeter"-Produkte, Heilmittel, Medizin, Schulen, Heime, Kliniken usw. loben und in Anspruch nehmen, gleichzeitig in Kauf nehmen oder gar selbst versuchen, die „Mutter" all dieser Dinge in eine Sektenecke zu drücken. Dies gehört wohl zur typischen Inkonsequenz und Gedankenlosigkeit des modernen Lebens. Diese lebenspraktischen Leistungen werden im Folgenden mit wenigen Strichen dargestellt. Über jede von ihnen gibt es eine reichhaltige Literatur.

Dreigliederung des sozialen Organismus

Die „Dreigliederung", wie sie meist kurz genannt wird, ist das neue, revolutionäre Gesellschaftsmodell Steiners. In manchen seiner Komponenten hatte es Vorgänger, besonders bei den französischen und englischen „Frühsozialisten" (z. B. Fourier, Owen, Proudhon und „sogar" beim frühen Marx). Dieses Gesellschaftsmodell ist im Gegensatz zu den genannten keineswegs eine Utopie, sondern auch dieses ist geboren aus seiner geistigen Schau und aus objektiven entwicklungsgeschichtlichen Beobachtungen, insbesondere aus der Erkenntnis, daß es in der heutigen Gesellschaft tödlich ist, das Geistesleben von den anderen Sektoren Rechts- und Wirtschaftsleben abhängig zu machen. Steiner erkannte, daß man, „indem man auf die soziale Frage stößt, auf Geistiges stößt, daß also geistige Methoden nötig sind, um die sozialen Verhältnisse zu durchschauen" und zu bessern (GA 75, 6. 9. 1921). Dieses Gesellschaftsmodell wäre gerade heute, nachdem man noch vor kurzer Zeit, vor Beginn der großen Arbeitslosigkeit, stolz verkündet hatte, die „soziale Frage" sei im wesentlichen gelöst, immer not-wendiger, besonders in den östlichen Staaten. Dazu müßte seine Kenntnis endlich über den engeren Kreis der damit befaßten Anthroposophen hinausgelangen. Es könnte das Gerede über die vielleicht doch mögliche „Rettung des Sozialismus" und ebenso das über den „endgültigen Sieg des Kapitalismus" beenden. Die erste Initiative wurde zwar nach Steiners Ideen von Mitgliedern ins Leben gerufen, dann aber von Rudolf Steiner aufgegriffen, ausgearbeitet und in zahlreichen Büchern und Vorträgen in beispielgebendem Einsatz in die Öffentlichkeit getragen. Diese Intitiative wäre aber nicht denkbar gewesen, ohne die dramatische Vorgeschichte.

Im Sommer 1917, auf dem Höhepunkt des Weltkrieges, zu einer Zeit also, als der Ausgang dieses Weltbrandes noch ungewiß war, hatte Steiner Gelegenheit, vor leitenden Staatsmännern der „Mittelmächte" seine Auffassungen über die Zeitlage und die Folgerungen, die sich daraus ergeben, zu entwickeln. Dies kann sicher als ein Anzeichen dafür gewertet werden, daß Steiner selbst und die von ihm vertretene Anthroposophie seinerzeit in höchsten politischen Kreisen durchaus ernst genommen wurde. In zwei heute noch aktuellen und wegen ihres Ernstes und ihrer Eindringlichkeit beachtenswerten und zu den wichtigen Zeitdokumenten gehörenden „Memoranden" legte Steiner dar, wie im Grunde nicht die Aggressionsbereitschaft einzelner Staaten, sondern die in allen Staaten anzutreffende gefährliche Verquickung der drei auseinanderzuhaltenden Lebensbereiche Geistes-, Rechts- und Wirtschaftsleben schuld seien am Ausbruch des Krieges: gäbe es diese unselige Durchmengung dieser drei konstituierenden Glieder des sozialen Organismus nicht, dann würde jeder Kriegsgrund entfallen. Die Regierungen des Deutschen Reiches und Österreich-Ungarns müßten eine in diesem Sinne gehaltene Reform den Kriegsgegnern als ihr „Friedensziel" offerieren. Sowohl bei den Westmächten als auch beim kriegsmüden Rußland könnte eine solche Friedensinitiative bedeutsame Wirkungen haben.

Maßgebende Staatsmänner erkannten zwar an, daß Steiners Vorschläge eine positive Wendung hervorrufen könnten, fanden sie aber, was sie ja in der Tat waren, so revolutionär, daß sie nicht wagten, sie „an allerhöchster Stelle" zu vertreten. Der kaiserliche Außenminister von Kühlmann hatte die erwähnten Memoranden sogar in seinem Gepäck, als er im Dezember 1917 in Brest-Litowsk mit der nach der russischen Oktoberrevolution von Lenin dorthin entsandten Delegation über einen Waffenstillstand zu verhandeln hatte. Es ist nicht auszudenken, welche weltgeschichtlichen Folgen es hätte haben können, wenn von Kühlmann nicht ein konventioneller Diplomat, sondern ein weltgeschichtlich denkender Staatsmann mit dem Mut zu zukunftsträchtigen Lösungen gewesen wäre. Er hat statt dessen mit den in solchen Fällen üblichen harten, rein machtpolitisch motivierten Bedingungen schon die Möglichkeit einer allmählichen Einführung der Dreigliederungsidee im nachzaristischen Rußland vertan. Er ließ die Memoranden, deren Wert er zuvor durchaus anerkannt hatte, in seinem Gepäck und beschränkte sich auf das ihm aufgetragene demütigende und unerfüllbare Siegerdiktat.

Niemand hätte wissen können, ob die Russen diese weltgeschichtlich wohl einmalige Chance auch ergriffen hätten. Sie wäre an sich gegeben gewesen, denn die Grundsätze dieser Idee lagen in mancher Beziehung auf der Linie, die Lenin vorgab, verwirklichen zu wollen. Aber vielleicht wäre sogar heute noch Gelegenheit dazu.[104]

Zum zweiten Male ergab sich eine solche Möglichkeit im Frühjahr 1919, als anläßlich der der Novemberrevolution folgenden Wirren die Gefahr bestand, daß nach einem gewaltsamen Umsturz die als „Universalarznei" angesehene „Verstaatlichung der Produktionsmittel" ernsthaft erwogen werden könnte. Führende Industrielle wandten sich an Steiner um Rat. Dieser antwortete mit seinem berühmten Buch „Die Kernpunkte der sozialen Frage" (GA 23), das die Grundlage der gesamten „Dreigliederungsarbeit" bildet und in viele Sprachen übersetzt ist, jetzt auch z. B. in Russisch, Tschechisch, Bulgarisch und Armenisch.

Dieses Buch enthielt zum ersten Mal in einer gewissen Ausführlichkeit die grundlegenden Gedanken zur „Dreigliederung". Er versuchte aufzuzeigen, daß die ungeheure Notlage des Proletariats andere und tiefere Ursachen habe, als sie vom „Kommunistischen Manifest" von Marx und Engels oder von den sozialdemokratischen Pateiprogrammen festgestellt würden. Die Misere der Arbeiter resultiere nicht in erster Linie aus politischer Unmündigkeit und wirtschaftlicher Ausbeutung, sondern in viel größerem Maße aus der kulturellen Unterlegenheit. Die so übermächtig verspürte Dominanz des Wirtschaftslebens, also des Kapitals, könne nicht durch dessen Politisierung aufgehoben werden, wie die Marxisten es anstrebten. Wirtschaft und Politik/Staat müßten vielmehr auf je ihren Bereich verwiesen und beschränkt werden. Der Einfluß der letzteren müsse sich darauf beschränken, auf der Basis der Gleichheit aller vor dem Gesetz die Rechtsverhältnisse der Bürger nach innen zu ordnen und nach außen zu vertreten. Nichts anderes: kein Einfluß mehr auf die Wirtschaft, kein Einfluß mehr auf das Geistesleben, zu dem vor allem das ge-

---

[104] Siehe dazu: Banseljuk, N.: Die Idee der Dreigliederung des sozialen Organismus und die russische Idee, in „Die Drei" 12/92, und Prokofieff, S. O.: Das zweite Experiment. Zur gegenwärtigen Krise und Aufgabe Rußlands, in „Die Drei" 4/93

samte Schul- und Bildungswesen vom Kindergarten bis zu Universität, alle Wissenschaften und Künste, die allgemeine Kultur und ein Teil der Justiz gehörten. Jeder solle seine Schule, seine Kirche, seinen Richter selbst bestimmen können. Beide Lebensbereiche müßten ihre Angelegenheiten in freier Selbstverwaltung nach den ihnen eigenen Gesetzen regeln. Das Wirtschaftsleben müsse, jenseits von der heute als „heiligen Kuh" geltenden „sozialen Marktwirtschaft", durch ein sich selbst regelndes Zusammenwirken von Produzenten und Konsumenten in „Assoziationen" bestimmt werden, also erfüllt von einem brüderlichen Impuls, nicht mehr von den Gewinn- und Machtinteressen einzelner und vom Konkurrenzdenken. Dieses führt nur zu immer beherrschenderen Monopolen. Auch die Geld- und Bodenordnung sowie viele andere gesellschaftlich bedeutsame Fragen waren angesprochen. Gegner versuchten, dieses neue Gesellschaftsmodell als „Sozialismus" zu diskreditieren. Sei's drum! Die Welt hätte dann erstmals einen wirklichen Sozialismus bekommen.

Man erkennt schon nach dieser kurzen Skizze, daß die „Dreigliederung" der erste geistig fundierte Versuch war, die berühmten drei Prinzipien der Großen Französischen Revolution auf eine geistgegründete, gewalt- und herrschaftsfreie, nicht eindimensionale Weise in die Tat umzusetzen. Fundiert waren diese Vorschläge deshalb, weil diese drei Grundprinzipien des menschlichen Zusammenlebens nicht mehr konturlos miteinander vermengt wurden, sondern weil jedes Prinzip nur in seinem Bereich Geltung haben sollte. Sie müssen sauber voneinander unterschieden, aber natürlich nicht voneinander getrennt werden, denn keines der Glieder kann ohne die anderen beiden existieren, sie sind so innig ineinander verschlungen wie Kopf und Gliedmaßen mit dem Körper. Sie müssen also dreifach so gegliedert sein, wie auch der Mensch leiblich (Nerven-Sinnes-System, rhythmisches System und Stoffwechsel-Gliedmaßen-System) und als Individuum (Leib, Seele, Geist) dreigegliedert ist; nur so können sie harmonisch zusammenwirken. Diese Prinzipien sind also:

FREIHEIT
    im Geistesleben, d. h. in Religion, Wissenschaft, Kunst, im
    gesamten Bildungswesen und im Privat- und Strafrecht;

GLEICHHEIT

im Staatsleben, in der Politik und im gesamten öffentlichen Recht; sie verwirklicht sich v. a. in der demokratischen Mitwirkung an der gemeinsamen Willensbildung („Volksentscheide");

BRÜDERLICHKEIT

im Wirtschaftsleben als Ordnungsprinzip eines ausbeutungsfreien Miteinander und einer Einkommens- und Vermögensverteilung, die *alle* Menschen am Reichtum der Natur und an der Produktivität der arbeitsteiligen Wirtschaft teilnehmen läßt.

Um sich klarzumachen, welche verheerenden Auswirkungen die Vermengung oder gar Vertauschung der Einzelbereiche dieser Triade haben können (und beim Desaster der Französischen Revolution und des ersten Weltkrieges samt seiner grauenhaften Folgen auch tatsächlich hatten), überlege man sich, um nur zwei Beispiele zu nennen, wie es sich auswirken würde, wenn wir Gleichheit im Geistesleben und Freiheit im Wirtschaftsleben hätten. Ersteres wäre totale Gleichmacherei, der Tod jedes freien religiösen, wissenschaftlichen, künstlerischen, kulturellen und sozialen Lebens, letzteres der perfekte „Manchester-Liberalismus", das neodarwinistische „Überleben der Tüchtigen" bei gleichzeitiger Verelendung der Massen.

Einige der wichtigsten Prinzipien: Nur eine freie, brüderliche Wirtschaft kann (durch Steuern und Spenden) ein reiches Kulturleben finanzieren, das seinerseits nur als ein freies Geistesleben der Gemeinschaft und der Wirtschaft neue Ideen und fähige, berufstüchtige Menschen zuführen kann. Und nur ein jedem Bürger gleiche Rechte garantierendes, unabhängiges Rechts- und Gemeinschaftsleben (v. a. Kulturrecht und Wirtschaftsrecht) in einem föderalistischen Staatsaufbau kann die Menschen- und Persönlichkeitsrechte vor dem wirtschaftlichen Egoismus wirksam schützen und ihnen politische Mitwirkungsrechte in Form von Volksentscheiden neuer Art garantieren. Produktiveigentum soll natürlich nicht abgeschafft, sondern in die soziale Dienstbarkeit, in die Verfügungsberechtigung jener gestellt werden, die es auf Grund ihrer Fähigkeiten am besten für einen bestimmten Zweck nutzen können. Grund und Boden sind keine Ware und können deshalb weder besessen noch verkauft oder gekauft werden.

Die Dreigliederung des sozialen Organismus ist somit die auf das freie Individuum zugeschnittene Alternative zum althergebrachten zentralistischen Einheits- und Obrigkeitsstaat, zur von den USA angestrebten „One world"-Konzeption und zum kollektivistischen Zwangssozialimus. Sie wäre in Wahrheit weltgeschichtlich der erste echte, gerechte, alles umfassende Sozialismus.

Diese in kürzestmöglichen Andeutungen skizzierte Idee, die vor allem von Steiner selbst, aber auch von Mitarbeitern in Hunderten von Vorträgen und Betriebsversammlungen vorgetragen wurde, fand anfangs großen Anklang in der Arbeiterschaft und auch bei vielen Unternehmern. Die Vertreter des Herr-im-Haus-Standpunktes sowie die von ihren Funktionärsinteressen geleiteten Gewerkschaftsführungen sahen jedoch durch diese Idee Macht und Einfluß bedroht und leisteten gegen diese „Revolution von unten" heftigen Widerstand. Diesem waren die schwachen Kräfte der Dreigliederungsbewegung, für die sich auch viele Nichtanthroposophen einsetzten, nicht gewachsen. Die offiziellen Bemühungen darum, wieviel Kraft sie auch gekostet hatten, mußten aufgegeben werden. Aufgegeben werden mußten sie aber auch aus zwei weiteren Gründen, die zum einen unmittelbar mit der deutschen Katastrophe im zweiten Drittel unseres Jahrhunderts zusammenhängen: der Bedrohung Steiners durch rechtsextreme Käfte; zum andern scheiterten sie aber auch und nicht zuletzt an der mangelhaften Unterstützung durch die alte Anthroposophenschaft, die sozialen Fragen offenbar ziemlich fernstanden.

„Im Untergrund" aber schwelte und schwelt das Feuer der „Dreigliederung" weiter. Eine relativ große Anzahl von leider bis in die achtziger Jahre hinein ziemlich unkoordiniert arbeitenden Gruppen beschäftigte sich seither mit der Präzisierung und Weiterentwicklung dieser Idee, die natürlich sehr viel differenzierter ist, als man es nach diesen wenigen Sätzen glauben könnte. Probleme des Geldverkehrs, der Funktion des Geldes und der Geldinstitute überhaupt, des Eigentums-, Boden- und Erbrechtes, des Verhältnisses von Arbeit und Einkommen, der Art der Beziehungen zwischen den Assoziationen (nach Gesichtspunkten der „Dreigliederung" organisierte Produktions-, Handels-, Schul-, Landwirtschafts- usw. -einrichtungen) untereinander, national und international, und viele andere Probleme sind hier zu lösen. Immerhin sind heute in einer größeren Anzahl von „Musterinstitutionen", Betrieben, Waldorfschulen, Versicherungsbüros, Bauernhöfen, Tagungszentren, Forschungseinrichtungen, Initiativen für Volksgesetzgebung usw. Komponenten dieser Idee mehr oder weniger weitgehend verwirklicht. Auch in etlichen osteuropäischen Staaten, in denen maßgebliche Kreise nun nicht mit wehenden Fahnen sich dem „Kapitalismus" in die Arme werfen, sondern (wie der „Runde Tisch" in der ehem. DDR es beabsichtigte) sozialere Wege finden wollen, beschäftigen sich Gremien bei der Gestaltung ihrer neuen Verfassung mit solchen Gedanken.

Aber der große Durchbruch steht noch aus, nach Meinung des Verfassers nicht zuletzt deshalb, weil in den seit Kriegsende vergangenen Jahrzehnten die meisten Anthroposophen sich zu sehr auf ihre interne Arbeit an den Werken Steiners, so wichtig diese ist, beschränkt und sich zu wenig um die Fortentwicklung und Realisierung der „Dreigliederung" gekümmert haben. Man kann auch sagen: daß sie sich zu sehr mit ihrem eigenen Seelenheil und zu wenig mit dem Heil der Mitmenschen beschäftigten. Die Zeit der „Dreigliederung" scheint noch nicht gekommen zu sein, so dringend sie auch vonnöten wäre. Die Möglichkeit, sie zu verwirklichen, ist im Gegenteil trotz der oben genannten Ansätze immer mehr geschwunden, obwohl sie objektiv im Hinblick auf das neue Jahrtausend die wichtigste Aufgabe für die Menschheitsentwicklung wäre.

Noch haben wir die Chance zum Umdenken, aber noch fehlt die Einsicht, fehlt offenbar die zur Einsicht fähig machende Seelenverfassung, noch sind die Widersachermächte zu stark, die die Verwirklichung dieser Idee mit allen Mitteln verhindern wollen.

Waldorf-Pädagogik

Im Vergleich zu den meisten Gebieten des öffentlichen Lebens hat man das Schulwesen bis heute noch am wenigsten aus den überholten Strukturen des Obrigkeitsstaates entlassen. Dieser versucht weiterhin, bis in letzte Kleinigkeiten hinein alles und jedes zu regeln. Die Waldorfschul-Bewegung ist u. a. ein Versuch, zu zeigen, wie eine Abnabelung des gesamten Erziehungswesens von der Staatsaufsicht politisch, rechtlich und wirtschaftlich-finanziell bewältigt werden kann. Sie geht dabei – fußend auf der Erkenntnis von Reinkarnation und Karma – davon aus, daß es unglaublich schädlich ist, jedes Kind nach dem vom Staat festgesetzten, d. h. nach den in der Bildungsbürokratie wechselnden pädagogischen Einheitsschemata zu erziehen, sondern daß jedes Kind als eine eigenständige Pe>önlichkeit respektiert und entsprechend erzogen werden muß. Das bedeutet, daß sich jedem Lehrer (und natürlich erst recht den

Eltern) *täglich neu* die wunderbare Aufgabe stellt, zu erfühlen, was das Kind mitgebracht hat aus seinem früheren Leben und welche Lehren hieraus für seine spezielle Erziehung abzuleiten sind.

Die Waldorfschulen sind diejenigen Beispiele der Umsetzung der Anthroposophie in die Praxis, die von allen anthroposophischen Initiativen am bekanntesten geworden sind. Aber nur relativ wenige Menschen und wohl nicht einmal alle Eltern von Waldorfschülern haben versucht, die Pädagogik zu ergründen, die dieser Erziehung zugrunde liegt. Um diese aber verstehen zu können, muß man sich zuvor mit dem anthroposophischen Menschenbild beschäftigen. Dies wiederum würde das Studium der Grundwerke Steiners voraussetzen. Das ist, wie schon einmal betont, die größte Schwierigkeit für die Anerkennung der Anthroposophie durch eine große Zahl von Menschen: Dieses Studium macht Mühe und kostet Zeit. Beides will der moderne Mensch nur ungern in etwas investieren, was sich nicht unmittelbar „auszahlt". In diesen Werken stehen nämlich die Ideen, die aller Anthroposophie, also auch der Waldorf-Pädagogik, zugrunde liegen. Besonders für Menschen, die dieses einsehen wollen, ist diese Schrift gedacht.

Die Waldorfschulen waren im Grunde eine Frucht der zunächst gescheiterten Dreigliederungsbewegung. Diese Ideen waren bei dem Inhaber der seinerzeit bekannten „Waldorf-Astoria-Zigarettenfabrik" in Stuttgart, Emil Molt, und bei seiner Arbeiterschaft auf lebhaftes Interesse gestoßen. Sie waren mit den Staatsschulen, in denen ihre Kinder gedrillt wurden, nicht zufrieden und wünschten sich eine neue kind- und geistgemäße Schulbildung. Molt wandte sich an Steiner. Dieser entwickelte innerhalb kürzester Zeit seine pädagogische Konzeption. Auf dieser Grundlage entstand ohne Verzug die erste Waldorfschule für die Arbeiterkinder dieser Firma.

Die Schicksalsaufgabe, eine neue Pädagogik zu entwickeln, ist schon sehr früh auf Rudolf Steiner zugekommen. Erste pädogogische Erfahrungen erwarb er sich schon als Oberrealschüler im Alter von 14 Jahren, indem er schwächeren Mitschülern Nachhilfeunterricht erteilte; mußte er sich doch schon in diesem Alter seinen Lebensunterhalt teilweise selbst verdienen. Von 1884 bis 1890, während er in Wien die Technische Hochschule besuchte, kam die Aufgabe auf ihn zu, ein als schwachsinnig und fast unerziehbar angesehenes Kind einer Wiener Industriellenfamilie als Hauslehrer zu betreuen und möglichst weit zu bringen. Mit einem Satz gesagt: Er brachte mit Hilfe seiner besonderen, ihm intuitiv zuströmenden Erziehungsmethode das Kind nicht nur zur Grundschulreife, nicht nur zum Abitur, sondern sogar so weit, daß der junge Mensch Medizin studieren und Arzt werden konnte. Er ist im Krieg gefallen.

Die hierbei gewonnenen pädagogischen Einsichten fanden zunächst ihren Ausdruck in dem 1907 erschienenen Aufsatz: „Die Erziehung des Kindes vom Gesichtspunkt der Geisteswissenschaft" (GA 34). Die hierin veröffentlichten Ideen wurden kaum beachtet, sie wurden erst 1919, als man deswegen an ihn herantrat, wieder aufgegriffen und zur „Waldorf-Pädagogik" ausgestaltet. Der erwähnte Fabrikant Molt stellte geeignete Räumlichkeiten und Geld für die Einrichtung zur Verfügung und beauftragte Steiner mit der Lehrerausbildung. Diesen Lehrern der ersten Stunde, von denen viele später als anthroposophische Schriftsteller hervortraten, wurde vor allem das Hauptziel dieser Pädagogik in eindringlichen Kursen vermittelt: schulische Erziehung dürfe nicht nur eine intellektuelle und eine an das Gemüt gerichtete, sondern müsse auch oder sogar vor allem eine moralisch-geistige sein. Anfangs sei es die wichtigste Aufgabe, dem Kind als einem aus dem Vorgeburtlichen ins Leben getretenen Wesen zu helfen, sich in der Welt zurechtzufinden. Dies war dann vor allem die Aufgabe der später eingerichteten Waldorf-Kindergärten.

In der Waldorf-Erziehung spielen besonders die in Kap. VI erwähnten Sieben-Jahres-Perioden eine grundlegende Rolle. Jede Sieben-Jahres-Stufe braucht eine besondere Erziehung, je nach den in ihnen schon ausgebildeten bzw. noch nicht ausgebildeten Wesensgliedern. Steiner gab den Lehrern keineswegs eine Sammlung pädagogischer Dogmen (wie man sie in anderen modernen Erziehungssystemen findet). Er zeigte im Gegenteil, daß Erziehung niemals stereotyp gestaltet werden dürfe. Erziehung sei eine Kunst, auch die Kunst der Selbsterziehung der Lehrer. So heißt denn auch die Zeitschrift der Waldorfschul-Bewegung „Erziehungskunst".

Die erste „Freie Waldorfschule" wurde am 7. 9. 1919 in Stuttgart gegründet. Die meisten Kinder stammten durchaus nicht aus anthroposophischen Elternhäusern, ein Hinweis auf den Grundsatz, den Rudolf Steiner von vornherein als eiserne Regel festgelegt hatte: Die Waldorfschulen sollten, anders als die konfessionellen Schulen, keine Weltanschauungsschulen sein. Es gab kein „Fach Anthroposophie". Im Gegenteil: Steiner hoffte, daß die Methoden der Waldorfschulen möglichst weitgehend von den Staatsschulen übernommen würden. An die Lehrer wurden große Anforderungen gestellt. Ihre Arbeit sollte sich nicht darin erschöpfen dürfen, den Kindern nur das zu vermitteln, was sie selbst gelernt haben und was in ihren Lehrbüchern steht. Mut zu eigenem Handeln und neue Ideen sind vielmehr erforderlich. Es gab keine Orders von oben. Jede Schule muß sich auf der Grundlage dieser Pädagogik ihre Ziele selbst stecken. Dabei muß besonders beachtet werden, daß Erziehung auch eine heilende Aufgabe hat.

Ab Mitte der zwanziger Jahre verbreitete sich die Waldorfschulbewegung rasch in vielen Ländern der Welt. Im „Dritten Reich" wurde sie natürlich sofort verboten. Heute gibt es bereits über 60.000 Waldorfschüler in 157 Schulen in Deutschland und mehr als 630 Schulen in 20 Ländern (Stand Okt. 94) sowie eine ganze Reihe von Lehrerseminaren, aber immer zu wenig, denn der Lehrerbedarf für die sich schnell vergrößernde Zahl der Schulen vergrößert sich explosiv. Der Lehrermangel ist denn auch neben den ständigen finanziellen Sorgen z. Z. das größte Problem.

Jedenfalls ist, nicht zuletzt durch den Erfolg der Waldorfschulen, in weiten Kreisen der Bevölkerung die Einsicht gewachsen, daß Schulen in freier Trägerschaft und Selbstverwaltung, losgelöst von staatlicher Kontrolle, in idealer Weise befähigt sind, das Grundrecht auf Erziehung und Bildung zu verwirklichen. Freie Schulen ermöglichen Schulvielfalt, Selbständigkeit der Lehrplangestaltung und freie Schulwahl für die Eltern.

Die Kinder von heute werden zu Beginn des nächsten Jahrtausends weltweit den Problemen gegenüberstehen, die wir, unsere Generation, ihnen geschaffen haben und die in dieser dramatischen Wucht noch keine Generation in der Menschheitsgeschichte zu lösen hatte. Wie können wir die Kinder am besten auf diese Aufgabe vorbereiten? Nicht allein durch das Lehren von fachlichem Wissen und den Einsatz von Computern im Unterricht! Und vor allem nicht dadurch, daß die Kinder in immer früherem Alter mit intellektuellen Forderungen überfordert werden. Hinzukommen muß die Vermittlung möglichst vieler fachübergreifender Qualifikationen, muß die Heranbildung eines globalen, lebendigen Denkens, das es erlaubt, mutig und zugleich sachgerecht zu handeln, und die Erziehung zu einer menschengerechten Ethik. In den Waldorfschulen bemüht man sich, diese unerhört hohen Anforderungen zu erfüllen, ohne – noch einmal sei es gesagt – zu versuchen, die Waldorfschüler auch nur im geringsten zu indoktrinieren.

Man sollte aber, wenn man über Pädagogik spricht, nicht nur die schulische Erziehung und Ausbildung im Auge haben. Mindestens ebenso wichtig sind die vorschulische und schulbegleitende Erziehung im Elternhaus und im Kindergarten.

Anthroposophisch erweiterte Medizin und Heilmittelkunde

Die anthroposophische Menschenkunde war nicht nur geeignet, das Erziehungssystem zu revolutionieren, sondern konnte, wie Ärzte sehr bald entdeckten, auch der Medizin und der Pharmazie wertvolle Impulse geben. Schon 1911 hatte Steiner in Prag über „Okkulte Physiologie" gesprochen und ganz neue Einblicke in die wunderbaren Prozesse gegeben, die im Körperinnern vor sich gehen. Aber erst 1920 trat der Chemiker Dr. Schmiedel an ihn mit entsprechenden Fragen heran. Hierbei wird zum wiederholten Mal ein okkultes Gesetz deutlich, von dem Steiner öfter sprach und an das er sich immer gehalten hat: Er berichtete über bestimmte Fragen, die er aus seinem Einblick in die geistige Welt zu beantworten in der Lage gewesen wäre, nicht von sich aus. Er mußte gefragt werden, so wie Parzival erst dann den Gralskönig Amfortas erlösen konnte, als er die rettende Frage stellte.

Dr. Schmiedel brachte dann 35 Ärzte und Pharmazeuten zusammen, für die Steiner schon im selben Jahre einen zwanzigteiligen Zyklus hielt: „Geisteswissenschaft und Medizin" (GA 312). Damit war die anthroposophisch orientierte Medizin begründet. Diesem Zyklus folgten eine Reihe weiterer Medizinerkurse, auch in Holland und England. Heute gibt es bereits über tausend Ärzte, die in diesem Sinne praktizieren, sowie eine ganze Reihe von angesehenen anthroposophisch orientierten Kliniken, Krankenhäusern und Sanatorien. Der Erfolg dieser geistgemäßen, ganzheitlichen Medizin und der sich schnell vergrößernde „Zulauf" zu ihnen sind also inzwischen evident. Erfolg hat sie nicht, weil anthroposophische Ärzte und Schwestern so nett und freundlich sind, sondern weil auch ihr die anthroposophische Menschenkunde zugrunde liegt, während die „Schulmedizin" den Menschen in materialistischer Sicht nach einer Aussage des Präsidenten der Berliner Ärztekammer, Dr. med. E. Huber, „wie eine Körpermaschine behandelt". Durch diese Denkweise vor allem und das „völlig überholte Vergütungssystem" werden die ins Gigantische gewachsenen Kosten im Gesundheitswesen verursacht. Anthroposophisch erweitere Medizin ist nicht nur menschengemäßer und „heilsamer", sondern auch wesentlich kostengünstiger.

Die Eigenart der „Erweiterung", die die Schulmedizin durch die anthroposophisch orientierte Medizin erfuhr, besteht vor allem darin, daß sie das seelisch-geistige Wesen des Menschen auf Grund der übersinnlichen Forschungen Steiners, besonders natürlich der Erkenntnisse über die menschlichen Wesensglieder, in das Krankheitsbild einbezieht. So konnte Steiner nicht nur Hinweise für die Therapie zahlreicher Krankheiten, sondern auch für eine Vielzahl von Heilmitteln geben. Diese, von Pharmazeuten nach seinen Angaben entwickelt, werden heute in großem Umfang für die Heilung von Krankheiten fast aller Art verwendet. Am bekanntesten sind wohl die ebenfalls nach seinen Angaben aus der Mistel hergestellten Krebsmittel „Iscador", „Visca Noba" usw. Die Wirkung gerade des erstgenannten Mittels war bis in die jüngste Zeit hinein in der Medizin umstritten. Nun liegen aber experimentelle Beweise für dessen Wirksamkeit vor, die auf herkömmliche Art erbracht wurden, was eine weitere materielle Bestätigung von Ergebnissen der Geistesforschung bedeutet. Alle diese Heilmittel wurden in eigenen Labors hergestellt, aus denen sich beachtliche, weltbekannte Heilmittelbetriebe entwickelten wie die „Weleda" in Arlesheim bei Basel und in Schwäbisch Gmünd, die „Wala" in Bad Boll usw.

Besonderen Wert legte Steiner immer darauf, daß sich kein medizinischer Dilettantismus entwickelte, sondern daß jeder anthroposophisch orientierte Arzt zuvor ein normales Medizinstudium absolviert haben muß, dies auch, um auch im Sinne der Schulmedizin voll befähigt und anerkannt zu sein.

Die anthroposophische Medizin soll kein Ersatz, sondern eine „Erweiterung" der normalen Medizin sein. Das Ergebnis all seiner medizinischen Erkenntnisse faßte Steiner unter Mitarbeit seiner persönlichen Ärztin, Dr. Ita Wegman, in dem Werk „Grundlegendes zur Erweiterung der Heilkunst nach geisteswissenschaftlichen Erkenntnissen" (GA 27) zusammen. Bei alledem darf nicht vergessen werden, daß Steiner keinerlei medizinische Ausbildung genossen hatte. Ihm wuchs dieses Wissen, ähnlich wie wohl Hildegard von Bingen, aus der geistigen Welt zu. Daß sich mehr als 6.000 schulmedizinisch ausgebildete Ärzte von ihm, dem medizinischen Laien, belehren lassen, und dazu noch ca. 15.000 niedergelassene Ärzte an anthroposophischen Therapieverfahren interessiert sind, ist ja sicher eine ungewöhnliche Tatsache und müßte auch Skeptikern zu denken geben.

Wie eingangs betont, haben Außenstehende oftmals Schwierigkeiten, die als kompliziert empfundene anthroposophische Sicht der Natur und des Menschen sowie deren eigentümliche Sprache nachzuvollziehen. Hier, in der anthroposophischen Heilkunst, ist vor allem der Ort, wo man einen ganz praktischen Einstieg hat, insbesondere als Patient, einen Einstieg zumal, der ihn häufig das Gegenteil der vielfach anzutreffenden Arzt- und Krankenhauserfahrung erleben läßt.

Eurythmie – Heileurythmie – Sprachgestaltung

Im Zusammenhang mit dem Bau des ersten „Goetheanum" entwickelte Steiner in enger Zusammenarbeit mit seiner Ehefrau Marie Steiner eine neue Bewegungskunst, die er „Eurythmie" nannte. Sie ist weder Tanz noch Pantomime, obwohl ein nicht mit dieser Kunst Vertrauter einen solchen Eindruck bekommen könnte, sondern sie drückt in Form von geistig gesetzmäßigen Bewegungen Ton- und Lautqualitäten aus. Quell der Eurythmie als Kunstform ist alles, was Sprache und Ton an verborgener Bewegung enthalten. Sie ist also sichtbare Sprache und „getanzte Musik". Eurythmie-Vorführungen werden mit großem Erfolg inzwischen in vielen Städten der Welt durchgeführt.

Ebenfalls in Zusammenarbeit mit der als Schauspielerin ausgebildeten Marie Steiner entstand gleichzeitig die „Sprachgestaltung", eine die besondere geistige Qualität der Vokale und Konsonanten sowie des Sprachrhythmus berücksichtigende Sprechkunst, die, wie die Eurythmie, einen ganz neuen Berufszweig entstehen ließ, der eine mehrjährige Ausbildung erfordert.

Die „Heileurythmie" ist ein therapeutisches Mittel, das Steiner während eines Ärztekursus 1921 schuf. Sie ist eine Bewegungstherapie, die, äußerlich betrachtet, in manchen ihrer langsamen Bewegungen an die uralten chinesischen Entspannungsübungen erinnert. Jeder kann sie ohne Vorkenntnisse, allerdings unter anfänglicher Anleitung einer Heileurythmistin ausführen. Sie hat die gleichen Grundlagen wie die Eurythmie, basiert also ebenfalls auf den Elementen und der Physiologie der Sprache, wie oben angedeutet. Der ganze Organismus soll mittönen. Bestimmte Bewegungen für bestimmte Laute wirken heilend auf Disharmonien und Funktionsstörungen von Organen, wie z. B. bei Stoffwechsel- und Schlafstörungen, Haltungsschäden, Schwächezuständen usw. „Die heileurythmischen Bewegungen stehen im Zusammenhang mit den heilenden und ernährenden Kräften des Organismus ... Man kann sich die Wirkung dieser Übungen etwa so vorstellen: Alle innerlichen körperlichen Funktionen sind rhythmische Bewegungsabläufe, selbst die äußere Gestalt des Menschen und seine Organe werden durch rhythmische

Vorgänge aufrechterhalten. Im Krankheitsfalle sind diese Rhythmen verschoben, wodurch es schließlich zu Deformierungen kommen kann ... Die Heileurythmie ist eine aktive Therapie, bei der der Patient selbst zu seiner Heilung beitragen kann." Es handelt sich also außerdem um eine „absolut kostensparende Therapie".[105]

Heilpädagogik

Für behinderte Kinder, die im normalen Lebensablauf nur in „Sonderschulen" gefördert werden können oder bei denen die schulische Ausbildung überhaupt für unmöglich gehalten wird – Steiner nennt sie im Gegensatz zum damaligen Sprachgebrauch, der nur „Idioten" oder „Schwachsinnige" kannte, mit dem schönen Ausdruck „seelenpflegebedürftige Kinder" –, hat er 1924/25, wiederum auf eine Bitte um Hilfe hin, die Heilpädagogik entwickelt. Er hatte ja, wie geschildert, als ganz junger Mensch eine eminent heilpädagogische Aufgabe ganz aus seiner Intuition heraus mit einem verblüffenden Erfolg bewältigt und dadurch selbst schon praktische Erfahrungen gesammelt. Sein Grundgedanke war, daß der Geist eines Menschen überhaupt nicht erkranken kann. Es kann keine „Geisteskranken" geben! Der menschliche Geist, das Ich, ist ja der unmittelbaren Einwirkung durch die Physis entzogen. Der Mensch kann aber in seiner Entfaltung im Leben durch ein mangelhaftes Leibesinstrument, durch das der Geist zum Ausdruck kommt, in diesem Falle des Gehirns, gehindert sein. Mit einer Geige, die nur eine Saite hat, kann man kein Violinkonzert spielen. Geholfen wird solchen Kindern – und ähnlich auch Erwachsenen – durch bestimmte, absolut nebenwirkungsfreie Medikamente aus der anthroposophischen Heilmittelkunde sowie vor allem durch eine musisch-religiös getönte Erziehung und nicht zuletzt durch Heileurythmie.

Inzwischen gibt es in Deutschland und in anderen Ländern schon eine größere Anzahl besonderer heilpädagogischer Heime und Dorfgemeinschaften, nicht nur für „seelenpflegebedürftige" Menschen, sondern auch für Sucht- und Drogenkranke.

---

[105] Zitate aus dem Prospekt des Therapeutikum im „Zur-Linden-Haus" in Bonn-Bad Godesberg

Biologisch-dynamische Wirtschaftsweise

Heutzutage ist „Öko" oder „Bio" die große Mode. Jedermann ist mit Grund bestrebt, nur „Bio" zu kaufen. Aber auch im Land- und Gartenbau wird in dieser Beziehung viel gepfuscht und getäuscht; er ist daher ein beliebter Bereich für Schwindler und Geschäftemacher. Man verwendet ähnlich klingende Bezeichnungen, die nichts Konkretes aussagen und auch nicht geschützt sind. Das alles hat nichts zu tun mit der biologisch-dynamischen Wirtschaftsweise und ihren „Demeter"-Produkten. Diese ist von Rudolf Steiner auf Anfrage von Landwirten und Biologen 1924 inauguriert worden im Anschluß an Hinweise über bestimmte Natur- und Lebensprozesse sowie Naturrhythmen und in Abhängigkeit von astronomischen Konstellationen. Die Anfragenden wollten wissen, ob und wie man diese Mitteilungen für den Nutzpflanzenanbau verwerten könne. Steiner gab ihnen konkrete Hinweise für die Herstellung von Pflanzenpräparaten, mit denen natürlicher Dünger (Kuhmist u. ä.) durchmischt werden solle. Mitteilungen über einen Anbau ganz ohne Kunstdünger folgten. Dazu gehören v. a. auch eine sorgfältige Humus-Zubereitung und -pflege. Die wesentlichste Grundlage für diese Erkenntnisse war die Fähigkeit Steiners, die „Ätherkräftewelt", die ja die Grundlage allen Wachstums ist, so konkret zu schauen, wie unsereins die materielle Welt schaut. Was vor allem wichtig ist: Durch diese Arbeitsweise entsteht ein Kreislauf, in dem es keine Abfälle und keine Naturausbeutung gibt!

Heute gibt es in der ganzen Welt eine größere Anzahl von biologisch-dynamisch geführten Bauernhöfen und Gärtnereien, in denen auf allen Kunstdünger und alle Schädlingsbekämpfungsmittel verzichtet wird – aber es gibt noch viel zu wenige. Einige arbeiten schon seit vielen Jahren auf diese Weise, und sie arbeiten vor allem qualitativ unvergleichlich hochwertiger und zudem wirtschaftlicher. Eben daß letzteres kaum möglich sei, ist das Bedenken vieler Landwirte und Gärtner, die dem Gedanken an sich aufgeschlossen gegenüberstehen. Die Produkte dieser anerkannten biologisch-dynamisch geführten Höfe und Gärtnereien werden unter der gesetzlich geschützten Marke „Demeter" in den Handel gebracht. Die nach der biologisch-dynamischen Wirtschaftsweise arbeitenden Bauernhöfe, Gärtnereien und sonstigen Betriebe sowie Einrichtungen für wissenschaftlich-experimentelle Forschung sind im „Forschungsring" zusammengeschlossen, der seinerseits eng mit dem Demeterbund verbunden ist.

An nur zwei Beispielen, allerdings an erstaunlichen und bewundernswerten, soll demonstriert werden, wie Anthroposophie unmittelbar zur Lebenspraxis werden kann:

In der Nähe des Dörfchens Spiekern bei Wuppertal haben im Mai 1983 drei Menschen den Bauernhof Kotthausen bezogen, um dort biologisch-dynamischen Landbau zu betreiben. Aber ihr Ziel war höhergesteckt. Schon im gleichen Jahr begann die „Arbeits- und Studiengemeinschaft Hof Kotthausen", die sich von Anfang an in die Arbeitszusammenhänge der Anthroposophischen Gesellschaft hineingestellt hat. Ziel war vor allem, „Impulse der Zusammenarbeit" unter Berücksichtigung der Grundsätze der sozialen Dreigliederung zu geben. Die Landwirtschaft wurde auf eine ganz neue Basis gestellt; kleine Gewerbebetriebe kamen hinzu; ein Studienbetrieb wurde aufgenommen, in dem eine Einheit von praktischer, sozialer, künstlerischer und gedanklicher Üb-Tätigkeit entstand. Die Seminarteilnehmer erhalten Gelegenheit zur persönlich-biografischen bzw. beruflichen Orientierung und zum Kennenlernen der Anthroposophie. Das Studienjahr wird als Versuch bezeichnet, Arbeit und Studium miteinander zu verbinden. Die Basis alles dessen ist die wirkliche praktische Lebenssituation, in der gemeinsam gewirtschaftet, gearbeitet und gelernt, v. a. auch gelernt wird, wie man miteinander umgehen sollte. So entwickeln sich die geisteswissenschaftlichen Kurse und Übungen, d. h. auch der anthroposophische Schulungsweg, aus den Problemerfahrungen der Praxis, aus regelmäßigen künstlerischen Übungen und der unmittelbaren Naturerfahrung.

Was am wichtigsten ist: Es wird nicht „Anthroposophie gelehrt", sondern die Seminarleiter „bemühen sich darum, selbst gemeinsam aus der Anthroposophie heraus ihre eigene Lebenssituation, ihre Arbeits- und Sozialformen bewußt zu gestalten ... [So kann] Anthroposophie in ihrer lebenspraktischen Bedeutung erfahren werden. Schulungsweg und Lebenspraxis wachsen zusammen. Auch anthroposophische Erkenntnisse werden dem eigenen Leben nicht von außen zugefügt, sondern sie ergeben sich aus diesem Leben selbst, als dessen bewußt gemachte geistige Ordnung."[106]

---

[106] Die Angaben über den Hof Kotthausen sind dessen Jubiläumsschrift: „Impulse der Zusammenarbeit. 10 Jahre Hof Kotthausen 1983-1993" entnommen

Das zweite Beipiel führt nach Ägypten: In der Nähe von Kairo hat der Ägypter Dr. Ibrahim Ahouleish in etwa 15jähriger Arbeit mit einer wachsenden Zahl europäischer und ägyptischer Mitarbeiter lediglich unter Anwendung bilologisch-dynamischer Kenntnisse und Erfahrungen ein größeres Stück bisher unfruchtbarer Wüste zu einer blühenden Landwirtschaft umgestaltet, der nicht nur sich selbst und ca. 220 Schüler versorgt, sondern erhebliche Mengen von hochwertigen Lebensmitteln nach Kairo und nach Europa liefert. 220.000 Bäume umgeben und überschatten diesen am Anfang baumlosen Garten Eden.[107]

Kann man sich eindrucksvollere Beispiele für den Nutzen dieser noch viel zu wenig bekannten Methode vorstellen?

Anthroposophische Ansätze in anderen Lebens- und Wissenschaftsbereichen

Rudolf Steiner litt schon als Student darunter, daß die herkömmliche Naturwissenschaft nur das Mineralische, also das Tote, in der Natur erfassen kann. Er wußte, daß es übersinnliche, nicht-physische Kräfte sind, die das Organische hervorbringen und erhalten. Es sind die gleichen Kräfte, die den menschlichen, tierischen und pflanzlichen Ätherleib bilden und die Steiner deshalb anschaulich „ätherische Bildekräfte" nennt. Nach seinen Angaben wurden im Hinblick auf diese Kräfte die verschiedensten, nach streng naturwissenschaftlicher Methode angestellten Versuche gemacht, und es gelang auch, z. B. mittels der „Steigbildmethode" und der „Kristallisationsmethode" das Wirken der ätherischen Bildekräfte exakt nachzuweisen. Weiteres kann darüber hier nicht ausgeführt werden, aber ich sollte doch noch erwähnen, daß mit diesen Methoden z. B. sehr genaue Qualitätsuntersuchungen von Lebensmitteln oder Frühdiagnosen von Krankheiten, z. B. bösartiger Tumore, möglich sind.

Zahlreiche andere Wissenschaftsbereiche, wie Kosmologie, Astronomie Meteorologie, Geologie, Physik, Mathematik, Biologie, Ernährungslehre sowie Geschichte, Sozialgestaltung, Jura, Volkswirtschaft, Germanistik (Goetheforschung) u. a. wurden durch die Mitteilungen und Hinweise Steiners, durch die Methode, die er „Goetheanismus" nennt, in z. T. erheblichem Maße befruchtet. Hierüber gibt es eine Fülle von spezieller Fachliteratur. Möchten doch z. B. diejenigen, die der Geisteswissen-

---

[107] Weleda-Nachrichten Ostern 1994

schaft den Wissenschaftscharakter abzusprechen versuchen, einmal an einem Kurs in der Mathematisch-Astronomischen Sektion des Goetheanum teilnehmen! Ich glaube, sie würden staunen.

Aber kaum einer von den Kritikern tut es. Kaum jemand außerhalb der anthroposophischen Bewegung hat gebührend zur Kenntnis genommen, in welchem Maße hier wissenschaftliche Arbeit betrieben wird; man muß eine Mauer des Schweigens konstatieren. Es ist im Grunde eine groteske Situation: Wie viele Menschen profitieren von den Früchten der Anthroposophie, wie sie oben kurz beschrieben wurden? Das, was alledem zugrunde liegt, halten sie aber für Unsinn. Sie wollen nur die Früchte ernten, den Baum, auf dem diese gewachsen sind, halten sie für ein Gespenst.

Ist es nicht immer schon so gewesen: „An ihren Früchten sollt ihr sie erkennen" (Mt 7,16)? Ist es nicht ein Zeichen von innerer Wahrheit, wenn eine Weltanschauung solche guten Auswirkungen hat?

XIV DIE KUNST ALS MORALISCHE UND SOZIALE KRAFT

„Anthroposophie kann zur Kunst impulsieren, weil sie uns wieder die Konkretheit des Geistigen erfahren und erkennen läßt. So wird für den schöpferischen Menschen Stoffumwandlung dem Geiste gemäß wieder möglich. Und das ist doch von jeher das Kriterium echter Kunst gewesen. Darauf zielen alle praktischen Anregungen Rudolf Steiners. So erhalten wir durch die Anthroposophie Hilfen, zielgerichtete Wege zur Kunst zu finden, Orientierung in der Fluktuation heutiger Kunstszene. Anthroposophisch wird dadurch die Kunst nicht. Anthroposophische Kunst gibt es nicht!"

Dieses Zitat entstammt der Einleitung zu dem Ausstellungskatalog, den die anthroposophisch orientierte Kunsteinrichtung, die „Alanus-Hochschule der musischen und bildenden Künste" in Alfter bei Bonn, anläßlich ihrer großen Ausstellung im Bonner Wissenschaftszentrum im Frühjahr 1987 herausgegeben hat.

Das Zitat bezeichnet einen der wichtigsten Gesichtspunkte Steiners, die er bei all seinen vielfältigen Anregungen und eigenen Gestaltungen zur Geltung gebracht sehen wollte. Der andere Aspekt war, daß Kunst, Religion und Wissenschaft, die in früheren Zeiten eine Einheit waren, sich dann aber in der griechischen Antike getrennt hatten und zu jeweils selbständigen Kulturströmungen wurden, in Zukunft wieder zusammenfließen sollen. Den Beginn dieses Strebens finden wir z. B. bei Goethe und Richard Wagner. Die anthroposophisch orientierte Kunst ist eine Fortführung dieser Impulse. Der Künstler als Anthroposoph bzw. der Anthroposoph als Künstler weiß intuitiv, was Steiner in einem Vortrag so sagt: „In der Kunst sprechen Götter zum Menschen" (GA 113, 23. 8. 1909).

In allen Kunstsparten haben anthroposophisch orientierte Künstler Bedeutendes geleistet. Man denke an die russische Malerin Margerita Woloschina, an die Architekten vieler vorbildlicher Waldorfschulen, Wohnhäuser, Kirchen, Krankenhäuser; und man denke an den eigenwilligen Joseph Beuys, der sich in seinen Ideen über die „soziale Plastik", zur Schulreform nach Gesichtspunkten der Waldorf-Pädagogik, zur „Dreigliederung des sozialen Organismus" und auch zur Christologie ausgesprochenermaßen stark von Steiners Ideen, auch von dessen Kunstauffassung, beinflußt sah. Und man denke an die großen Eurythmie-Aufführungen in vielen Städten des In- und Auslandes in stets überfüllten

Sälen, bei denen möglicherweise die Mehrheit der meist begeisterten Zuschauer nicht einmal weiß, daß es sich um eine aus der Anthroposophie heraus entstandene Kunst mit spirituellem Hintergrund handelt. Man denke schließlich auch an die großen „Faust"-Aufführungen (beide Teile) im „Goetheanum" in Dornach sowie an die dort und natürlich auch in anderen Städten stattfindenden, auf der künstlerischen „Sprachgestaltung" beruhenden Dichterlesungen, Rezitationen, Eurythmie- und Schauspielaufführungen.

Man denke aber zuerst an die beiden Goetheanum-Bauten selbst, die in vielerlei Hinsicht, beide auf ihre Weise, einmalige „Gesamtkunstwerke" darstellen und als solche auch von nichtanthroposophischen Künstlern und Architekten anerkannt werden. Sowohl in ihren architektonischen Formen, in der Materialgestaltung als auch in der plastischen und malerischen Ausgestaltung bilden sie, wie ein griechischer Tempel oder eine gotische Kathedrale, eine vollkommene Einheit. Das erste Goetheanum, fiel einem Brandanschlag zum Opfer. Das zweite Goetheanum – in dieser Größe erstmalig in der Architekturgeschichte ganz aus Beton gestaltet – steht nun weithin sichtbar auf dem Dornacher Hügel bei Basel.

Und man denke schließlich an die berühmte „Holzplastik", Steiner nannte sie „Menschheitsrepräsentant", die, neuneinhalb Meter hoch, von ihm selbst entworfen und auch zusammen mit einigen Künstlern von ihm selbst geschnitzt wurde. Sie konnte als einziges Element vor dem Brand des ersten „Goetheanum" gerettet werden.

Heinz Zimmermann, Vorstandsmitglied der Allgemeinen Anthroposophischen Gesellschaft, hat die Bedeutung des Baues im Einladungsprospekt für eine Tagung auf eine Weise beschrieben, die sehr gut die Einheit von Bau, Wesen der Anthroposophie und Anthroposophischer Gesellschaft zum Ausdruck bringt:

„Das Wesen der Anthroposophie vereinigt in sich Erkenntnisstreben, künstlerische Gestaltung und soziale Praxis. All das, was zum Bau des Goetheanum als einer modernen Mysterienstätte geführt hat, ist sinnlich wahrnehmbarer Ausdruck des anthroposophischen Erkenntnisweges, und zugleich bilden die Formen und Bewegungen der erneuerten Künste die Hülle für eine Gemeinschaftsform, welche die Pflege des anthroposophischen Lebens und die Förderung der Freien Hochschule für Geisteswissenschaft zu ihrem Ziele hat. "

In diesem Bau werden Möglichkeiten erlebbar, wie bewußtes Zusammenleben und -wirken von Menschen und Nationen sich in einer neuen

Kultur vereinen. Denn der „Goetheanum"-Bau ist auch ein Zweckbau. Treffpunkt und Begegnungsort für viele Menschen aus vielen Nationen. Als Kongreßzentrum beherbergt er jährlich über achtzig Fachtagungen und viele öffentliche Veranstaltungen. Schon das sollte Kritiker veranlassen, endlich das Gerede von der „Geheimgesellschaft" zu unterlassen. Eine große Bühne und zwei Säle (500 und 1.000 Plätze) stehen zur Verfügung. Alle hier durchgeführten kulturellen Darbietungen, Veranstaltungen und Ausstellungen machen auch dem nichtanthroposophischen Besucher deutlich, wie notwendig ein künstlerisches Bemühen für die seelische Gesundheit des Menschen ist.[108]

Ein Wort zu Steiners Kunstbegriff: Es wäre falsch, anzunehmen, er hätte das in der geistigen Welt Geschaute in die „diesseitige" gegenständliche Welt übertragen, so daß „die geistig begründete Kunstform ein Abbild der übersinnlich geschauten Form wäre ... Genau das hat er immer abgelehnt und als ‚hölzerne Symbolik und stroherne Allegorie' bezeichnet."[109] Das Wesen der Bauform des ersten Goetheanum verglich Steiner mit dem Verhältnis des lebendigen Geistes zur Anthroposophie und gebrauchte dafür das Beispiel, daß die Nußschale ja gewiß kein Symbol der Nuß sei, daß sie aber aus derselben Gesetzmäßigkeit heraus gestaltet sei wie die Nuß.

So hat Steiner, wie auch auf allen anderen Feldern seines Wirkens, die Kunst aus dem Mittelpunkt seiner Geisterkenntnis heraus erneuert. Der Kunsthistoriker G. Richter resümiert am Ende seines Buches „Ideen zur Kunstgeschichte" im Hinblick auf eben diese Geisterkenntnis Steiners:

„Die Wirklichkeit der geistigen Welt beweisen oder leugnen zu wollen ist längst kein aktuelles Problem mehr. Gerade die moderne Kunst bezeugt es in jeder einzelnen ihrer Erscheinungen: Die Sinneswelt ist nur Vordergrund; die eigentliche wesenhafte Welt ist die geistige Welt."[110]

Und deshalb ist das Künstlerische nicht nur eine ästhetische, sondern eine moralische und außerdem, ganz im Sinne von Beuys, auch eine soziale Frage, denn dessen Kunstbegriff sollte aufrufen zur sozialen Mitgestaltung der Zukunft. Der Mensch ist sozusagen „per definitionem" ein kreatives Wesen. Beuys: „Jeder Mensch ist ein Künstler." Wie Beuys das

---

[108] H. R. / P. Clerc: Das Goetheanum und seine Umgebung; Dornach 1985
[109] Schuyt/Effers/Ferger: Rudolf Steiner und seine Architektur; Köln 1980
[110] Fischer Taschenbuch 5525, Frankfurt 1983

meint, und wie sehr er sich dabei in Übereinstimmung mit Rudolf Steiner befand, das würde ein genaueres Studium dieses Problems in den Werken von Beuys und Steiner zeigen. Man würde dann entdecken, was dieser Ausdruck von Beuys meint: Jeder lebende Mensch kann und soll ein Mitgestalter des sozialen Organismus werden. Dies wäre eine soziale und künstlerische Entwicklung, die spiritueller wäre als jede soziale und jede Kunstentwicklung zuvor.

XV DIE ANTHROPOSOPHIE UND IHRE GEGNER

„Durch nichts wird eine Anschauung besser beleuchtet als durch die Aufdeckung der ihr entgegenstehenden Irrtümer. "

Rudolf Steiner in GA 2, 53

Ein Zitat des Hegelforschers Wilhelm Seeberger sagt von den Hegel-Kritikern dasselbe, was auch auf die meisten Steiner-Kritiker zutrifft: „Eine eingehende Untersuchung der ... Vorwürfe und Vorurteile ergibt eindeutig, daß diese nur in den seltensten Fällen aus einer eigentlichen Divergenz der Anschauungen, weit häufiger dagegen aus einem offenbaren Mangel an gründlicher Kenntnis des Hegelschen Systems erwachsen und daß die meisten Kritiker ... von Voraussetzungen ausgehen, die bei Hegel nicht zutreffen."

Ich habe lange überlegt, ob ich mich in dieser Schrift über die bereits eingestreuten Bemerkungen hinaus überhaupt mit den Gegnern der Anthroposophie beschäftigen soll. Ich tue es nun doch aus zwei Gründen: Den ersten benennt das obige Zitat von Steiner. Gerade im Rahmen einer solchen einführenden Schrift muß versucht werden, die der Anthroposophie „entgegenstehenden Irrtümer" aufzudecken, um dadurch sie selbst besser zu beleuchten. Der zweite Grund ergibt sich daraus, daß diese Schrift ja den persönlichen Weg des Verfassers zur Anthroposophie beispielhaft beschreiben will. Und dieser Weg ist nun einmal ganz entscheidend durch einige der im Folgenden behandelten Gegenmeinungen beeinflußt, d. h. verzögert worden. Abgesehen von den neueren Veröffentlichungen, die ich wegen ihres Einflusses z. B. auf „evangelische Pfarrhäuser" auf der einen und „rechtsgerichtete Kreise" auf der anderen Seite erwähnen muß (Pierott, Gratenau, Haverbeck), beschäftige ich mich nur mit Gegenmeinungen, mit denen ich seinerzeit selbst schwer zu kämpfen hatte. Was hatte ich psychologischer und theologischer Laie denn solchen Kapazitäten wie Leisegang und Hauer entgegenzusetzen?

Außerdem ist es ja eine alte geschichtliche Erfahrung: Daß eine so radikal neue, geistig-revolutionäre, nicht sehr leicht zugängliche, viele Traditionen in Religion, Kunst, Wissenschaft, Politik, Wirtschaft und Erziehungswesen in Frage stellende, ja ihnen teilweise entgegengesetzte „Weltanschauung und Lebenspraxis" wie die Anthroposophie, von Beginn an auf z. T. erbitterten, ja fanatischen Widerstand von Vertretern der jeweils „herrschenden Meinung" stoßen mußte, ist nicht nur nicht verwunderlich, sondern im Sinne der geschichtlichen Dialektik wohl unausweichlich. Denn in der Geistes-, politischen und Wirtschafts- und Religionsgeschichte war die „herrschende Meinung" immer die Meinung der Herrschenden, die schon aus Selbsterhaltungstrieb auf jedem Gebiete für die Erhaltung des Status quo eintraten und auf Bewahrung der sie begünstigenden und dadurch andere benachteiligenden Tradition bestanden. Jede Änderung bedrohte ihren materiellen, ideellen, konfessionellen oder machtpolitischen Besitzstand, bestünde dieser auch nur aus einem System naturwissenschaftlicher Hypothesen oder religiöser Dogmen. Auch hier gilt selbstverständlich: Ausnahmen bestätigen die Regel.

Diese Kritik ernst zu nehmen und sich geduldig immer und immer wieder um ihre Widerlegung und die Überwindung von Vorurteilen zu bemühen ist eine selbstverständliche Forderung an das Neue, das sich in der Anthroposophie Geltung verschaffen will. Und ich kenne in der ganzen neueren Geistesgeschichte niemanden, der dies trotz nie endender, oft haßerfüllter Angriffe gegen ihn geduldiger, ausdauernder und toleranter getan hätte als Rudolf Steiner. So sagte der schon vom Tod gezeichnete Steiner in seinen „Mitgliederbriefen" (GA 260a), die als geistiges Vermächtnis gelten können, die Anthroposophie dürfe nicht dastehen „wie eine willkürlich ersonnene Sektenmeinung. Sie muß zum Ausdruck bringen, was sie in Wahrheit ist: die von unserer Zeit selbst geforderte Weltanschauung und Lebenspraxis. Es erscheint mir ganz verfehlt, wenn der Anthroposoph nur abweist, was außer seinem Gebiete vom geistigen Leben der Gegenwart hervorgebracht wird" (Brief v. 9. 3. 1924).

Es liegt nicht nur nicht in der Absicht dieser Schrift, „nur abzuweisen", sondern sie anerkennt, wie ja aus vielen Stellen hervorgeht, durchaus andere Standpunkte und ist also vor allem kein Werkzeug einer angeblichen anthroposophischen „Missionierung", die dem Wesen der Anthroposophie ohnehin ganz widersprechen würde. Sie will Beurteilungsmaßstäbe ganz anfänglicher Art an die Hand geben, um denjenigen die Möglichkeit einzuräumen, sich ein wahres Bild zu machen, die die Anthroposophie bisher noch nicht gekannt, abgelehnt oder bekämpft haben. Ob sie ihr dann nähertreten oder nicht, das ist – ihr Karma.

Toleranz ist für einen Anthroposophen selbstverständlich. Aber sie muß dann zur Gegenwehr übergehen, wenn sie auf völlige Intoleranz und perfide Verleumdung stößt.

Wie z. B. reagiert man, wenn der weltanschauliche Widersacher in keiner Weise an einer sachlichen Klärung der unterschiedlichen Auffassungen interessiert ist und sich auch nicht im geringsten die Mühe macht, das, was er angreift, vorher so gründlich und möglichst vorurteilsfrei zu studieren, daß er überhaupt urteilsfähig ist? Ein einsames Gegenbeispiel ist eine vom ehemaligen württembergischen Landesbischof Wilhelm Stählin herausgegebene Schrift, die dokumentiert, daß bei Unvoreingenommenheit und dem Willen zur Objektivität selbst ein zunächst beabsichtigter Versuch, Anthroposophie und Christengemeinschaft zu verurteilen, am Ende zu einem in mancherlei Hinsicht gegenteiligen Ergebnis kommen kann.[111]

Wenn sich der liberalere Teil der Geistlichen beider Konfessionen, z. T. unter größten Bedenken, vielleicht gerade noch mit den Waldorfschulen abfindet, die ja weltanschaulich neutral sind und in denen auch katholischer und evangelischer Religionsunterricht erteilt wird, wenn er vielleicht auch „Demeter-Produkte" ißt oder sich in einem anthroposophisch geleiteten Krankenhaus heilen läßt und wenn in sehr toleranten konfessionellen Kreisen heimlich sogar mit der Lehre von Reinkarnation und Karma sympathisiert wird, so hört bei der Christologie in der Regel doch alle Toleranz, jeder Funke von Verständnis auf. Es gibt aber in dieser von sachlich bis gehässig-aggressiv gehenden Ablehnung Ausnahmen, nicht nur den schon mehrfach zitierten evangelischen Theologen Andreas Binder. Er hat sehr mutig eine Bresche in die Phalanx der sich meist schon jedem Versuch einer Verständigung verweigernden Konfessionen geschlagen. Dies ist um so wichtiger, als sich in letzter Zeit die Angriffe aus beiden christlichen Lagern wieder zu häufen scheinen. Je bekannter die Anthroposophie und vor allem die Erfolge ihrer „Tochterbewegungen" werden, für desto „gefährlicher" wird sie natürlich gehalten, desto stärker muß sie bekämpft werden. Aber auch davon gibt es Ausnahmen, z. B. bei manchen Tagungen in evangelischen und katholischen Akademien, in denen oft ein gutes, verständnisoffenes Gesprächsklima herrscht. Hier vor allem scheint sich ein Klimawechsel vorzubereiten.

In einer vor kurzem erschienenen Veröffentlichung von Georg Kniebe: „Anthroposophie und christliche Kirchen"[112], die in versöhnlicher, gänzlich unpolemischer Weise die Auseinandersetzung mit den Mißverständnissen, der Unkenntnis und den unterschiedlichen „Sprachen" im Vergleich mit den Kirchen aufnimmt, zeigt der Autor, wie ein fruchtbares

---

[111] Evangelium und Christengemeinschaft. Aus der Arbeit einer von der Studiengemeinschaft Ev. Akademien einberufenen Kommission für Ev. Kirche und Anthroposophie. Hrsg. v. Wilh. Stählin; Kassel 1953

[112] Anthroposophie und christliche Kirche. Ein Gespräch; Stuttgart 1992

Gespräch zwischen Anthroposophie und Christengemeinschaft einerseits und den Kirchen andererseits zustande kommen könnte. Man wünscht sich, diese Stimme würde gehört.

Der Alltag sieht derzeit meist noch anders aus. Der Autor hat selbst an zwei Seminaren über „Christentum und Anthroposophie" in einer katholischen Einrichtung teilgenommen. Er kann also aus eigener Erfahrung selbst erlebte Tatsachen mitteilen und sieht sich zu einigen Klarstellungen veranlaßt:

Erstens: Bereits die Formulierung des Seminar-Themas erscheint mir als eine Anmaßung. Was würden die Katholiken sagen, wenn die Anthroposophische Gesellschaft eine Tagung veranstalten würde mit dem Titel „Katholizismus und Christentum"?

Zweitens: Das in Seminarvorträgen oft anzutreffende Scheinverständnis für die Anthroposophie, etwa nach dem schulterklopfenden Motto: „Wir sind ja alle gegen das Böse; wir erkennen ja an, daß ihr ehrliche Sucher und Mitstreiter seid im Kampf gegen den Materialismus." Inwieweit letzteres überhaupt zutrifft, wäre noch zu klären. Steiner bescheinigt der Theologie der letzten 150 Jahre ein erhebliches Maß von immanentem Materialismus; aber das zu erörtern führte hier zu weit.

Drittens: In solchen Vorträgen, wenigstens in denen, die ich gehört habe, wird mit – man muß es sagen – üblen, unfairen und deshalb zugleich unwissenschaftlichen Tricks gearbeitet, sowohl von Ordensgeistlichen wie von Inhabern von Lehrstühlen, die seltsamerweise „Religionswissenschaft" genannt werden:

– Zitieren aus umstrittener und selbstverständlich gegnerisch eingestellter Sekundärliteratur;

– aus dem Zusammenhang gerissene Steiner-Zitate, die dann zuweilen das Gegenteil des Gemeinten aussagen;

– mehr oder weniger große Unkenntnis des Steiner-Werkes, das offenbar systematisch und selektiv lediglich nach für Angriffe geeigneten „Stellen" durchsucht wurde;

– abgrundtiefes Unverständnis für das, um was es in der Anthroposophie im Kern geht, weil von vorneherein nicht vorurteilsfrei, sondern mit der Absicht an sie herangegangen wird, sie zu verteufeln oder wenigstens zu „widerlegen".

Daß sie bei ihren Vorträgen oft etliche Steinersche Grundwerke demonstrativ vor sich auf dem Tisch liegen haben, von denen sie den Eindruck erwecken, sie gelesen zu haben, soll suggerieren, sie hätten sie so gelesen, wie es Schriften dieser Art erfordern.

Viertens: Immer und immer wieder, schon seit mindestens 70 Jahren, werden auch bei solchen Veranstaltungen gebetsmühlenartig die gleichen, von Steiner selbst oder von anderen anthroposophischen Autoren längst widerlegten Argumente gegen die Anthroposophie und speziell gegen die Christologie vorgebracht. Man weigert sich schlicht, diese Argumente zur Kenntnis zu nehmen. Diese unseriöse Art und Weise ist ein eindeutiges Indiz dafür, daß diese die Anthroposophie attackierenden Gottesdiener sie nicht verstehen *wollen*.

Ein typischer Vorwurf jener, die die Anthroposophie und die anthroposophische Christologie zwar nicht kennen, aber verurteilen und angreifen, ist, sie lehre „Selbsterlösung". Dieser Kurzschluß dürfte u. a. folgenden Grund haben: Da solche Theologen ja der Ansicht sind, Steiner sei eine Art Plagiator buddhistischer, hinduistischer, gnostischer und theosophischer Lehren, in denen eine bestimmte Art von Wiedergeburtsglaube herrscht und in denen teilweise, etwa im Buddhismus, tatsächlich Selbsterlösung gelehrt wird, muß also auch die Anthroposophie die „Selbsterlösung" lehren. Da in Wahrheit gerade das Gegenteil der Fall ist, da Steiner von jeder Tradition unabhängig ist und sich nur auf die eigene übersinnliche Forschung beruft, sich also der Anthroposoph und das Mitglied der „Christengemeinschaft" durchaus und radikal auf die Erlösung durch Christus angewiesen sieht, kann man über solche Vorwürfe nur traurig sein.

Fünftens sparen solche Kritiker alle Fragen geflissentlich aus, auf die sie selbst schon seit Kaiser Konstantin dem Großen (287-335), der die Kirche zur Institution „machte", keine Antwort, sondern nur die jokerhafte Allerweltsphrase vorrätig haben: „Das muß man halt glauben" oder „Das ist eben der unerforschliche Ratschluß Gottes". Um solche Probleme wird mit geschulter Dialektik herumgeredet, betreffe dies nun die „Auslegung der Wunder" im Neuen Testament, die „Lehre von den letzten Dingen" (Wiederkunft Christi, Jüngstes Gericht, Auferstehung im Fleische usw.) oder andere theologische Kernfragen. Und das meist aus braven Kirchgängern zusammengesetzte Publikum solcher Veranstaltungen wie der oben genannten bekommt einen wohligen Grusel über soviel Ketzerei bei den Anthroposophen und kann gar nicht verstehen, daß sich vernünftig erscheinende Menschen auf „so etwas" einlassen.

Vor solchen Problemen stand Rudolf Steiner fast vom ersten Beginn seiner Wirksamkeit in der Öffentlichkeit an bis zu seinem Tode und stehen die Anthroposophische Gesellschaft und die „Christengemeinschaft" noch heute, und zwar um so mehr, je erfolgreicher sie und ihre „Tochterbewegungen" werden. Daß manche Anthroposophen an diesen Widerständen und Angriffen insofern nicht unschuldig waren und sind, als sie in der Öffentlichkeit gegen den entschiedenen Willen Steiners manchmal tatsächlich das Bild heilloser Sektierer abgaben, daß manche, ebenfalls ganz im Gegensatz zu Steiner, tatsächlich aus der Anthroposophie ein starres dogmatisches System machten („Der Doktor hat gesagt ...") und daß es durchaus „Anthroposophen" geben soll, die lediglich wißbegierige Konsumenten der Steinerschen Vorträge sind, dies alles kann und soll nicht bestritten werden. Es gibt also Anthroposophen, die tatsächlich Mitschuld an dem „Gmäckle" haben, das, manchmal nicht zu Unrecht, nach Sektiererei und Dogmatismus riecht. Dies soll nicht entschuldigt werden dadurch, daß man feststellt, daß es solche Erscheinungen natürlich in allen weltanschaulichen und religiösen Lagern gibt. Es ist wohl vor allem die Sehnsucht vieler geistig noch unselbständiger Menschen nach festen Regeln, nach einer „starken, führenden Hand". Solche Anhänger arbeiten aber den Gegnern in die Hände, indem sie die Anthroposophie zur Ideologie herabwürdigen. Sie dürfen jedoch ebensowenig der Maßstab für die Beurteilung der Anthroposohie sein, wie die katholische Kirche nicht an Bischof Lefèbvre und dem superreaktionären „Engelwerk" gemessen werden will.

Rudolf Steiner hat sich gegen seine Gegner nur in Ausnahmefällen zur Wehr gesetzt. Er hat ihnen, wie schon erwähnt, selbst durch einen Vortrag vom 31. 10. 1912 (GA 52): „Wie widerlegt man Geistesforschung?" ein hervorragendes Werkzeug in die Hände gegeben. Er räumt dort gleich zu Beginn ein, daß es in der Natur der in der Geistesforschung mitgeteilten Tatsachen läge, daß sie „viel Gegnerschaft" auf sich zöge, vor allem auch deshalb, weil man mit vielem, was heute als „Theosophie" (Anthroposophie) aufträte, wirklich keinen Staat machen könne. Wichtig aus diesem Vortrag, von dem viele Einzelheiten bereits zur Sprache kamen, ist noch die Aussage, daß die Geisteswissenschaft keineswegs gegen die Naturwissenschaft arbeite, sondern im Gegenteil „in vollem Einklang mit ihr" stehe, was allerdings bisher nur wenige undogmatische Wissenschaftler erkannt hätten. Er meint mit „Einklang" natürlich nicht Einklang mit unbewiesenen und unbeweisbaren Hypothesen wie der vom „Urknall", von der „Selbstorganisation des Universums", von der Abstammung des Menschen vom Affen usw. In diesem Vortrag widerlegt Steiner u. a. auch die Einwände, die allzu schnell Urteilende gegen das Karmagesetz immer und immer wieder äußern, ebenso die Einwände unwissender Theologen, die Anthroposophie sei

„Selbsterlösung". Durch ein berühmtes Beispiel aus der Philosophiege-schichte bringt Steiner zum Ausdruck, man solle bloß nicht glauben, daß der Hervorbringer einer Weltanschauung nicht selber hätte sagen kön-nen, was gegen sie vorgebracht werden könne.

Eines der wichtigsten und wahrlich ernst zu nehmenden Argumente gegen die Anthroposophie, das alle vorurteilsgesteuerten Gegner mit Wonne aufgreifen, ist das „Beweisproblem". An buchstäblich Hunderten von Stellen hat Steiner dieses Problem als Scheinproblem entlarvt. Die-ses Argument also immer und immer wieder fast gebetsmühlenartig vor-zubringen zeigt eindeutig, daß man die Texte Steiners nicht verstehen *will*. Und Mitgliedern der katholischen Kirche sei dieser Vorwurf von vorneherein nicht gestattet. Wie sieht es denn bei ihnen bei den meisten Dogmen mit der Beweisfrage aus, z. B. bei denen von der Unbefleckten Empfängnis und leiblichen Himmelfahrt Mariä und der Unfehlbarkeit des Papstes?

Das von Materialisten vertretene Argument, es gebe keine „verborgene geistige Welt", weil es sie nicht geben könne, braucht jetzt am Schluß dieser Ausführungen sicher nicht noch einmal behandelt zu werden. Viel wichtiger, weil von der katholischen Kirche noch heute vertreten und durch Dogmatisierung für „unfehlbar" erklärt, ist das Argument, es sei eine Vermessenheit, durch eigene Erkenntnisarbeit in die geistige Welt eindringen zu wollen. Die geistige Welt gehöre dem Reich des Religiö-sen an, das einzig von der zur „Verwaltung des Glaubens" von Christus selbst berufenen, alleinseligmachenden Kirche vermittelt werden könne. Auch dazu wurde ja bereits das Nötigste gesagt. Es wird hier noch ein-mal erwähnt, weil dieses Argument der hauptsächliche Anlaß und Grund für die Gegnerschaft seitens der katholischen Kirche zu sein scheint.

Eine weitere Richtung, aus der massive Angriffe auf die Anthroposo-phie erfolgten (aus der Nachkriegszeit seit 1945 ist mir derartiges nicht mehr bekannt geworden), ist die universitäre Philosophie und Psycholo-gie. Hier sind vor allem die Namen der Professoren Max Dessoir und Wilhelm Hauer zu nennen. Letzterer wurde ja schon wegen der Auswir-kungen seiner Angriffe auf meine eigene Entwicklung kurz behandelt. Auf die vernichtend sein sollenden Angriffe Max Dessoirs, eines zu sei-ner Zeit bekannten Psychologen[113], antwortet Steiner in seinem Buch „Von Seelenrätseln" (GA 21): ruhig, sachlich, überlegen, insbesondere

---

[113] „Vom Jenseits der Seele. Eine Kritik der Schriften Rudolf Steiners; Hamburg 1922 (ich zitiere aus der 6. Aufl. 1930)

dadurch, daß er nachweist, wie sich Dessoir eines uralten Tricks von verleumderischen Kritikern bedient: Er baut sich zunächst ein Zerrbild des zu Kritisierenden auf, einen Popanz, der mit dem Kritisierten fast nichts zu tun hat, und versucht dann, diesen Popanz mit der ganzen Autorität des bekannten Wissenschaftlers zu vernichten. In Wissenschaft und Politik, besonders aber in der Theologie, hat sich dieses Argument seit Jahrhunderten bewährt. Endgültig disqualifiziert Dessoir sich dadurch, daß er (mindestens) eine der Schriften Steiners, die er benutzt haben will, als Beleg für seine Kritik anführt. Er behauptet, Steiner habe darin Bestimmtes gesagt, wovon aber in dieser Schrift genau das Gegenteil steht. Dies ist ein ganz profanes, aber bezeichnendes Beispiel für die „Wissenschaftlichkeit" solcher Wissenschaftler.

Einer der krassesten Fälle von gehässigen Angriffen aus (religions)philosophischer Sicht stammt von Prof. Hans Leisegang, einem in der ersten Hälfte unseres Jahrhunderts sehr anerkannten Philosophen mit seiner Schrift „Die Grundlagen der Anthroposophie"[114]. In einer Anmerkung bezeichnet er Steiner, ganz offenbar in verleumderischer Absicht, als „ehemaligen Realschüler", verschweigt also entweder bewußt oder aus Unwissen, daß Steiner das Abitur gemacht, ein umfangreiches Studium absolviert und promoviert hat. Mit Genuß zitiert er einen Zeitungsschreiber, der Steiner einen „Gaukler und Komödianten" genannt hatte. Ebenfalls in einer Anmerkung beschuldigt er Steiner, als Lehrer an der Arbeiterbildungsschule in Berlin „dem Marxismus zu huldigen"! Diese absurde und völlig aus der Luft gegriffene und allem, was Steiner geschrieben und vorgetragen hat, entgegengesetzte Behauptung gilt ausgerechnet einem Mann, der die wahre Natur des Marxismus schon sehr frühzeitig exakter und treffender analysiert und beschrieben hat, als Generationen von „Marxismusforschern" nach ihm. Steiner war einer der ersten, der massiv vor dem Marxismus gewarnt, ihn allerdings auch nie verteufelt hat. Leisegang bescheinigt Steiner „furchtbarsten Dilettantismus". Bereits 1917, also zu einer Zeit, als erst rund ein Fünftel der Steinerschen Werke erschienen war, resümiert der berühmte und gelehrte Wissenschaftler: „Steiners Lebenswerk (!!!) ... stellt sich dar als die Hinterlassenschaft eines wirren, zwischen den äußersten Gegensätzen hin- und hergetriebenen Geistes, der auf keinem Gebiet, das er betrat, ehrliche und selbstlose Arbeit verrichtete", sondern der „alles Wesentliche von den Theosophinnen Blavatzky und Besant übernommen hat". Insbe-

---

[114] Leisegang, Hans: Die Grundlagen der Anthroposophie; Leipzig 1932

sondere dieses letzte ist mehr als ein Ausrutscher aus Unkenntnis, mehr als eine zulässige Meinungsäußerung, sondern eine bewußte Verleumdung. Was würde der Herr Leisegang wohl sagen, wenn er die wirkliche „Hinterlassenschaft" noch erlebt hätte, wenn er sehen müßte, wie kaum noch jemand seinen Namen kennt, der Steiners aber immer strahlender über dem Horizont aufgeht? Um nur noch auf einen Punkt einzugehen: Wenn Leisegang die Materie gekannt hätte, von der er so ausführlich spricht, hätte er wissen müssen, daß es bei Mrs. Besant nicht das Geringste abzuschreiben gegeben hätte.

Dazu kommen Missionare, die lange in Indien lebten und nun glauben, damit ein Werkzeug gegen die Anthroposophie erworben zu haben. Das trifft besonders zu auf den ehemaligen Indien-Missionar, späteren Religionswissenschaftler und SS-Führer Prof. Wilhelm Hauer. Zunächst: Als ob die Anthroposophie auch nur das geringste mit Indien oder dem Hinduismus zu tun hätte (abgesehen von der situationsbedingten Übernahme einiger okkulter indischer Bezeichnungen). Diese Begründung macht vielmehr deutlich, daß solchen Herren die Anthroposophie völlig fremd war. Hauer schreibt solchen Unsinn schon im Vorwort. Wie kann der ehemalige Missionar und spätere SS-Professor es wagen, Steiner auf so primitive Weise anzugreifen? Sein Buch[115] strotzt nur so von halben und ganzen Unwahrheiten.

Solche Beispiele müssen auch heute noch im Gegnerkapitel erwähnt werden, da sie nicht nur seinerzeit starke Beachtung fanden, sondern noch immer willkommene Quellen für unseriöse Kritiker sind, die die Basis für ihre Kritik nicht durch ernsthafte Erarbeitung der Werke Steiners erwerben, sondern durch Abschreiben aus solchen Machwerken.

Kurz erwähnt seien noch einige moderne Gegnerschriften. Zwei solcher Primitivkritiken sind als preiswertes Taschenbuch sicherlich relativ weit verbreitet und bei ahnungslosen Lesern sehr beliebt und daher meinungsbildend. Meinungsbildend sind solche meist in evangelischen Traktätchenverlagen erschienenen Schriften besonders und gerade bei Seelsorgern in evangelischen Pfarrhäusern, in denen von Anthroposophie meist nicht mehr bekannt ist, als was man solchen „Werken" entnehmen kann. Das aus ihnen entnommene „Wissen" ist dann ausreichend, um Predigten gegen die Anthroposophie zu halten oder die Er-

---

[115] Hauer, Wilhelm: Werden und Wesen der Anthroposophie. Eine Wertung und eine Kritik. Vier Vorträge; Stuttgart 1922

richtung neuer Waldorfschulen zu bekämpfen. Ganze Bürgerinitiativen sind von solchen Fehlinformationen infiziert.

Das erste dieser Bücher stammt von einer Frau Vera Pierott[116]. Es zeigt auf jeder Seite so viel Unsinn, daß man sich nur über den Verlag wundern muß, der so etwas druckt. Am meisten dekouvriert sie sich im Schlußwort, in dem sie von dem sattsam bekannten Stammtischgerede ausgeht, daß es sich mit der Anthroposophie genauso verhalte wie mit Hitler, „bei dem ja auch nicht alles schlecht" gewesen" sei, was er gemacht habe. Das Beispiel stimme sogar, legt sie noch nach, denn es gebe ja auch Kidnapper, die einem Kind Schokolade schenken, „bevor sie ihre Absicht ausführen". Ein niedrigeres Niveau ist wohl kaum denkbar. Wenn sie dann ihr Bedauern kundgibt, von anderer Seite gebe es Vorurteile und Polemiken gegen die Anthroposophie, dann kann man sich nur schämen über so viel Niedertracht. Zu solchen Urteilen fühlt sie sich berechtigt, obwohl sie Steiner im Original offensichtlich kaum gelesen hat, denn sie zitiert fast nur gegnerische Sekundärliteratur. Wer auch immer der Verfasser sei: Man kann die Anthroposophie z. B. vom Standpunkt des konventionellen Christentums aus relativ leicht kritisieren. Aber man sollte das Wissen und das geistige Niveau dafür haben.

Weshalb ich so relativ ausführlich auf ein solches Machwerk eingehe? Abgesehen von seiner erwähnten Wirkung auf schlichte Gemüter: Die Autorin ist eine typische Vertreterin der Menschen, die nicht durch ernste Erkenntnisarbeit, sondern einfach „durch das Geschenk des Glaubens die Gnadengabe Gottes" entgegennehmen wollen. Für so einen schlichten Glauben ist die Anthroposophie natürlich die größte Gefahr. Und dies ist so, weil durch die von Steiner geforderte Erkenntnisarbeit Klarheit entstehen könnte, wo man sonst nur stammeln und alles im wohligen Glaubensdunkel belassen kann. Sie scheint übrigens stark von dem erwähnten Prof. Leisegang beeinflußt zu sein, woran man die jahrzehntelange Fortwirkung solcher unverantwortlicher Schriften erkennen kann.

Die andere Autorin, Christiane Gratenau, beschreibt „Die Geschichte einer verfehlten Begegnung"[117]. Auch sie fand trotz offenbar guter Vorsätze in der Anthroposophie nicht die Klarheit und Erkenntnis, die sie suchte. Diese hat sie offenbar auch gar nicht gesucht. Gesucht hat sie vielmehr den verkitschten „Jesus" der evangelischen Vulgärtheologie,

---

[116] Anthroposophie – eine Alternative? Neuhausen bei Stuttgart; 1982
[117] Von Rudolf Steiner zu Jesus Christus. Meine Auseinandersetzung mit der Anthroposophie; Gießen 1985

dem sie sich in blindem Vertrauen hingeben möchte. Wie kann sie sich ausgerechnet „von Steiner zu Christus" bekehren wollen? Als ob das, richtig verstanden, ein Gegensatz wäre. Ich kann hier nicht auf ihre auch für Anthroposophen lehrreiche Biographie eingehen, sondern nur auf das zum Ausdruck kommende typische Schicksal. Durch dieses war sie offenbar mit etlichen negativen Zügen konfrontiert, die „in anthroposophischen Zusammenhängen" anscheinend gar nicht so selten anzutreffen sind und die sie abgeschreckt haben. „Ist es ein Wunder", schreibt Haug in einer Besprechung[118] „wenn ein Mensch in diesem ‚Milieu' nicht begreifen kann, was Anthroposophie wirklich ist?" Allerdings: Sie gibt offen zu, daß sie die (wahrscheinlich recht wenigen) Werke Steiners, die sie gelesen hat, nie verstanden hat. Das aber betrachtet sie bezeichnenderweise bereits als Widerlegung der Anthroposophie, nach dem Motto: Ich verstehe es zwar nicht, aber ich lehne es ab. Und sie schreibt „rührend hilflos", aber im Grunde doch nicht anders als „die berufenen Hüter der kirchlichen Lehre", die nicht begreifen können, daß es Welten sind, die die Anthroposophie von der ihr immer zur Last gelegten „Selbsterlösung" scheiden. Genau dies aber ist das allenthalben wissentlich oder unwissentlich stereotyp nachgebetete größte Mißverständnis konfessioneller Eiferer und gleichzeitig die offenbar wirkungsvollste Munition gegen die Anthroposophie. Denn „Selbsterlösung" bedeutet, zu seiner Erlösung der Gnade Christi nicht bedürftig zu sein. Das Gegenteil ist der Fall. Aber wer mit solchen Vorurteilen an diese Probleme herangeht, der will nicht Erkenntnis, sondern Selbstbetrug.

Mehr, als es zu erwähnen, verdiente ein unsägliches Kapitel in dem Buch: „Feuer in die Herzen"[119] der von jeglicher Sachkenntnis freien, von fanatischem Willen zum Mißverstehen erfüllten ehemaligen Grünen-Politikerin Jutta Ditfurth nicht. Sie leitet das Kapitel mit folgendem Satz ein: „Zum Wesen der Anthroposophie gehört ihre enge Verbindung zum Faschismus." Peng! Sie nimmt dabei einen völlig inkompetenten Artikel eines offenbar rechtsgestrickten Pseudoanthroposophen (so etwas soll es auch geben) in einem regionalen Blatt zum Anlaß, im Steiner-Werk gezielt nach „Stellen" zu suchen, wo von „Rasse" gesprochen wird. Daß Steiner diesen Begriff in einem völlig anderen Sinne verwendet als die

---

[118] In „Die Christengemeinschaft" 3/1986
[119] Plädoyer für eine ökologische linke Opposition. Carlsen Verlag 1992. Bemerkung nach Redaktionsschluß: Das Buch wurde lt. Beschl. d. Landgerichts Frankfurt verboten. Der Verlag hat Revision eingelegt (Meldung v. „Info 3", 6/93)

Rassetheoretiker, aus denen Hitler seine wirren Vernichtungsphantasien bezog, merkt sie nicht, weil sie ja den Zusammenhang nicht kennt. So findet sie aber genug Munition für die abenteuerliche These, die „Lehre" Rudolf Steiners sei rassistisch und damit faschistisch. Daß Rudolf Steiner dagegen eines der ersten „Opfer des Faschismus" war, weiß sie nicht oder will sie nicht wissen.

Erwähnt werden solche wirren Phantasien nur, weil sie nicht ohne Auswirkung auf etliche „esoterische" Wirrköpfe links-grüner Provenienz zu sein scheinen, die ihrerseits wieder Plagiatoren und Vervielfältiger der Ditfurthschen „Erkenntnisse" über Steiners „Wurzelrassismus" sind. So tauchen auf Einladung pseudolinker Allgemeiner Studentenausschüsse (AStA) immer wieder Redner mit diesen grandiosen Erkenntnissen in Universitäten auf, die allesamt kein Werk Steiners gelesen haben können, sondern nur das Buch Jutta Ditfurths.

Wer die einleitenden Kapitel dieses Buches aufmerksam gelesen hat, wird sich noch erinnern, daß deutlich betont wurde, man könne, wenn man die Anthroposophie wirklich verstehen wolle, die Werke Steiners nicht einfach lesen wie ein Fachbuch und schon gar nicht mit irgendwelchen vorgefaßten Absichten. Es liegt im Wesen echt esoterischer Schriften, auch z. B. der Bibel, daß sie sich nur dem wirklich erschließen, der sie ganz unvoreingenommen und mit dem Willen liest, sie in ihrem tiefsten Gehalt zu verstehen und sich erst dann eine Meinung zu bilden. Viele kennen doch die meist scheinwissenschaftlichen Versuche von Antichristen, die Bibel als unglaubhaftes, unhistorisches, tendenziöses Machwerk zu verunglimpfen. Eben das muß bei vielen Kritikern der Anthroposophie, die einige Steiner-Bücher gelesen haben mögen und sie dann von außen her kritisieren, auch konstatiert werden, heißen sie nun Dessoir/Leisegang/Hauer auf der akademischen oder Ditfurth/Pieroth auf der vulgären Ebene.

Anderen Ranges ist der Pfarrer von Richterswyl/Schweiz, der anläßlich eines lokalen Streites um den Bau einer anthroposophischen Klinik in einem Leserbrief in der „Grenzpost am Zürichsee"[120] schreibt, man würde Steiner mißverstehen, wenn man aus seinen Gedanken eine Dogmatik mache. Er schicke die Menschen auf einen Weg, um die tiefere Wirklichkeit in allem zu entdecken. Im Zentrum seines Denkens stehe eindeutig Christus. Man dürfe sich nicht um einzelne Lehrsätze streiten, sie beträfen nicht das Wesentliche, sondern vor allem bedenken, was aus die-

---

[120] Grenzpost am Zürichsee vom 6. 11. 93

ser Bewegung an Resultaten erwachsen sei. Anthroposophie sei keine Sekte, sondern eine geistige Strömung, die anregen wolle, sich dem Geistigen zu öffnen. Solche besonnenen Stimmen in den Kirchen gibt es also auch!

Aber wesentlich häufiger als in Büchern wird die Gegnerposition in Veranstaltungen deutlich. Die Referenten aus beiden Konfessionen gehen wohl davon aus, daß unter den Teilnehmen dieser Tagungen, die fast immer in kirchlichen Einrichtungen stattfinden, niemand ist, der sich in der Anthroposophie auskennt, so daß man den Zuhörern ebenso unverfroren wie unchristlich alles an abgestandenen Klischees auftischen kann, was schon seit 70 Jahren immer und immer wieder widerlegt worden ist. Wenn sich dann unter den Zuhörern doch einmal ein kompetenter und diskussionsbegabter Anthroposoph befindet, der den z. T. bodenlosen Unsinn, die mehr oder weniger die fahrlässigen Behauptungen aufspießen und widerlegen kann, dann kommen diese „sachkundigen" Referenten meist ersichtlich ins Schwimmen, suchen verlegen nach Ausreden oder versuchen, die kritischen Einwände einfach zu übergehen. Meist schwätzen sie mit theologischen Allerweltsphrasen um den heißen Brei herum. Es gibt in anthroposophischen Zeitschriften genug solcher Berichte. Der Autor hat selbst an zwei solcher Tagungen teilgenommen und weiß, wovon er spricht.

Im Gespräch mit Nichtanthroposophen, selbst mit wohlwollend eingestellten, muß man immer wieder feststellen, daß vor allem ein Mißverständnis auszuräumen ist: Man kann die Anthroposophie, ohne sie nicht wirklich von innen zu kennen, nicht einfach von außen her beurteilen. Sehr häufig begegnet der Anthroposoph in der Lebenspraxis folgender Situation: Ein Gespräch dreht sich z. B. um die „Wunder" im Neuen Testament, die sämtlich von Rudolf Steiner als sichtbarer Ausdruck übersinnlicher, geistiger Geschehnisse dargestellt werden und so immer (!!) eine verblüffende, absolut folgerichtige, dem spirituellen Umfeld der Christus-Taten voll entsprechende Erklärung finden. Aber: Um dies zu verstehen, muß man sich zuvor die anthroposophischen Grundlagen in ihrem ganzen Umfang erarbeitet haben. Sonst muß man zu Fehleinschätzungen kommen.

Man darf auch nicht versuchen, die erfolgreichen „Tochterbewegungen" aus dem Gesamtcorpus der Anthroposophie herauszubrechen, und etwa sagen: Die Waldorfschulen (oder die „Demeter-Produkte" oder die anthroposophisch eingestellten Ärzte usw.) schätze ich schon, aber die Anthroposophie interessiert mich nicht oder lehne ich ab. Man schätzt die Früchte, verachtet aber den Baum, auf dem sie wuchsen.

Als letzter soll ein Autor betrachtet werden, der durchaus kein Kritiker ist, sondern der glaubt, das Gegenteil, also ein zur Verbreitung des anthroposophischen Gedankens besonders berufener Anthroposoph zu sein. Auf ihn trifft aber in hohem Maße der berühmte Stoßseufzer zu: „Der Himmel schütze mich vor meinen Freunden, vor meinen Feinden schütze ich mich schon selbst".

Es ist der frühere SS-Untersturmführer, spätere Pfarrer der Christengemeinschaft" (nur vorübergehend, bald „beurlaubt"), Volkskundler und Sozialwissenschaftler, Präsident des rechtsgestrickten „Weltbundes zum Schutze des Lebens" und Schirmherr einer Begegnungsstätte rechtsreaktionärer und rechtsradikaler Kreise in Vlotho, Prof. Dr. Werner Haverbeck. Ich möchte mir kein Urteil darüber anmaßen, ob Haverbeck sich objektiv überhaupt als Anthroposoph betrachten dürfte. Darf einer sich denn als Anthroposoph fühlen und dies auch in alle Welt spektakulär hinausposaunen, der ihr in unerhörtem Maße schadet?

Von ihm ist 1989 das Buch „Rudolf Steiner – Anwalt für Deutschland" erschienen[121]. Schon der Titel ist eine klare Unverfrorenheit. Das Buch kann hier natürlich nicht besprochen werden. Aber soviel: Man braucht wahrhaftig kein „Linker" zu sein, um vor einem solchen Ausmaß an „Ewig-Gestrigkeit" zu schaudern. Lindenberg sagt von ihm in einer Besprechung[122], Haverbeck sei „gewiß kein Mitläufer der Nazis, eher ein Vorläufer". Er sei wohl eher einer von jenen bekannten „Idealisten", die, in Umkehrung des „Faust"-Wortes, stets nur das Gute wollen und stets nur das Böse schaffen. Hitler ist für Haverbeck immer noch „der deutsche Reichskanzler", der den Menschen wieder Lebensmut gab. An seinem Friedenswillen dürfe auch heute nicht gezweifelt werden. Konzentrationslager werden zwar erwähnt, aber nicht die deutschen, sondern die englischen im Burenkieg. Auch die Vertriebenen werden ausführlich behandelt, aber nur die deutschen. All die ungeheuerlichen Verbrechen, die man Nazideutschland mit Recht zur Last legt, an denen heute nur noch verbohrte Reaktionäre zweifeln, waren und sind nur alliierte Lügenpropaganda. Das Schlimmste aber ist: Haverbeck bringt es fertig, die ihn immer noch so deutlich beherrschende Nazi-Ideologie mit Steiner-Zitaten, die etwa ein Drittel des Buches ausmachen, zu untermauern.

---

[121] München 1989
[122] In: „Die Drei" 12/89

Was für ein Festessen für Ditfurth und Genossinnen! Ein Kronzeuge für ihre wirren Phantasien vom Rassismus und Faschismus der Anthroposophie.

Lindenberg bezeichnet mit Recht „das ganze Vorgehen Haverbecks als eine ‚persönliche Attacke' gegen den Begründer der Anthroposophie" und, so kann man fortfahren, gegen die Anthroposophie selbst, denn er, der Universitätsprofessor, Theologe und „Anthroposoph", bringt es außerdem noch fertig, die Worte Steiners zum ersten Weltkrieg auf den zweiten anzuwenden und so den Eindruck zu erwecken, als sei auch Hitlers Krieg nur einer uns vom Feind aufgezwungener gewesen. Dabei kann doch jeder Anthroposoph wissen, daß Steiners leidenschaftlicher Kampf gegen die Versailler Verträge im Grunde gegen die dadurch geförderte Entstehung des Nährbodens gerichtet war, auf dem dann der Nationalsozialismus wachsen konnte. Steiner, den Kämpfer gegen den apokalyptischen Abgrund des Rassenwahns und Chauvinismus, als einen Vorkämpfer der NS-Ideologie und damit der von ihr ausgelösten Verbrechen hinzustellen ist wahrlich der Gipfel anti-anthroposophischer Geschichtsverdrehung. So etwas haben seine ärgsten Feinde nicht fertiggebracht.

Weil ich die Wirkung von sachlicher und unsachlicher Kritik an der Anthroposophie aus eigener Erfahrung kenne und weil ich mir viele Jahre lang große Mühe gegeben habe, sie in ihrem ganzen Umfang *vor* meiner Entscheidung für die Anthroposophie zu studieren, um „nicht in eine Falle zu laufen", und weil sich meine Hinwendung zu ihr dadurch um Jahre verzögert hat, habe ich dieses Thema in so engagierter und ausführlicher Weise behandelt. Wer solche Schriften in die Hand bekommt, soll wissen, was ihn erwartet.

SCHLUSSWORT

Es ist mir ein Bedürfnis, den Lesern, die sich von dieser Schrift haben einführen lassen in die Welt der Anthroposophie, noch zwei sehr simpel erscheinende Erkenntnisse mit auf den Weg zu geben, die ihnen den weiteren Zugang zur Anthroposophie erleichtern können, wie sie ihn mir erleichtert haben. Der „Anfänger" empfindet das alles, was da auf ihn einstürmt, meist als „ungeheuer kompliziert". Mich hat das anfangs fast zur Verzweiflung gebracht. Mein Freund, von dem ich in der Vorrede erzählte, hat darauf mit zwei Argumenten geantwortet:

1. *Jede* Wissenschaft ist kompliziert, wenn man beginnt, sie sich anzueignen, und noch mehr, wenn man in ihre Tiefen dringt. Einfach erscheint sie nur dem, der über sie „aus populärer Sicht", also in extremer Vereinfachung, unterrichtet wird.

2. Es ist sogar alles „noch viel, viel komplizierter". Wenn man glaubt, man habe einen esoterischen Sachverhalt verstanden, dann wird man bei weiterem Studium oft feststellen, das das, was man verstanden hat, noch lange nicht alles ist, daß es sich verhält wie bei einem Blick in den Weltraum oder in die Mikrostruktur der Materie: „Dahinter" gibt es immer noch weitere Geheimnisse.

Nun: Das könnte den „Anfänger" wirklich entmutigen. Aber er darf und braucht sich nicht entmutigen zu lassen, denn es verhält sich im Grunde kaum anders als beim Erwerb jeder anderen geistigen Fähigkeit, jedes anderen Studiums. Auch diese Höhen und Tiefen sind erreichbar. Abertausende von Menschen haben sie doch erreicht!
Denn, so sagt Steiner (in GA 223, 28. 9. 1923):

> *„Die Anthroposophie kann man vortragen, sie ist das gute Holz der Seele; aber anzünden kann es nur jeder selber. Das ist das, was jeder in seinem Gemüt finden muß: das Zündholz für die Anthroposophie."*

Wer den Weg zu einem Ziel nie beginnt, der kann dieses Ziel auch nicht erreichen. Wer ihn aber betritt und beharrlich und geduldig geht, der erreicht es auch. Nur: Man muß es vorher kennen. Sonst läuft man blindlings in der Gegend herum. Allein dieser Zielerkennung, nicht irgendeiner Form von noch so subtiler Überredung, möchte die vorliegende Schrift dienen.

LITERATUR

RUDOLF STEINER GESAMTAUSGABE (GA)

Rudolf Steiner Verlag Dornach/Schweiz
(Auszug, insbesondere die im Text zitierten Bände; falls eine Taschenbuchausgabe existiert,
sind die GA-Nummern mit einem * versehen)

I. Werke

3*   Wahrheit und Wissenschaft. Vorspiel einer "Philosophie der Freiheit"; 1892 (Tb 628)
4*   Die Philosophie der Freiheit. Grundzüge einer modernen Weltanschauung. Seelische
     Beobachtungsresultate nach naturwissenschaftlicher Methode; 1894 (Tb 627)
5*   Friedrich Nietzsche, ein Kämpfer wider seine Zeit; 1895 (Tb 621)
7*   Die Mystik im Aufgange des neuzeitlichen Geisteslebens und ihr Verhältnis zur modernen
     Weltanschauung; 1901 (Tb 623)
8*   Das Christentum als mystische Tatsache und die Mysterien des Altertums; 1902 (Tb 619)
9*   Theosophie. Einführung in übersinnliche Welterkenntnis und Menschenbestimmung; 1904 (Tb
     615)
10* Wie erlangt man Erkenntnisse der höheren Welten?; 1904/05 (Tb 9)
11* Aus der Akasha-Chronik; 1904-08 (Tb 616)
13* Die Geheimwissenschaft im Umriß; 1910 (Tb 10)
14* Vier Mysteriendramen; 1910-13 (Tb 607/08)
18* Die Rätsel der Philosophie, 2 Bde.; 1914 (Tb 610/11)
21* Von Seelenrätseln. Anthropologie und Anthroposophie – Max Dessoir über Anthroposophie –
     Franz Brentano (Ein Nachruf); 1917 (Tb 637)
23* Die Kernpunkte der sozialen Frage; 1919 (Tb 606)
24* Staatspolitik und Menscheitspolitik. Aufsätze über die Dreigliederung des sozialen
     Organismus; 1919-1921 (Tb 667)
27* Grundlegendes für eine Erweiterung der Heilkunst; (Tb 701)
28* Mein Lebensgang; 1923-25 (Tb 636)
30/31* Moral und Christentum. Texte zur Ethik; 1886-1900 (Auszug, Tb 717)

II Vorträge

53* Ursprung und Ziel des Menschen. Grundbegriffe; 1904/05 (Tb 682)
60* Antworten der Geisteswissenschaft auf die großen Fragen des Daseins; 1910/11 (Tb 689)
62* Ergebnisse der Geistesforschung; 1912/13 (Tb 691)
73* Die Ergänzung heutiger Wissenschaft durch Anthroposophie; 1917/18 (Tb 664)
76   Die befruchtende Wirkung der Anthroposophie auf die Fachwissenschaften; 1921
79* Die Wirklichkeit der höheren Welten. Einführung in die Anthroposophie; 1921 (Tb 633)
84* Anthroposophie als Zeitforderung; 1923/24 (Tb 654)
98   Natur- und Geistwesen – ihr Wirken in unserer sichtbaren Welt; 1907/08
103* Das Johannes-Evangelium; 1908 (Tb 644)
104* Die Apokalypse des Johannes; 1908 (Tb 672)
107* Geisteswissenschaftliche Menschenkunde; 1909/10 (TB 669)
109 Das Prinzip der spirituellen Ökonomie im Zusammenhang mit Wiederverkörperungsfragen;
     1909
114* Das Lukas-Evangelium; 1909
120* Die Offenbarungen des Karma; 1910 (Tb 620)
123* Das Matthäus-Evangelium; 1910
131* Von Jesus zu Christus; 1911 (Tb 645)
135* Wiederverkörperung und Karma und ihre Bedeutung für die Kultur der Gegenwart; 1912 (Tb
     647)

139* Das Markus-Evangelium; 1912 (Tb 665)
185* Geschichtliche Symptomatolgie; 1918 (Tb 662)
192   Geisteswissenschaftliche Behandlung sozialer und pädagogischer Fragen; 1919
223* Der Jahreskreislauf als Atmungsvorgang der Erde; 1923
227   Initiationserkenntnis; 1923
228   Die soziale Frage; 1919
271* Kunst und Kunsterkenntnis. Grundlagen einer neuen Ästhetik; 1888-1921 (Tb 650)
303* Die gesunde Entwicklung des Menschenwesens. Eine Einführung in die anthroposophische
        Pädagogik und Didaktik; 1922 (Tb 648)
306* Die pädagogische Praxis; 1923 (Tb 702)
308* Die Erziehung des Kindes/ Die Methodik des Lehrens; (Tb 658)
319* Die Kunst des Heilens; 1923/24 (Tb 630)
327* Geisteswissenschaftliche Grundlagen zum Gedeihen der Landwirtschaft; 1924 (Tb 640)
330   Neugestaltung des sozialen Organismus; 1919
332a* Soziale Zukunft; 1919 (Tb 631)
333   Gedankenfreiheit und soziale Kräfte; 1921
312* Geisteswissenschaft und Medizin (1. Ärztekurs); 1920

Vorträge für die Arbeiter am Goetheanumbau

347* Die Erkenntnis des Menschenwesens nach Leib, Seele und Geist. Über frühe Erdzustände; 1
        922 (Tb 721)
348* Über Gesundheit und Krankheit; 1922/23
349* Vom Leben des Menschen und der Erde. Über das Wesen des Christentums; 1923
350* Rhythmen im Kosmos und im Menschenwesen. Wie kommt man zum Schauen der geistigen
        Welt?; 1923 (Tb 724)
352* Natur und Mensch in geisteswissenschaftlicher Betrachtung; 1 924
353* Die Geschichte der Menschheit und die Weltanschauungen der Kulturvölker; 1924
354* Die Schöpfung der Welt und des Menschen. Erdenleben und Sternenwirken; 1924

„Themen aus dem Gesamtwerk"

Taschenbücher aus dem Verlag Freies Geistesleben, Stuttgart

1 Wege der Übung,   2 Sprechen und Sprache
3 Zur Sinneslehre   4 Vom Lebenslauf des Menschen
5 Erde und Naturreiche   6 Naturgrundlage der Ernährung
7 Ernährung und Bewußtsein   8 Geschichtserkenntnis
9 Wiederverkörperung   10 Gesundheit und Krankheit
11 Spirituelle Psychologie   12 Elemente der Erziehungskunst
13 Soziale Frage und Anthroposophie   14 Christologie
15 Das Leben nach dem Tod   16 Mensch und Sterne
17 Vom Wirken der Engel   18 Geistige Wesen in der Natur
19 Das Mysterium des Bösen   20 Die Aufgabe der Anthroposophie

(Ein Katalog des Gesamtwerkes ist auf Bestellung in jeder Buchhandlung zu haben.
Eine Liste der Fachbuchhandlungen kann beim Rudolf Steiner Verlag, Postfach 135,
CH-4143 Dornach angefordert werden)

ANTHROPOSOPHISCHE LITERATUR
Biographisches über Rudolf Steiner

Carlgren, Frans: Rudolf Steiner und die Anthroposophie; Dornach 1990
Beck, Walter: Rudolf Steiner – sein Leben und sein Werk; Dornach 1996
Becker, K. E. / Schreiner, H. P.: Rudolf Steiner. Praktizierte Anthroposophie; Frankfurt 1989
Carlgren, Frans: Rudolf Steiner und die Anthroposophie; Dornach 1990
Groddeck, Wolfram: Eine Wegleitung durch die Rudolf Steiner-Gesamtausgabe; Dornach 1979
Hemleben, Johannes: Rudolf Steiner. Mit Selbstzeugnissen und Bilddokumenten; Reinbek 1987
Lindenberg, Christoph: Rudolf Steiner. Mit Selbstzeugnissen und Bilddokumenten; Reinbek 1992
Palmer, Otto: Rudolf Steiner und das Evangelium; Stuttgart 1988
Rittelmeyer, Friedrich: Meine Lebensbegegnung mit Rudolf Steiner; Stuttgart 1983
Wehr, Gerhard: Rudolf Steiner. Leben, Erkenntnis, Kulturimpuls; Stuttgart 1987

Anthroposophie allgemein

Abendroth, Walter: Rudolf Steiner und die heutige Welt. Ein Beitrag zu Diskussion um die menschliche Zukunft; Hamburg 1977
Ahriman. Profil einer Weltmacht. Beiträge von 11 Autoren; Stuttgart 1996
Bäschlin, Karl: Einführung in die Anthroposophie; Stuttgart 1980,
Bahle, Julius: Keine Angst vor dem Sterben. Zur Psychologie des angstfreien und schönen Sterbens; Radolfzell 1963
Baumann, Adolf: ABC der Anthroposophie. Ein Wörterbuch für jedermann; Stuttgart 1986
Becker, K. E.: Anthroposophie, Revolution von innen. Leitlinien im Denken Rudolf Steiners; Frankfurt1984
Betti, Mario: Engel – ihr Wesen und Wirken in der Gegenwart; Bad Liebenzell 1996
Bind, Rudolf u. a.: Ahriman. Profil einer Weltmacht; Stuttgart 1996
Blattmann, Georg: Vom Leben der Verstorbenen; Stuttgart 1983
Boogert, Arie: Wir und unsere Toten; Stuttgart 1994
Boos, Lex: Anthroposophie, Mystik und New Age – Metamorphosen der Wahrheit; Dornach 1996
Brügge, Peter: Die Anthroposophen. Waldorfschulen, bio-dynamischer Landbau, Ganzheitsmedizin, Kosmische Heilslehre; Reinbek 1984
Bühler, Walther: Anthroposophie als Forderung unserer Zeit. Eine Einführung auf der Grundlage einer spirituellen Naturanschauung; Schaffhausen 1987
Burckhardt, Martin: Die Erlebnisse nach dem Tod. Der nachtodliche Weg des Menschen durch die übersinnliche Welt. Eine Zusammenfassung von Schilderungen Rudolf Steiners; Dornach 1996
Burghard, Ursula: Karlik. Begegnungen mit einem Elementarwesen; Weißenseifen/Eifel 1982
Carlgren, Frans: Der anthroposophische Erkenntnisweg. Eine Einführung; Frankfurt 1984
Clerc, Prisca / Clerc, H. P.: Das Goetheanum und seine Umgebung; Dornach 1987
Dietz, K.-M.: Gemeinschaft durch Freiheit. Perspektiven für die Zukunft des Geisteslebens; Stuttgart 1996
Dostal Jan: Wie wächst man in die Anthroposophie hinein?; Stuttgart 1996
Ernst, J. W.: Das Schicksal unserer Zivilisation und die kommende Kultur des 21. Jahrhunderts; Schaffhausen 1982
Fränkl-Lundborg: Was ist Anthroposophie?; Dornach 1987
Fucke, Erhard: Das anthroposophische Studium. Seine Bedeutung für den Schulungsweg; Stuttgart 1981
Grether, Ewald: Geistige Hierarchien. Der Mensch und die geistige Welt in der Darstellung großer Seher des Abendlandes; Schaffhausen 1980
Hartmann, O. J.: Geheimnisse der Menschenbegegnungen; Frankfurt 1984
Hartmann, O. J.: Menschenkunde. Einführung zum Verständnis des Lebendigen; Frankfurt 1979
Hartmann, O. J.: Vom Sinn der Weltentwicklung; Frankfurt 1971
Hemleben, Joh.: Jenseits. Ideen der Menschheit über das Leben nach dem Tode. Vom Ägyptischen Totenbuch bis zur Anthroposophie Rudolf Steiners; Reinbek 1975

Husemann, Friedr.: Wege und Irrwege in die geistige Welt. Autogenes Training, Yoga; Reinbek 1977

Klingler, Wolfgang: Gestalt der Freiheit. Das Menschenbild Rudolf Steiners; Stuttgart 1989

Klockenbring, Gérard: Auf der Suche nach dem deutschen Volksgeist; Stuttgart 1989

Krauss, Ernst-Martin: Holzwege – Steinwege. Erlebnisse mit Elementarwesen; Flensburg 1993

Lauenstein, Diether: Der Lebenslauf und seine Gesetze; Stuttgart 1985

Lauer, Hans E.: Die Rätsel der Seele. Tiefenpsychologie und Anthroposophie; Schaffhausen 1982

Lauer, Hans E.: Vom richtigen Altwerden. Der menschliche Lebenslauf, seine geschichtlichen Wandlungen und seine Gegenwartsprobleme; Schaffhausen 1972

Lindenau, Christof: Der übende Mensch. Studium als Ausgangspunkt moderner Geistesschulung; Stuttgart 1983

Lindenberg, Christoph: Die Technik des Bösen. Zur Vorgeschichte und Geschichte des Nationalsozialismus; Stuttgart 1985

Martin, Maurice: Anthroposophie – Was ist das?; Schaffhausen 1987

Meyer, Rudolf: Vom Sinn des Todes und von der Gemeinschaft mit den Toten; Stuttgart 1985

Morgenstern, Christian: Wir fanden einen Pfad. Gedichte; Basel 1985

Neumann/Weirauch (Hrsg.): Engel; Flensburg o. J.

Neuen Geisteswelten entgegen. Eine Einführung in die Anthroposophie mit persönlichen Berichten; Hannoversch Münden 1987

Oldenburg, Angelika (Hrsg.): Zeitgenossen Rudolf Steiners im Berlin der Jahrhundertwende; Bölsche, Hartleben, Hille, Jacobowski, Lasker-Schüler, Rosa Luxemburg, Mackay u. a.; Dornach 1988

Palmer, Otto: Rudolf Steiner über seine Philosophie der Freiheit. Monographie eines Buches; Dornach 1984

Patzlaff, Rainer: Medienmagie und die Herrschaft über die Sinne; Stuttgart 1988

Patzlaff, Rainer: Sprachzerfall und Aggression. Geistige Hintergründe der Gewalt und des Nationalismus; Stuttgart 1994

Prokofieff, Sergej O.: Der Osten im Lichte des Westens; Dornach 1992

Rittelmeyer, Friedr.: Gemeinschaft mit den Verstorbenen; Stuttgart 1983

Röschert/Ravagli/Falter/Halfen: Rudolf Steiners Wissenschaftsbegriff im Gespräch mit der Gegenwart; In: "Die Drei", Beiheft 4 1991

Roszell, Calvert: Erlebnisse an der Todesschwelle; Stuttgart 1992

Schiller, Paul E.: Der anthroposophische Schulungsweg. Ein Überblick; Dornach 1990

Schöffler, H. H.: Gibt es eine anthroposophische Astrologie?; Dornach 1994

Schroeder, H.-W.: Der Mensch und das Böse. Ursprung, Wesen und Sinn der Widersachermächte; Stuttgart 1990

Schuberth, Ernst: Zwischen Tod und Wiedergeburt; Frankfurt 1988

Schuré, Edouard: Die großen Eingeweihten. Geheimlehren der Religionen. Mit einem Vorwort von R. Steiner; Bern/München 1976

Smit/Kühlewind/Treichler/Lindenau: Freiheit erüben. Meditation in der Erkenntnispraxis der Anthroposophie; Stuttgart 1991

Wehr, Gerhard: Wörterbuch zur Esoterik. Zugänge zum spirituellen Wissen von A-Z; Freiburg 1989

Winkel, Gerhard: Die Spuren der Engel. Begegnungen; Stuttgart 1993

Witzenmann, Herbert: Anthroposophie und Parapsychologie; Dornach 1982

Wehr, Gerhard: Der innere Weg. Anthroposophische Erkenntnis, geistige Orientierung und meditative Praxis; Reinbek 1983

Reinkarnation und Karma

Abendroth, Walter: Reinkarnation; Frankfurt 1986

Basfeld, M. / Klünker, W.-U. / Sandtmann, Angelika: Einsicht in Wiederverkörperung und Schicksal; Stuttgart 1993

Bauer/Hoffmeister/Görg: Gespräche mit Ungeborenen. Kinder kündigen sich an; Stuttgart 1988

Bock, Emil: Wiederholte Erdenleben. Die Wiederverkörperungsidee in der deutschen Geistesgeschichte; Stuttgart 1975

Bubner, Rudolf: Evolution – Reinkarnation – Christentum; Stuttgart 1975
Debus, Michael: Vom Tod zur Wiederverkörperung. Die Frage der Identität; Stuttgart 1 980
Grether, Ewald: Der Mensch und sein Schicksal im Lichte der Anthroposophie. Reinkarnation und
  Karma; Schaffhausen 1986
Hartmann, O. J.: Der Mensch als Selbstgestalter seines Schicksals. Lebenslauf und
  Wiederverkörperung; Frankfurt 1978
Howard, Alan: Sexualität im Lichte von Reinkarnation und Freiheit; Stuttgart 1985
Peick, Petra A. / Woitinas, S.: Reinkarnation. Erfahrungen, Wege und Erkenntnisse heute; Eine
  esoterische Psychologin und ein anthroposophischer Sozialforscher im Gespräch; Stuttgart 1989
Schuberth, Ernst: Zwischen Tod und Wiedergeburt; Frankfurt 1988
Schütze, Alfred: Vom Sinn des Schicksals; Stuttgart 1990
Straube, M. / Hasselberg, R.: Schwellenerlebnisse - Grenzerfahrungen. Krisensituationen in der
  Biographie; Stuttgart 1994
Veltmann, F. W.: Reinkarnation. Moderne Rückführungspraktiken und anthroposophische
  Karmaforschung; Stuttgart 1996
Verbrugh, H. S.: ... wiederkommen. Erfahrungen des Vorgeburtlichen und der
  Reinkarnationsgedanke; Stuttgart 1982

Waldorfpädagogik
Anschütz, Marieke: Religiöse Erziehung; Stuttgart 1992
Barz, Heiner: Der Waldorfkindergarten. Geistesgeschichtliche Ursprünge,
  entwicklungspsychologische Begründung seiner Praxis; Weinheim 1984
Beichler, Christa: Das erste Jahrsiebt im Leben des Kindes; Schaffhausen 1985
Beichler, Christa: Das Hereinwachsen des Schulkindes in die soziale Gemeinschaft; Schaffhausen
  1986
Beichler, Christa: Der junge Mensch auf dem Weg in die Mündigkeit; Schaffhausen 1986
Christentum, Anthroposophie, Waldorfschule. Waldorf-Pädagogik im Umfeld konfessioneller Kritik;
  Beiträge von Schroeder, Debus, Suckau; Stuttgart l987
Glöckler, Michaela (Hrsg,): Das Schulkind. Gemeinsame Aufgabe von Arzt und Lehrer; Dornach
  1993
Grunelius, E. M.: Erziehung im frühen Kindesalter. Der Waldorfkindergarten; Schaffhausen 1984
Hahn, Herbert: Vom Ernst des Spielens. Eine zeitgemäße Betrachtung über Spielzeug und Spiel;
  Stuttgart 1992
Hartmann, Georg: Erziehung aus Menschenkenntnis. Vom pädagogischen Impuls Rudolf Steiners;
  Dornach 1976
Jenkner, S. (Hrsg): Das Recht auf Bildung und die Freiheit der Erziehung in europäischen
  Verfassungen; Frankfurt 1996
Kiersch, Joh.: Die Waldorf-Pädagogik. Eine Einführung in die Pädagogik Rudolf Steiners; Stuttgart
  1984
Kniebe, G. (Hrsg.): Aus der Unterrichtspraxis an Waldorf-/Rudolf Steiner Schulen; Dornach 1996
König, Karl: Die ersten drei Jahre des Kindes; Stuttgart 1990
Kranich, E. M. / Ravagli, L.: Waldorf-Pädagogik in der Diskussion. Eine Analyse
  erziehungswissenschaftlicher Kritik; Stuttgart 1990
Leber, Stefan (Hrsg.): Die Pädagogik der Waldorfschule und ihre Grundlagen; Darmstadt 1983
Leber, Stefan: Die Menschenkunde der Waldorfpädagogik; Stuttgart 1993
Lindenberg, Christoph: Waldorfschulen: Angstfrei lernen, selbstbewußt handeln. Praxis eines
  verkannten Schulmodells; Reinbek o. J.
Kügelken, Helmut von (Hrsg.): Plan und Praxis des Waldorfkindergartens; Stuttgart 1987
Plattner, Elis.: Die ersten Lebensjahre. Eine Hilfe im Umgang mit kleinen Kindern; Stuttgart 1990
Rittersbacher, Karl: Zur Erneuerung des Bildungswesens. Von Amos Comenius zu Rudolf Steiner;
  Stuttgart 1988

Schuberth, Ernst: Erziehung in einer Computergesellschaft. Datentechnik und die werdende
    Intelligenz des Menschen; Stuttgart 1990
Setzer, A.: Computer in der Schule; Stuttgart 1992
Wilmar, Frits: Wie wirken Rundfunk und Fernsehen auf Kinder?; Stuttgart 1992

Medizin – Psychologie – Pharmazie – Heilpädagogik – Heileurythmie – Ernährungslehre

Baumann, Elis.: Aus der Praxis der Heileurythmie; Dornach 1983
Beilharz, Gerh. (Hrsg.): Erziehen und Heilen durch Musik. Grundlagen der Musiktherapie in der
    Heilpädagogik; Stuttgart 1988
Bott, Victor: Anthroposophische Medizin. Eine Möglichkeit, die Heilkunst zu erweitern; Stuttgart
    1982
Bott, Victor: Mensch und Heilmittel. Handbuch zur Behandlung mit anthroposophischen Heilmitteln;
    Schaffhausen 1992
Brettschneider, H.: Warum erkrankt der Mensch?; Stuttgart 1987
Bühler, Walther: Der Leib als Instrument der Seele in Gesundheit und Krankheit; Stuttgart 1985
Cloos, Walter: Menschengemäße Heilmittel. Von den Grundlinien und Aufgaben einer
    anthroposophisch orientierten Pharmazie; Schaffhausen 1977
Degeller, Lore: Herzinfarkt und Krebs. Anthroposophie als Voraussetzung einer zeit- und
    menschengemäßen Medizin; Stuttgart 1990
Degeller, Lore: Naturwissenschaft und Medizin im Zeichen einer Zeitenwende; Stuttgart 1977
Glöckler, Michaela / Schily, Otto / Debus, Michael: Lebensschutz und Gewissensentscheidung.
    Diskussion um den § 218; Stuttgart 1993
Glöckler, Michaela (Hrsg.): Krebsbehandlung in der antroposophischen Medizin; Stuttgart 1996
Glöckler, M. / Schürholz, J. / Walker, M. (Hrsg,): Anthroposophische Medizin. Ein Weg zum
    Patienten; Stuttgart 1993
Goebel, Wolfg. / Glöckler, Michaela: Kindersprechstunde. Ein medizinischpädagogischer Ratgeber;
    Stuttgart 1988
Hassauer, Werner: Manipulation mit dem Leben. Extracorporale Befruchtung, Embryotransfer,
    Gentechnologie und Sterbehilfe; Stuttgart 1988
Hauschka, Rudolf: Heilmittellehre. Beiträge zu einer zeitgemäßen Heilmittelerkenntnis; Frankfurt
    1990
Heilende Erziehung. Vom Wesen seelenpflegebedürftiger Kinder; Stuttgart 1989
Koop, Olaf: Drogensprechstunde. Ein pädagogisch-therapeutischer Ratgeber; Stuttgart 1990
Koop, Olaf: Gesundheit, Krankheit, Heilung. Grundbegriffe einer menschengemäßen Heilkunst in
    der Anthroposophie Rudolf Steiners; Stuttgart 1992
Kühne, Petra: Ernährungssprechstunde; Stuttgart 1993
Lauer, H. E.: Die Rätsel der Seele. Tiefenpsychologie und Anthroposophie; Schaffhausen 1982
Leber, Stefan: Der Schlaf und seine Bedeutung; Stuttgart 1996
Merkblätter soziale Hygiene. Verein für ein erweitertes Heilwesen (Bisher über 130 Merkblätter);
    Bad Liebenzell-Unterlengenhardt
Misteltherapie. Eine Antwort auf die Herausforderung Krebs; Hrsg. von Rita Leroi; Stuttgart 1987
Petersen, Peter: Schwangerschaftsabbruch. Unser Bewußtsein vom Tod im Leben.
    Tiefenpsychologische und anthropologische Aspekte. Mit einem Beitrag von Piet Niels:
    Eingreifen ins Leben. Bioethische Überlegungen eines Psychosomatikers; Stuttgart 1986
Renzenbrink, Udo: Ernährungskunde aus anthroposophischer Erkenntnis. Eine Einführung; Dornach
    1988
Schauder, H. / Lefebure, M.: Lebensberatung. Ein anthroposophischer Arzt und ein katholischer
    Mönch im Gespräch; Dornach 1987
Schöffler, H. H.: Anthroposophische Medizin. Eine Erstinformation mit einem Verzeichnis der
    Kliniken und Sanatorien der anthroposopisch-medizinischen Bewegung; Dornach 1991
Totzek, Helga: Wer ist dieser Mensch? Sozialarbeit mit Schwerstbehinderten; Stuttgart 1993
Treichler, Markus: Sprechstunde Psychotherapie; Stuttgart 1993

Verbrugh, H. S.: Medizin auf totem Gleis. Das Menschenbild der Medizin als vorwissenschaftliche
 Ideologie; Stuttgart 1975
Wagner, Richard: Krebs – 160 Fragen und Antworten zur Therapie mit Iscador; Stuttgart 1996
Weihs, Thoma: Das entwicklungsgestörte Kind. Heilpädagogische Erfahrungen in einer
 therapeutischen Gemeinschaft; Stuttgart 1991
Wolff, Otto: Die naturgemäße Hausapotheke; Stuttgart 1991
Zur Linden, Wilhelm: Dein Kind. Sein Werden und Gedeihen; Frankfurt 1988

Dreigliederung des sozialen Organismus
Gesellschaft – Staat – Recht – Politik – Wirtschaft

Ausländerhaß, Nationalismus, Rassismus; 1993, Flensburger Hefte Nr. 40
Denzlinger, K.-H.: Auf der Suche nach dem Rechtsstaat Mitteleuropas; Dornach 1990
Direkte Demokratie. 1789 -1989. 200 Jahre Französische Revolution; 1989, Flensburger Hefte Nr. 24
Frei, D. W.: Menschengemäße Politik. Die soziale Herausforderung; Stuttgart 1991
Gutowski, Klaus: Memorandum. Zu einer Neugestaltung des sozialen Lebens, getragen von einer
 menschenwürdigen Boden-, Geld- und Arbeitspolitik; Stuttgart 1991
Hardorp, Benediktus: Anthroposophie und Dreigliederung; Stuttgart 1986
Heyer, Karl: Rudolf Steiner über den Nationalismus; Basel 1993
In die Drachenhaut schlüpfen: Computer / Medien; 1993, Flensburger Hefte, Sonder-Nummer 3
Kühn, Hans: Dreigliederungszeit. Rudolf Steiners Kampf für die Gesellschaftsordnung der Zukunft;
 Dornach 1978
Leber, Stefan: ... es mußten neue Götter hingesetzt werden. Das Erlebnis der Entfremdung in den
 Lebensläufen von Marx, Engels, Cieszkowski, Bauer, Heß, Bakunin, Stirner; Stuttgart 1987
Leber, Stefan: Selbstverwirklichung – Mündigkeit – Sozialität. Eine Einführung im die Idee der
 Dreigliederung des sozialen Organismus; Stuttgart 1978
Neumann/Weirauch (Hrsg.): Rechtsleben und soziale Zukunftsimpulse. Von Rudolf Steiners
 Dreigliederungsidee zur direkten Volksgesetzgebung; 1989, Flensburger Hefte Nr. 25
Prokofieff, S. O.: Die geistigen Aufgaben Mittel- und Osteuropas; Dornach 1993
Reuveni, Amnon: Im Namen der neuen Weltordnung. Von unzeitgemäßen Herrschaftswillen und
 seinen Trägern in der Weltpolitik; Dornach 1994
Riemeck, Renate: Moskau und der Vatikan; Stuttgart 1988
Schmidt-Brabant, M.: Idee und Aufgabe Europas. Von der nationalen zur europäischen Identität;
 Dornach l 993
Strawe, Christoph: Marxismus und Anthroposophie; Stuttgart 1986
Strawe, Christoph: Soziale Dreigliederung. Chance für eine neue Bewegung in einem sich
 wandelnden Europa. Was können wir aus der Dreigliederungsbewegung von 1919 lernen?;
 Dornach 1989
Vogel, Lothar: Die Verwirklichung des Menschen im sozialen Organismus. Sozialanthropologische
 Studien zum Kultur-, Rechts- und Wirtschaftsleben; Bad Boll 1973
Vogt, Felicitas: Drogen, Sekten, New Age; Dornach 1991
Volkssouveränität – Demokratie – Volksgesetzgebung; 1989, Flensburger Hefte Nr. 5

Naturwissenschaft – Mathematik – Astronomie –
Biologisch-dynamische Landwirtschaft

Arnold, W. H.: Interdisziplinäre Aspekte zur Evolutionsfrage. (Schriften der Universität
 Witten/Herdecke); Stuttgart 1988
Blattmann, Georg: Radioaktivität. Die Erde offenbart ihr Geheimnis; Stuttgart 1988
Bockemühl, Jochen: Sterbende Wälder – eine Bewußtseinsfrage; Dornach 1985
Bohm, Werner: Kosmos, Erde. Mensch; Schaffhausen 1983/84, 4 Bde.
Dilloo, R. / Thomas, R.: Atomtechnik. Auseinandersetzung mit der Unternatur; Stuttgart 1987
Haug, H. M.: Probleme der Umstellung von konventioneller auf biologisch-dynamische
 Wirtschaftsweise; Stuttgart 1974

Heinze, Hans: Mensch und Erde. Geisteswissenschaftliche Leitbilder zur Landwirtschaft; Dornach 1983

Hemleben, Johannes: Das haben wir nicht gewollt. Sinn und Tragik der Naturwissenschaft; Stuttgart 1978

Himmelskunde. Texte aus der Geisteswissenschaft Rudolf Steiners. Zusammengestellt von E. Hagemann; Schaffhausen 1980

Kienle/Hensel/Schäfer: Wissenschaft und Anthroposophie. Impulse für neue Wege der Forschung; Stuttgart 1989

Kipp, F. A.: Die Evolution des Menschen; Stuttgart 1992

Koepf, H. H.: Landbau, naturgemäße und menschengemäße Methoden und Praxis der biologisch-dynamischen Landwirtschaft; Stuttgart 1984

Lehrs, Ernst: Mensch und Materie. Ein Beitrag zur Erweiterung der Naturerkenntnis nach der Methode Goethes; Frankfurt 1987

Nagy, Marie von: Rudolf Steiner über den Selbstmord; Dornach 1991

Schöffler, H. H.: Rudolf Steiner und die Astrologie; Dornach 1996

Steiner, Rudolf: Landwirtschaft und Industrie. Neuordnung des Bodenrechts als soziale Forderung der Gegenwart. Wortlaute aus Schriften und Vorträgen Rudolf Steiners. Hrsg. von Roman Boos; Stuttgart 1957

Wedde H. F. (Hrsg.): Cyberspace - Virtual Reality. Fortschritt und Gefahr einer innovativen Technologie; Stuttgart 1996

Kunst – Eurythmie – Sprachgestaltung

Baltz, Karl: Rudolf Steiners musikalische Impulse; Dornach 1981

Bühler, Marg.: Kindereurythmie im Vorschulalter; Dornach 1983

Das Geistige in der Kunst. Abstrakte Malerei 1890-1985, Hrsg. von Tuchman/Freeman; Stuttgart 1988

Krüger, Manfred: Anthroposophie und Kunst. Zur Ästhetik R. Steiners; Stuttgart 1988

Siegloch, Mathilde: Eurythmie. Eine Einführung; Stuttgart 1990

Steiner, Marie: Rudolf Steiner und die Künste; Dornach 1961

Walter, Bruno: Von den moralischen Kräften der Musik; Stuttgart 1987

Religion – Kirche – Christengemeinschaft

Anschütz, Marieke: Religiöse Erziehung. Anregungen für das Leben mit Kindern; Stuttgart 1992

Archiati, Pietro: Christentum oder Christus? Das Christentum als reines Menschentum in der Geisteswissenschaft Rudolf Steiners; Dornach 1995

Binder, Andreas: Wie christlich ist die Anthroposophie? Standortbestimmung aus der Sicht eines evangelischen Theologen; Stuttgart 1989

Blattmann, Georg: Das zwanzigste Jahrhundert im Aufbruch zu Christus; Stuttgart 1983

Bock, Emil: Das Evangelium. Betrachtungen zum Neuen Testament; Stuttgart 1984

Bock, Emil: Der Kreis der Jahresfeste; Stuttgart 1981

Bockemühl, Helgo: Muß das Christentum naturfeindlich sein? Stuttgart 1989

Bubner, Rudolf: Christologie und Evolution. Entwicklungsschritte vom Reich der Menschen zum Reich des Christus; Stuttgart 1985

Bubner, Rudolf: Evolution-Reinkarnation-Christentum; Stuttgart 1975

Die Christengemeinschaft heute; 1991, Flensburger Hefte Nr. 35

Christus; 1992, Flensburger Hefte Nr. 39

Debus, Michael: Anthroposophie und die Erneuerung der christlichen Kirche; Stuttgart 1989

Erneuerung der Religion. Die Christengemeinschaft, Sakramente, Kirche und Kultus. Hrsg. von Neumann/Weirauch; 1988, Flensburger Hefte Nr. 14

Frieling, Rudolf: Christentum und Islam; Stuttgart 1977

Frieling, Rudolf: Christentum und Wiederverkörperung; Stuttgart 1974

Frieling, Rudolf: Vom Wesen des Christentums; Stuttgart 1979

Gädeke, Wolfg.: Anthroposophie und die Fortbildung der Religion; Flensburger Hefte 1990

Garvelmann, W: Ich bin bei euch. Christuserfahrung heute; Dornach 1993

Johanson, Irene: Christuswirken in der Biographie; Stuttgart 1992

Hillerdahl, Gunnar / Gustavssohn, Berndt: Sie erlebten Christus. Berichte aus einer Untersuchung des religionssoziologischen Institus Stockholm; Basel 1980

Kniebe, Georg: Anthroposophie und christliche Kirchen. Ein Gespräch?; Stuttgart 1992

Kurras, Eberh.: Die Erneuerung des Christentums; Stuttgart 1965

Lauenstein, Diether: Der Messias. Eine biblische Untersuchung; Stuttgart 1971

Lauer, H. E.: Erkenntnis und Offenbarung in der Anthroposophie. Das Motiv der Trinität im Lebenswerk Rudolf Steiners; Basel 1958

Lenz, Joh.: Das Ereignis des Todes. Zum Umkreis der Bestattung; Stuttgart 1986

Lenz, Joh.: Priestertum im 20. Jahrhundert; Stuttgart 1987

Nordmeyer, Barbara: Lebenskrisen und ihre Bewältigung. Psychoanalyse, Gruppentherapie, Seelsorge; Stuttgart 1982

Palmer, Otto: Rudolf Steiner und das Evangelium - eine Studie; Stuttgart 1977

Riemeck, Renate: Glaube, Dogma, Macht. Geschichte der Konzilien; Stuttgart 1985

Riemeck, Renate: Moskau und der Vatikan; Stuttgart 1988

Riemeck, Renate: Verstoßen – verfemt – verbrannt. Zwölf Ketzerschicksale aus acht Jahrhunderten; Stuttgart 1986

Rittelmeyer, Friedr.: Das Vaterunser. Ein Weg zur Menschwerdung; Stuttgart 1990

Schroeder, H.-W.: Die Christengemeinschaft. Entstehung – Entwicklung – Zielsetzung; Stuttgart 1990

Schroeder, H.-W.: Das christliche Bekenntnis. Ein Übungsweg; Stuttgart 1988

Schroeder, H.-W.: Dreinigkeit und Dreifaltigkeit. Vom Geheimnis der Trinität; Stuttgart 1986

Schroeder, H.-W. ; Das Gebet. Übung und Erfahrung; Stuttgart 1988

Schroeder, H.-W.: Mensch und Engel. Die Wirklichkeit d. Hierarchien; Stuttgart 1988

Schroeder, H.-W.: Von der Wiederkunft Christi heute. Verheißung und Erfüllung; Stuttgart 1991

Schütze, Alfred: Zugang zum Christentum; Stuttgart 1964

Stöckli, Th. (Hrsg.): Wege zur Christuserfahrung; Dornach 1991

Teichmann, Frank: Auferstehung im Denken; Stuttgart 1996

Tschanz, Rolf (Hrsg.): Vom Christuswirken in der Gegenwart; Dornach 1991

Wehr, Gerh.: Esoterisches Christentum. Aspekte, Impulse, Konsequenzen; Stuttgart 1975

Welburn, Andrew: Am Ursprung des Christentums; Stuttgart 1992

Wilkens, Heten: Alte Mächte – Freie Wege. Arabismus und Christentum; Dornach 1993

Nichtanthroposophische Autoren

Dürckheim, K. Graf: Vom doppelten Ursprung des Menschen; Freiburg 1973

Eccles, J. C.: Wie das Selbst sein Gehirn steuert; München 1995

Heitler, Walter: Der Mensch und die naturwissenschaftliche Erkenntnis; Braunschweig 1964

Heitler, Walter: Gottesbeweise?; Zug/Schweiz 1977

Heitler, Walter: Die Natur und das Göttliche; Zug/Schweiz 1977

Heitler Walter: Naturwissenschaft ist Geisteswissenschaft; Zürich 1972

Heitler, Walter: Naturphilosophische Streifzüge; Braunschweig 1970

Kochanek, Hermann: Reinkarnation und Auferstehung; Freiburg 1993

Lessing, Gotthold Ephraim: Die Erziehung des Menschengeschlechtes

Lusseyran, Jaques: Das wiedergefundene Licht. Autobiographie eines Menschen, den seine Blindheit sehen lehrte; Stuttgart 1987

Sheldrake, Rupert: Das Gedächtnis der Natur; Bern/München 1991

Verlag Ch. Möllmann

Siegfried Heinz-Jürgen Ahlborn: Sterne, Mensch und Edelsteine
Und deren Wirkungen in Gesundheit und Krankheit. Dieses Buch über die
Edelsteine kann jedem eine Hilfe sein, der die Hintergründe der Verbindungen
zwischen den Sternen, dem Menschen und den Edelsteinen sucht. Anhand vieler Edelsteine gelingt es dem Autor, aus eigener Anschauung heraus, aber immer auf der Grundlage der anthroposophischen Geisteswissenschaft, diese
Verbindungen aufzuzeigen. Somit ist das Buch auch eine philosophische Einführung in die Geheimnisse der Edelsteine und deren Heilwirkungen. Gleichzeitig kann es als Nachschlagewerk dienen, um diese Heilwirkungen für sich
und andere sinnvoll zur Anwendung zu bringen.

Maren Nissen-Schnürer:
Der bewegte Weg zur Gesundheit – Heil-Eurythmie
Was ist Eurythmie? Was ist Ziel der Eurythmie? Wie wirkt Heileurythmie?
Diesen häufig gestellten Fragen wird so kurz wie möglich nachgegangen.
Die Zeichnungen halten nur einen Moment des "Bewegungsflusses" fest und
lösen doch zugleich das Statische auf in die lebendige Bewegung. Anleitung,
Zeichnung und die abschließenden Übsprüche bilden für jeden Laut eine Ein-
heit und führen hin zu einem meditativen Umgang mit dem schöpferischen
Sprachklang, wie er sich in der eurythmischen Bewegung "gebärdet".

Sigismund v. Heynitz: Im Niedergang den Aufstieg finden
Niemals steht die Entwicklung still und in großen Zeitepochen geht sie auf der
Erde fernen Zielen zu. Was wir heute erleben, kommt nicht unvorbereitet. Wir
finden viele Stimmen in vergangenen Jahrhunderten die davon künden. Sie haben auf diesen Zeitpunkt mit sorgenden Worten hingewiesen, der einmal kommen mußte: Die Freiheit des Menschen in aller Selbständigkeit steht auf dem
Prüfstand ... Mit Hilfe der Naturwissenschaft wurde es möglich, alles Lebendige auf seinen physischen Seinsgehalt hin zu prüfen und sich untertan zu machen. So entstand eine fast nahtlose Durchdringung, allerdings mit der Ein-
schränkung, daß nur das Wäg- und Meßbare sinnvoll eingegliedert werden
konnte, die Welt darüber hinaus blieb verborgen ... Aber es muß etwas grundlegend Neues geschehen, damit eben diese mehr technisch begabte Welt einen
Rückhalt gewinnt, eine Stütze, auch damit sie nicht in einen Leerlauf, in ein
„Nichts", einmündet ... Der Mensch mit seinen großen Möglichkeiten steht im
Mittelpunkt dieser Studie. In seine Hand ist es gelegt, die Schicksalsstunde der
Gegenwart zu ergreifen. Nur durch und mit ihm kann es einen Neubeginn ge-
ben.